高等职业教育"十二五"规划教材

Qiaoliang Shangbu Shigong Jishu
桥梁上部施工技术

刘丽珍　主　编
段树梅　副主编
晏　杉　主　审

人民交通出版社

内 容 提 要

本书以桥梁上部施工为主线，依据行业新标准《公路桥涵施工技术规范》（JTG/T F50—2011）进行编写。内容包括：桥梁施工准备、桥梁施工常备机具设备、装配式桥梁施工、现场浇筑桥梁施工、桥面系施工、其他类型桥梁施工和桥梁上部施工管理。本书重点介绍了桥梁采用预制安装和现场浇筑的施工工艺，以及如何对各施工工艺的质量进行检查、控制和检验评定，桥面防水和铺装、伸缩装置、栏杆及护栏的常规施工及安装方法及其施工质量检测要点；简要介绍了识读桥梁施工图的方法，桥梁施工准备工作的主要内容，桥梁常用施工设备的构造特点及功能，斜拉桥、悬索桥各组成部分的施工方法及施工质量检测要点，桥梁上部施工管理。

本书可作为高等职业院校、高等专科院校、成人高校、民办高校、本科院校开办的二级职业技术学院道路桥梁工程技术专业及相关专业教学用书，也可适用于五年制高职相关专业，还可供相关专业技术人员参考。

图书在版编目（CIP）数据

桥梁上部施工技术／刘丽珍主编．—北京：人民交通出版社，2011.8

高等职业教育"十二五"规划教材

ISBN 978－7－114－08913－8

I. ①桥… II. ①刘… III. ①桥梁结构：上部结构－工程施工－高等职业教育－教材 IV. ①U443.3②U445

中国版本图书馆 CIP 数据核字（2011）第 028957 号

高等职业教育"十二五"规划教材

书　　名：	桥梁上部施工技术
著 作 者：	刘丽珍
责任编辑：	黎小东
出版发行：	人民交通出版社
地　　址：	（100011）北京市朝阳区安定门外外馆斜街 3 号
网　　址：	http://www.ccpress.com.cn
销售电话：	（010）59757973
总 经 销：	人民交通出版社发行部
经　　销：	各地新华书店
印　　刷：	北京鑫正大印刷有限公司
开　　本：	787×1092　1/16
印　　张：	13
字　　数：	320 千
版　　次：	2011 年 8 月　第 1 版
印　　次：	2021 年 2 月　第 4 次印刷
书　　号：	ISBN 978-7-114-08913-8
定　　价：	33.00 元

（有印刷、装订质量问题的图书由本社负责调换）

前　言

当前,高等职业教育道路桥梁工程技术专业的人才培养目标是,主要面向道路桥梁工程建设第一线,培养掌握本专业所必要的基础理论和基本知识,具备本行业必需的基本技能,熟悉本行业的技术标准、规范,具有适应职业岗位所需要的综合能力,精于道路桥梁施工技术,善于施工组织和管理的高素质技能型人才。因此,本书编者围绕桥梁建设行业的职业需求,通过校企共同研讨,确定了人才培养目标,构建了以桥梁建设为载体,以岗位需求培养为主线,按职业素养、职业技能及持续发展能力培养为要求,基于桥梁建设的"工学结合"课程体系;在此基础上,编写了以完成桥梁上部结构施工为主线,各教学情境中穿插项目任务训练的《桥梁上部施工技术》课程标准。

本书是以《桥梁上部施工技术》课程标准为依据,以桥梁上部施工(施工准备至竣工验收)为主线,并根据最新部颁行业标准《公路桥涵施工技术规范》(JTG/T F50—2011)进行编写,并采用真实工程项目贯穿六大教学情境:桥梁施工准备、桥梁施工常备机具设备、装配式桥梁施工、现场浇筑施工、桥面系施工和桥梁上部施工管理。全书以工作任务为中心组织课程内容,考虑各种桥型上部施工工序,分步骤地组织教材编写;教材内容突出对学生职业能力的训练,理论知识的选取紧紧围绕工作任务完成的需要来进行,教学情境中的每项任务主要依托云南交通职业技术学院妙高寺实习基地(省级示范实习实训基地)中仿真二级公路的建设,结合典型梁桥、拱桥设计与施工项目设计"能力训练"项目,让学生在完成具体项目的过程中学会完成相应工作任务,从而使学生在主动获取知识的同时完成理论教学。

全书共分七个学习情境,内容包括:桥梁施工准备,桥梁施工常备机具设备,装配式桥梁施工,现场浇筑桥梁施工,桥面系施工,其他类型桥梁施工,桥梁上部施工管理。

全书编写分工如下:云南交通职业技术学院刘丽珍编写学习情境1、2、3,云南交通职业技术学院段树梅编写学习情境4、5,云南交通职业技术学院赵强编写学习情境6、7。全书由刘丽珍担任主编,云南交通职业技术学院晏杉担任主审。

本书在编写过程中参考了大量相关文献和资料,并得到众多同仁的大力支持,在此表示衷心的感谢。鉴于编者的水平和经验有限,不妥和谬误之处,敬请读者批评指正。

编　者
2011 年 7 月

目 录

学习情境1　桥梁施工准备 ·· 1
　任务1　桥梁施工图识读 ·· 1
　任务2　桥梁施工准备工作 ·· 8
　学习情境小结 ·· 13
　复习思考题 ··· 13
学习情境2　桥梁施工常用机具设备 ·· 14
　任务1　桥梁施工常备式结构 ··· 14
　任务2　桥梁施工常用的起重机具设备 ·· 20
　任务3　混凝土施工设备 ·· 32
　任务4　预应力张拉设备 ·· 36
　学习情境小结 ·· 39
　复习思考题 ··· 39
学习情境3　装配式桥梁施工 ·· 40
　任务1　模板和支架施工 ·· 41
　任务2　钢筋的制作与安装 ··· 48
　任务3　混凝土施工 ·· 57
　任务4　先张法预应力混凝土构件的施工工艺 ································· 66
　任务5　后张法预应力混凝土构件的施工工艺 ································· 72
　任务6　装配式桥梁的安装 ··· 82
　学习情境小结 ·· 109
　复习思考题 ··· 110
学习情境4　现场浇筑施工 ··· 111
　任务1　混凝土简支梁桥施工 ··· 111
　任务2　悬臂体系和连续体系梁桥施工 ·· 115
　任务3　拱桥施工 ··· 120
　学习情境小结 ·· 127
　复习思考题 ··· 128
学习情境5　桥面系施工 ·· 129
　任务1　桥面防水层和铺装层施工 ·· 129
　任务2　桥梁伸缩装置施工 ··· 132
　任务3　栏杆与护栏施工 ·· 139
　学习情境小结 ·· 141
　复习思考题 ··· 142

1

学习情境 6　其他类型桥梁施工 ·· 143
　任务 1　斜拉桥施工 ·· 143
　任务 2　悬索桥施工 ·· 154
　学习情境小结 ·· 167
　复习思考题 ·· 167
学习情境 7　桥梁上部施工管理 ·· 168
　任务 1　桥梁施工的进度管理 ·· 168
　任务 2　桥梁施工的质量管理 ·· 171
　任务 3　桥梁施工的成本管理 ·· 176
　任务 4　桥梁施工的合同管理 ·· 180
　任务 5　桥梁施工的安全管理 ·· 185
　学习情境小结 ·· 189
　复习思考题 ·· 189
附录 A　学习情境 1 中部分插图 ·· 190
附录 B　《桥梁上部施工技术》课程标准 ··· 196
参考文献 ·· 200

学习情境 1　桥梁施工准备

【知识目标】
　　了解桥梁施工图的作用、图示特点及内容；熟悉桥梁施工图识读的方法和步骤；熟悉桥梁施工准备工作的主要内容及施工图审查的项目。
【能力目标】
　　能识读桥梁各组成部分及细部构件的施工图；按工程量计量规则核算工程数量。

　　施工准备是桥梁工程施工顺利进行的根本保证。施工准备工作主要包括：技术准备、物资准备和劳动力组织准备、施工现场准备、施工场外准备。当一个施工项目进行图样会审，编制单位工程施工组织设计，组织好材料、半成品和构配件的生产时，作为从事桥梁工程施工作业的技术人员，必须掌握识图技术，并能进行图纸的复核及工程量的核算。在组织施工力量，拆迁完红线内的建筑物、构筑物，完成"四通一平"工作，进行施工现场导线点和高程点的复测等准备工作后，施工单位才可以向业主提交开工报告。

任务 1　桥梁施工图识读

1.1　桥梁施工图的作用

　　在桥梁工程中，无论是雄伟壮观的大桥，还是造型简单的小桥涵，都需要根据设计完善、绘制精确的图样进行施工。所以，从事桥梁工程施工作业的技术人员，必须掌握制图和识图技术，并利用工程图样作为"工程师的语言"与其他技术人员进行交流。

　　在生产施工中，桥梁施工图是备料和施工的依据；当工程竣工时，要按照桥梁施工图的设计要求进行质量检查和验收，并按照相关桥梁施工技术规范来评价工程质量的优劣；桥梁施工图也是编制工程概算、预算和决算及审核工程造价的依据。

1.2　桥梁施工图的图示特点

　　桥梁施工图是根据投影的原理，在绘图纸上按照国家规定的制图标准《道路工程制图标准》(GB 50162—1992)，根据设计师的精心构思，把计划建造的桥梁结构图样绘出，并加上图标和说明用于指导施工的技术文件。因此，桥梁施工图具有以下图示特点：

(1)施工图中的各种图样都是用正投影法绘制的。

(2)由于桥梁是一个带状结构物,其形体又长又大,而图纸幅面有限,所以桥梁施工图是用缩小的比例绘制的,且其同一图形在纵向和横向上所用的比例有时是不同的,而同一构筑物的平面图、立面图和侧面图所用的比例也往往是不同的。

(3)由于桥梁是带状结构物,并且是由多种材料和结构物建造组合而成的,沿线又分布有不同地形情况和地物,所以在桥梁施工图中,多用各种图例符号来表示这些材料、结构物和地形地物情况。

1.3 桥梁施工图识读的注意事项

1.3.1 看图必须由大到小、由粗到细

识读桥梁施工图时,应先看桥梁设计说明和桥位平面、桥梁总体布置图,并且与桥梁的纵断面图和横断面图结合起来看,然后再看构造图、钢筋图和详图。

1.3.2 仔细阅读设计说明或附注

凡是图样上无法表示而又直接与工程密切相关的一些要求,一般会在图样上用文字说明表达出来,因此,必须仔细阅读。

1.3.3 牢记常用符号和图例

为了方便,有时图样中有很多内容用符号和图例表示,因此,一般常用的符号和图例必须牢记。这些符号和图例是设计人员和施工人员进行有效沟通的语言,详见《道路工程制图标准》(GB 50162—1992)。

1.3.4 注意尺寸标注单位

桥梁工程图样上的尺寸单位一般有三种:米(m)、厘米(cm)和毫米(mm)。高程和桥位平面图一般用"m",桥梁各部分结构的尺寸一般用"cm",钢筋直径用"mm"。具体的尺寸单位,必须认真阅读图样的"附注"内容。

1.3.5 不得随意更改图样

如果对于桥梁工程图样的内容有任何意见或者建议,应该向有关部门(一般是监理单位)提出书面报告,与设计单位协商,并由设计单位确认。

1.4 桥梁施工图的内容

工程图样按封面、扉页、图样目录、设计说明、工程量汇总表、工程位置平面图、主体工程图样、次要工程图样等顺序排列。下面就其中几项进行重点说明。

1.4.1 图样目录

当拿到一套桥梁工程图样后,首先要查看图样目录。通过图样目录可以了解图纸的总张数及每张图纸所表达的内容,并迅速地找到所需要的图样。图样目录有时也称为"首页图",意思是第一页图纸。

1.4.2 桥位平面图

桥位平面图主要用来表明桥梁和路线连接处的平面位置,通过地形测量绘制出桥位附近的道路、河流、水准点、钻孔及其他地形和地物(如房屋、老桥等),以作为设计桥梁、施工定位的依据。

1.4.3 桥位地质断面图

根据水文调查和钻探所得的地质水文资料,绘制出桥位所在河床位置的地质断面图,包括

河床断面线、最高水位线、常水位线和最低水位线等,以作为施工桥台、桥墩和计算土石方工程数量的根据。

1.4.4 桥梁总体布置图

桥梁总体布置图主要用来表明桥梁的形式、跨径、孔数、总体尺寸、各主要构件的相互位置关系,同时还应标明桥梁各部分的高程、材料数量,并进行总的技术说明等。桥梁总体布置图可作为施工时确定墩台位置、安装构件和控制高程的依据。

1.4.5 构件施工图

构件施工图是对桥梁各部分构件经过详细的设计、计算后绘制的施工详图,可供施工使用。在桥梁总体布置图中,桥梁的构件没有详细完整地表达出来,因此,单凭桥梁总体布置图是不能进行桥梁构件的制作和施工的,还必须根据桥梁总体布置图,采用较大的比例把构件的形状、大小完整地表达出来,才能作为施工的依据。由于采用了较大的比例,故构件施工图又称为构件详图,如桥台图、桥墩图、主梁图和栏杆图等。

1.5 识读桥梁施工图的方法和步骤

1.5.1 识读桥梁施工图的方法

识读桥梁施工图的方法是"形体分析法",即用形体分析的方法来分析桥梁图。桥梁虽然是庞大而又复杂的建筑物,但它总是由许多构件所组成,只要了解每一个构件的形状和大小,再通过总体布置图把它们联系起来,弄清彼此之间的关系,就可以了解整座桥梁的形状和大小。因此,在读图时,必须把整座桥梁图由大化小、由繁化简、各个击破,然后再弄清整体。也就是说,读图的过程是一个先由整体到局部,再由局部到整体的反复过程。看图时,绝不能单看一个投影图,而是要将其他有关的图样联系起来,包括总图、详图、钢筋明细表、设计说明等,再运用投影规律,互相对照,弄清整体。

1.5.2 识读桥梁施工图的步骤

1)查看图样目录和设计说明

首先,通过查看图样目录,了解每部分图纸有多少张,图样是否齐全;再看设计说明,以对工程设计和施工要求能有一个概括的了解,并阅读与本工程有关的技术标准、规范和规程,了解桥梁名称、种类、主要技术指标、施工措施、比例、尺寸单位等。

2)依照图纸顺序通读一遍

对整套图纸按先后顺序通读一遍,以便将全部工程在头脑中形成一个整体概念。例如,应对工程的建设地点和周围地形、地貌情况及工程数量的大小,结构物的主要特点以及主要工程等情况有所了解,做到心中有数;应弄清各投影图的关系,如有剖面图或断面图,则找出剖切线的位置和观察方向。看图时,应先看立面图(即纵断面图),了解桥型、孔数、跨径大小、墩台数目、总长、总高,了解河床断面及地质情况,再对照平面图、侧面和横剖面等投影图,了解桥的宽度、人行道的尺寸和主梁的断面形式等。

3)分项目对照阅读

按施工顺序深入仔细地阅读,即先读布置图,再详细查阅有关图表。读图时,先看图纸右下角的图标和附注,以了解构件名称、比例、尺寸单位、设计说明等。了解桥梁各部分所使用的建筑材料,并阅读工程数量表、钢筋明细表及说明等。看懂桥位平面图和桥梁总体布置图后,再看尺寸,进行复核,检查有无错误和遗漏。各构件图看懂之后,应再回过来阅读桥梁总体布置图,了解各构件的相互位置及装置尺寸,直到全部看懂为止。要把有关的图样、表格联系起来,对照阅读,从中了解它们之间的关系,看它们在图形上、尺寸上是否衔接,与设计规范的构造要求是否一致。如发现问题要做好读图记录,以便向有关部门提出设计变更意见。

1.6 桥位平面图、桥梁总体布置图的识读

下面以一座钢筋混凝土梁桥为例,说明桥位平面图、桥梁总体布置图的识读方法。

1.6.1 桥位平面图的识读

附图 A-1(附书后)所示为该桥的桥位平面图。图中表示了图样名称为"桥位平面布置图",图号为"01",比例为 1:500,为施工图设计阶段图样。图中还有本工程路线平面形状、地形和地物等相关工程信息。图纸的右上方为指北针、比例尺。

1.6.2 桥梁总体布置图的识读

附图 A-2(附书后)所示为该桥(总长 80.84m 的 5 孔 16m 空心板梁桥)的总体布置图。立面图和平面图的比例均采用 1:400。

附图 A-2 的立面图中,有该桥桥位地质断面图。从图中结合工程图例(图中采用断面图例和文字表明了土质情况),可以清楚地了解该桥位的地质情况。立面图反映了桥梁的主要特征和桥梁形式,孔数为 5 孔,每孔跨径均为 16m。因比例较小,人行道和栏杆仅在图中示意性地表示出来。

下部结构:该桥梁两端为柱式桥台;中间有 4 个柱式桥墩,每个桥墩由盖梁、立柱和桩基共同组成。

上部结构:该桥梁上部为简支梁桥,跨径全部为 16m。

立面图可用于读平面图时参照,便于对照各部分高程尺寸进行识读和校核。该桥梁总体布置图中还反映了河床地质断面及水文情况,河床底面高程为 -0.87m,正常水位高程为 +1.63m。根据图样可以知道桩和桥台基础的埋置深度以及梁底、桥台和桥面中心的高程。由于混凝土桩埋置深度较大,为了节省图幅,连同地质资料一起,采用折断画法。图的上方标注了桥梁两端和桥墩的里程桩号,以便读图和施工放样。对照横剖面图(I—I 剖面图)可以看出行车道宽为 8m,人行道宽两边各为 0.5m。由附注可以知道,本套图样尺寸除高程以米(m)计,钢筋直径以毫米(mm)计外,余均以厘米(cm)为单位。高程系统为 1985 国家高程基准。本桥处于 $R = 3\,000m$ 的竖曲线上,变坡点位于桥位中心桩处,纵坡为 3.00%。桥面宽度为 50cm(缘石 + 栏杆) + 800cm(行车道) + 50cm(缘石 + 栏杆)。

1.7 桥梁构造图的识读

1.7.1 受弯构件的截面形式与构造

1) 钢筋混凝土板的截面形式与构造

板主要承受垂直于板面的荷载作用。小跨径钢筋混凝土板一般为实心矩形截面;当跨径较大时,为节省混凝土和减轻自重,常做成空心板。钢筋混凝土板的截面形式见图 1-1。

板中钢筋由主钢筋(即受力钢筋)和分布钢筋组成,如图 1-2 所示。主钢筋布置在板的受拉区。垂直于板内主钢筋方向布置的构造钢筋称为分布钢筋,其主要作用是将板面上荷载更均匀地传递给主钢筋,同时在施工中可通过绑扎或点焊分布钢筋来固定主钢筋的位置,并可以抵抗温度应力和混凝土收缩应力。

2) 钢筋混凝土梁的截面形式与构造

钢筋混凝土梁的截面常采用矩形、T 形(I 形)和箱形等形式,如图 1-3 所示。当桥梁跨径

较小时,常采用空心板梁及T形截面,跨径增大时可采用箱形截面。

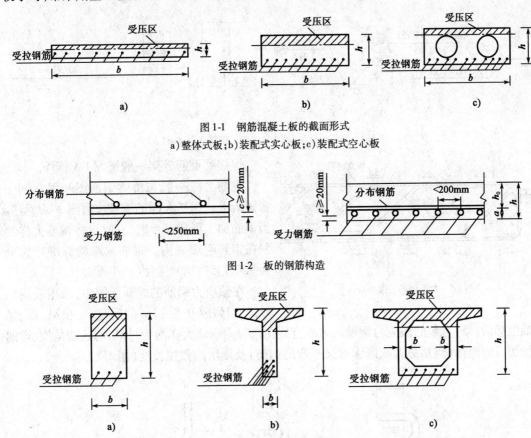

图1-1 钢筋混凝土板的截面形式
a)整体式板;b)装配式实心板;c)装配式空心板

图1-2 板的钢筋构造

图1-3 梁的截面形式
a)矩形梁;b)T形梁;c)箱形梁

1.7.2 桥梁构造图识读示例

附图A-3(附书后)为某桥梁的空心板构造图,图名为"16m空心板中板一般构造图",图号为"04",比例为1:25。图样由空心板的立面图、平面图、跨中断面图、支座断面图、垫块大样图、铰缝构造图、一道铰缝材料数量表和附注组成。通过立面图、平面图和断面图的联合识读,可以知道空心板预制宽度为99cm,高度为80cm,空心板中间1 330cm的范围内为企口形状。同时还应注意附注的内容,钢筋直径以毫米(mm)计,其余尺寸均以厘米(cm)计。

1.8 桥梁钢筋图的识读

1.8.1 桥梁钢筋图的基础知识

桥梁钢筋图一般置于桥梁构造图之后。当结构外形简单时,二者可绘于同一视图中。在桥梁构造图中,外轮廓线以粗实线表示;桥梁钢筋图中的外轮廓线以细实线表示,而钢筋以单线条粗实线或实心黑圆点表示。

在桥梁钢筋图中,各种钢筋将被标注数量、直径、长度、间距、编号,其编号采用阿拉伯数字表示。当对钢筋进行编号时,先编主、次部位的主筋,后编主、次部位的构造筋。

编号格式符合下列规定:编号可标注在引出线右侧的圆圈内[图1-4a)],或标注在与钢筋断面图对应的方格内[图1-4b)],或将冠以"N"字样的编号,标注在钢筋的侧面,根数标注在

5

"N"字样之前[图1-4c)]。

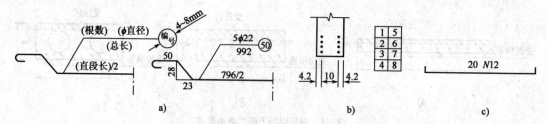

图1-4 钢筋的标注(尺寸单位:cm;钢筋直径:mm)

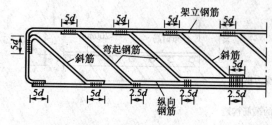

图1-5 焊接钢筋骨架的标注

焊接的钢筋骨架一般按图1-5标注。

钢筋大样一般与桥梁钢筋图布置在同一张图纸上。钢筋大样的编号按附图A-4标注。当钢筋加工形状简单时,有时也将钢筋大样绘制在钢筋明细表内。钢筋末端的标准弯钩分为90°、135°、180°三种(图1-6)。

在预应力钢筋的纵断面图中,采用表格的形式,以每隔0.5~1m的间距,标出纵、横、竖三维坐标值。对弯起的预应力钢筋列表或直接在预应力钢筋大样图中,标出弯起的角度、弯曲半径切点的坐标(包括纵弯或既纵弯又平弯的钢筋)及预留的张拉长度(图1-7)。

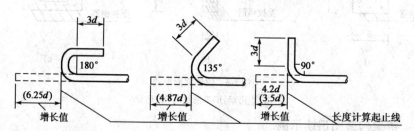

图1-6 标准弯钩

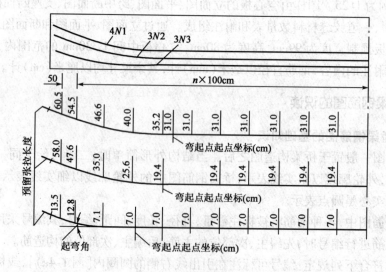

图1-7 预应力钢筋大样

6

1.8.2 桥梁钢筋图识读示例

附图 A-4(附书后)为某桥梁空心板的普通钢筋图,图名为"16m 空心板中板普通钢筋图",图号为"06",比例为 1∶25。图中的钢筋均为 16m 空心板的普通钢筋,预应力钢筋绘制在预应力钢筋图中。图样由钢筋立面图、支座断面图、跨中断面图、顶板钢筋图、底板钢筋图、钢筋大样、一块中板材料数量表和附注组成。

支座断面、跨中断面图中的钢筋配置略有不同:顶板角部的钢筋,支座断面图中为 3 号钢筋,而跨中断面图中为 2 号钢筋;支座断面图中顶板的断面为矩形,而跨中断面图中为企口形式,因而尺寸标注数字也不同。

顶板钢筋、底板钢筋图样位于图纸中部,应该看到中间有绘图间断符号,左半幅为顶板钢筋图样,右半幅为底板钢筋图样。

由附图 A-4 可以知道,钢筋编号有 10 种,$N1 \sim N8$ 均为直径 8mm 的 R235 级钢筋,$N9$、$N10$ 为直径 12mm 的 HRB335 级定位钢筋。

由"一块中板材料数量表"可知,$N1 \sim N8$ 虽同为 R235 级钢筋,公称直径均为 8mm,但各根钢筋的单根长度不相同,根数也不相同(对于总长和总质量,在施工前必须进行核对)。通过 $N1$ 的大样图,可以知道钢筋的形状为一直线形状,单根钢筋长度为 1 592cm。$N5$ 为普通矩形箍筋,大样图中详细地标出了各段的长度,单根箍筋长度为 346.4cm,为施工下料提供了依据。

同时还应注意附注,钢筋直径以毫米(mm)计,其余的尺寸均以厘米(cm)计。锚端普通钢筋与预应力钢筋张拉有干扰时,可暂时将普通钢筋弯起或截断,待预应力钢筋张拉完毕,再将普通钢筋复位。

附图 A-5 为空心板的预应力钢筋图,图名为"16m 空心板预应力钢筋图",图号为"08",比例为 1∶25。图中所示钢筋均为 16m 空心板中的预应力钢筋。图样由钢筋立面图、中板跨中断面图、预应力钢筋大样图、中板支座断面图、边板跨中断面图和边板支座断面图、预应力钢筋曲线坐标表、预应力钢筋材料数量表、附注组成。钢筋立面图的最右边为板中心线,并应该注意左边的各种尺寸标注。

由图样可知,钢筋编号有两种,$N1$ 在 $N2$ 的上方。$N1$、$N2$ 均为 3 根公称直径 15.24mm 的钢绞线组成的钢束。具体的长度和弯起的数据,可以由预应力钢筋大样图和预应力钢筋曲线坐标表查得。

预应力钢筋大样图主要标出了整根预应力钢筋一半的各个局部的详细尺寸、半径和弯起角度。

同时还应注意附注的内容,钢筋直径以毫米(mm)计,其余的尺寸均以厘米(cm)计。预应力钢筋曲线竖向坐标值为钢束重心至梁底距离;钢绞线孔道采用直径为 56mm 的预埋波纹管,锚具型号采用 YM15-3;设计采用标准强度为 1 860MPa 的高强低松弛钢绞线,3 根组成 1 束,每束钢绞线的张拉控制值为 585.9kN,预应力钢筋张拉时应两边对称张拉。

附图 A-6 为桥梁的桥墩桩柱钢筋图,图名为"桥墩桩柱钢筋图",图号为"19",比例为 1∶50。图纸的左边为桩柱钢筋的立面图,中部和右边有各个钢筋的大样图,右上方还有 3 个桩柱钢筋的剖面图,右下方为一个桥墩墩柱材料数量表、一个桥墩桩基材料数量表和附注。

由图可知,钢筋编号有 10 种,1 号、5 号和 6 号为纵向主筋,3 号、4 号和 8 号为螺旋箍筋,2 号、7 号为加强箍筋,9 号为定位钢筋,10 号为桩柱接点处增设的箍筋。例如,由"一个桥墩墩柱材料数量表"知,1 号为 HRB335 级钢筋,公称直径为 22mm,单根长 533cm,共 36 根,共长 191.88m,总质量为 571.803kg(对于 1 号钢筋的总长和总质量,在施工前必须进行核对)。

同时还应注意附注的内容,钢筋直径以毫米(mm)计,主筋1号钢筋和5号钢筋、6号钢筋接头均采用对焊,柱加强筋2号钢筋、桩加强筋7号钢筋设在主筋(1号钢筋和5号钢筋、6号钢筋)的内侧,每间隔2m设置1道,加强筋的搭接部分采用双面焊。桩基钢筋笼分段插入桩孔中,主筋钢筋接头应符合《公路桥涵施工技术规范》(JTG/T F50—2011)的要求。定位钢筋9号钢筋每隔2m设一组,每组4根,均匀设于桩基加强筋7号钢筋的四周。

任务2 桥梁施工准备工作

桥梁工程施工准备工作的基本任务是为桥梁工程施工建立必要的技术准备和物资准备,统筹安排施工力量和施工现场。它是企业搞好目标管理,推行技术经济承包的重要依据,也是施工得以顺利完成的基本保证。

2.1 技术准备

技术准备是施工准备的核心。由于任何技术的差错或隐患都可能引起人身安全和质量事故,造成生命、财产和经济的巨大损失,因此,必须认真做好技术准备工作。

2.1.1 熟悉设计文件、审查施工图纸和有关设计资料

1)目的

(1)能够按照设计图样的要求顺利地进行施工,建造出符合设计要求的桥梁。

(2)能够在拟建工程开工之前,使从事桥梁施工技术和经营管理的工程技术人员充分地了解和掌握设计图样的设计意图、桥梁的结构与构造特点和技术要求。

(3)通过审查,发现设计图样中存在的问题和错误,为拟建工程的施工提供一份准确、齐全的设计资料。

2)依据

(1)业主单位和设计单位提供的初步设计、施工图设计、总平面图等资料文件。

(2)调查、收集的原始资料。

(3)设计、施工验收规范和有关技术规定(应是最新国家或行业相关规范,并与设计文件相同)。

3)内容

(1)审查设计图样是否完整、齐全,是否符合国家相关工程建设的设计、施工方面的方针和政策。

(2)审查设计图样与设计说明书,在内容上是否一致,以及设计图样与其各组成部分之间有无矛盾和错误。

(3)审查总平面图与其他结构图在几何尺寸、坐标、高程、说明等方面是否一致,以及技术要求是否正确。

(4)按计量规则核算工程数量。

(5)明确拟建工程的结构形式和特点;审查设计图中工程复杂、施工难度大和技术要求高的分部分项工程或新结构、新材料、新工艺;检查现有施工技术水平和管理水平能否满足工期和质量要求,并采取可行的技术措施加以保证。

(6)审查地基处理与基础设计同拟建工程地点的工程水文、地质等条件是否一致,以及拟建工程与地下建筑物或构筑物、管线之间的关系。

(7)明确工程建设期限,以及工程所用的主要材料与设备的数量、规格、来源。

(8)明确业主、设计、监理和施工等单位之间的协作、配合关系,以及根据招标文件,业主单位可以提供的施工条件。

4)熟悉、审查施工图和有关设计资料的程序

(1)自审阶段。施工单位收到拟建工程的设计图样和有关技术文件后,应尽快组织有关的工程技术人员熟悉和自审图样,写出自审图样记录。自审图样记录应包括对设计图的疑问和对设计图的有关建议。

(2)会审阶段。一般由监理单位主持,由业主单位、设计单位和施工单位参加,三方进行设计图样的会审。图样会审时,首先由设计单位的工程主设计师向与会者说明拟建工程的设计依据、意图和功能要求,并对特殊结构、新材料、新工艺和新技术提出设计要求;然后施工单位根据自审记录以及对设计意图的了解,提出对设计图样的疑问和建议;最后在统一认识的基础上,对所探讨的问题逐一地做好记录,形成"图样会审纪要",由业主单位正式行文,参加单位共同会签、盖章,作为与设计文件同时使用的技术文件,以指导施工,以及业主单位与施工单位进行工程结算的依据。

(3)现场签证阶段。在拟建工程施工的过程中,如果发现施工的条件与设计图的条件不符,或者发现图样中仍然有错误,或者因为材料的规格、质量不能满足设计要求,或者因为施工单位提出了合理化建议,需要对设计图样进行及时修订时,应遵循技术核定和设计变更的签证制度,进行图样的施工现场签证。在施工现场的图样修改、技术核定和设计变更资料,都要有正式的文字记录,归入拟建工程施工档案,作为指导施工、竣工验收和工程结算的依据。

2.1.2 原始资料的调查分析

对拟建工程进行实地勘测和调查,获得有关数据的第一手资料,这对正确选择施工方案、制订技术措施、合理安排施工顺序和施工进度计划来说,是非常必要的。因此,应该做好以下几方面的调查分析工作。

1)自然条件的调查分析

工程所在地区自然条件的调查分析的主要内容有:地质、水文、气象和施工现场的地形地物、地震级别和烈度等情况;河流流量和水质、最高洪水和枯水期的水位等情况;地下水位的高低变化以及含水层的厚度、流向和水质等情况。

2)技术经济条件的调查分析

建设地区技术经济条件调查分析的主要内容有:地方建筑施工企业的状况;施工现场的征地拆迁状况;当地可利用的地方材料状况;地方能源和交通运输状况;地方劳动力和技术水平状况;当地生活供应和医疗卫生状况;参加工程建设的施工单位的力量状况。

2.1.3 制订施工方案、进行施工设计

在全面掌握设计文件和设计图纸,正确理解了设计意图和技术要求,以及进行了以施工为目的的各项调查之后,应根据进一步掌握的情况和资料,对投标时初步拟订的施工方法和技术措施等进行重新评价和深入研究,以制订出详尽的、符合现场实际情况的施工方案。

2.1.4 编制中标后的施工组织设计

中标后的施工组织设计是施工准备工作的重要组成部分,也是指导施工现场全部生产活动的技术经济文件。编制施工组织设计的目的,在于全面、合理、有计划地组织施工,从而具体实现设计意图,优质高效地完成施工任务。

2.1.5 编制施工预算

施工预算是根据图纸、施工组织设计或施工方案、施工定额等文件进行编制的。施工预算是施工企业内部控制各项成本支出、考核用工、签发施工任务单、限额领料以及基层进行经济核算的依据,也是制订分包合同时确定分包价格的依据。

2.2 物资准备

材料、机具和设备是保证施工顺利进行的物质基础,因此,物资的准备工作必须在工程开工之前完成。根据各种物资的需要量计划,分别落实货源、安排运输和储备,使其满足连续施工的要求。物资准备工作主要包括:建筑材料的准备、构件的加工准备和施工安装机具的准备。

2.2.1 建筑材料的准备

根据施工预算进行分析,依照施工进度计划要求,按材料名称、规格、使用时间、材料储备定额和消耗定额进行汇总,编制出材料需要量计划,为组织备料,确定仓库、堆场面积和组织运输等提供依据。

2.2.2 构件的加工准备

根据施工预算提供的构件名称、规格、质量和消耗量,确定加工方案和供应渠道,以及储存地点和方式,编制出其需要量计划,为组织运输、确定堆场面积等提供依据。

2.2.3 施工安装机具的准备

根据采用的施工方案,安排施工进度,确定施工机械的类型、数量和进场时间以及施工机具的供应办法和进场后的存放地点和方式,编制施工安装机具的需要量计划,为组织运输、确定堆场面积等提供依据。

2.3 劳动组织准备

2.3.1 建立组织机构

确定组织机构应遵循的原则是:根据工程项目的规模、结构特点和复杂机构中各职能部门的设置,人员的配备应力求精干,以适应任务的需要;坚持合理分工与密切协作相结合,使之便于指挥和管理。

2.3.2 合理设置施工班组

施工班组的建立,应认真考虑专业和工种之间的合理配置,技工和普工的比例要满足合理的劳动组织,并符合流水作业方式的要求,同时制订出该工程劳动力需要量计划。

2.3.3 集结施工力量,组织劳动力进场

工地的领导机构确定之后,应按照开工日期和劳动力需要量计划,组织劳动力进场,同时要进行技术、安全操作规程以及消防和文明施工等方面的培训教育,并安排好职工的生活。

2.3.4 施工组织设计、施工计划和施工技术的交底

在单位工程或分部分项工程开工前,应将工程的设计内容、施工组织设计、施工计划和施工技术等要求,详尽地向施工班组和工人进行交底,以保证工程能严格地按照设计图纸、施工工艺、安全技术措施、降低成本措施和施工验收规范等要求进行施工。施工组织设计、施工计划和施工技术交底的内容包括:工程的施工进度计划、月(旬)作业计划;施工组织设计,尤其是施工工艺、质量标准、安全技术措施、降低成本措施和施工验收规范的要求;新结构、新材料、新技术和新工艺的实施方案和保证措施;图纸会审中所确定的有关部位的设计变更和技术核

定等事项。

2.3.5 建立、健全各项管理制度

工地的各项管理制度是否建立、健全,会直接影响其各项施工活动的顺利进行。为此,必须建立、健全工地的各项管理制度。这些管理制度的内容包括:工程质量检查与验收制度;工程技术档案管理制度;建筑材料的检查验收制度;技术责任制度;施工图纸学习与会审制度;技术交底制度;职工考勤、考核制度;工地及班组经济核算制度;材料出入库制度;安全操作制度;机具使用保养制度等。

2.4 施工现场准备

施工现场是施工单位为实现优质、高速、低消耗的目标而有节奏、均衡连续地进行施工活动的空间。施工现场的准备工作,主要是为了给拟建工程的施工创造有利的施工条件和物资保证。其具体内容如下。

2.4.1 施工控制网测量

按照设计单位提供的总平面图及给定的坐标控制网、水准控制点和重要桩志的保护桩等资料,进行施工测量,设置永久性和临时性导线点、水准点和建立工程测量控制网。

2.4.2 完成好"四通一平"

"四通一平"是指路通、水通、电通、通信通和平整场地。有蒸汽养护需要的工程项目以及寒冷冰冻地区,还应考虑暖气供热的要求。

2.4.3 补充勘探

桥梁工程在初步设计时所依据的地质钻探资料往往因钻孔较少、孔位过远而不能满足施工需要。因此,必须对不甚明了的墩位进行补充勘探,以查明墩位处的地质情况和可能的隐蔽物,为基础工程施工创造有利条件。

2.4.4 建造临时设施

应按照施工总平面图的布置建造临时设施,为正式开工准备好生产、办公、生活和储存等临时用房,以及临时便道、码头、混凝土拌和站、构件预制场等。

2.4.5 安装调试施工机具

按照施工机具需要量计划,组织施工机具进场;根据施工总平面图,将施工机具安置在规定的地点或仓库。对于固定的机具,要进行就位、搭棚、接电源、保养和调试等工作。对所有施工机具,都必须在开工之前进行检查和试运转,保证机具设备处于完好状态。

2.4.6 材料的试验和储存堆放

按照建筑材料的需要量计划,应及时提供建筑材料的试验申请计划,以便及时提供建筑材料的试验报告,如钢材的力学性能试验、混凝土或砂浆的配合比和强度试验等,并按照建筑构(配)件、制品和材料的进场数量,根据施工总平面图规定的地点和指定的方式进行储存和堆放。

2.4.7 做好冬雨期施工安排工作

按照施工组织设计的要求,落实冬、雨期施工的临时设施和技术措施。

2.4.8 新技术项目的试制和试验

按照设计图样和施工组织设计的要求,认真进行新技术项目的试制和试验工作,满足工程建设的需要。

2.4.9 消防、保安措施

按照施工组织设计的要求,根据施工总平面图的布置,建立消防、保安等组织机构和有关的规章制度,布置安排好消防、保安等措施。

2.5 施工的场外准备

2.5.1 材料的加工和订货

加强与材料供应单位的联系,签订供货合同,确保材料能得到及时供应,保证施工企业正常生产。

2.5.2 做好分包工作和签订分包合同

由于施工单位本身的力量所限,有些专业工程的施工、安装和运输等均需要委托外单位完成。因此,应依据招标文件和投标文件,根据工程量、完成日期、工程质量和工程造价等内容,选择合适的分包单位,并与其签订分包合同,保证分项工程的按时实施。

2.5.3 向监理单位提交开工申请报告

做好上述施工场外的准备工作后,应及时填写开工申请报告,并上报业主单位批准。

单位工程开工必须具备下列条件:

(1)施工图纸经过会审,图纸中存在的问题和错误已得到纠正。
(2)施工组织设计或施工方案已经得到监理工程师的批准并进行交底。
(3)场内外施工便道已经修通,施工用水、用电、排水和通信能满足施工需要。
(4)材料、成品、半成品等物资能满足连续施工的要求。
(5)附属加工场和职工生活福利设施的建设能满足施工和生活的需要。
(6)施工机械和设备已进场,并经过检验能保证正常运转。
(7)施工力量已经调集,并已经过必要的技术安全和防火教育,安全消防设备已经备齐。
(8)已办理好施工许可证。

【能力训练】

请学生们完成附图 A-3 ~ 附图 A-5 所示的预应力混凝土空心板施工图的识读、审查及工程量核算。

(1)目的:通过训练,使学生掌握施工图审查的方法及工程量核算的方法。
(2)要求:达到表 1-1 的质量标准要求。

施工图识读、审查及工程量核算训练质量标准和评分方法　　表1-1

姓名:　　　　　　　　单位:

序号	质 量 标 准	标准分	得分
1	施工图识读	15	
2	审查施工图	15	
3	各种类型钢筋数量计算正确	20	
4	不同等级混凝土数量计算正确	15	
5	沥青混凝土数量计算正确	10	
6	挖基数量计算正确	15	
7	片、块石数量计算正确	10	
	总得分		

(3)步骤:
①施工图的识读。
②审查设计图样与设计说明书。
③审查总平面图与其他结构图的几何尺寸、坐标、高程及说明。
④审查技术要求是否正确。
⑤核算工程数量。

学习情境小结

1. 从事桥梁工程的技术人员必须掌握识图技术,因为工程图样作为"工程师的语言",在工程实践中是不可缺少的。识读桥梁施工图时,必须具备一定的投影知识,掌握形体的各种图示方法和道路工程制图标准的有关规定,熟记桥梁施工图中常用的图例、符号、线型、尺寸和比例所表达的含义,了解桥梁的有关构造要求。

2. 施工准备工作是桥梁工程施工顺利进行的根本保证。施工准备工作主要有:技术准备、物资准备、劳动组织准备、施工现场准备和施工场外准备。当一个施工项目进行了图样会审,编制和批准了单位工程施工组织设计,组织好了材料、半成品和构配件的生产和加工运输工作,组织好了施工机具进场工作,搭设了临时建筑物,建立了现场管理机构,并已组织了施工力量,拆迁完红线内的各种建筑物、构筑物,完成好"四通一平",进行了施工现场导线点和高程点的复测等准备工作后,施工单位即可向监理和业主提交开工报告。

复习思考题

1. 桥梁施工准备工作包括哪些内容?
2. 审查施工图和有关设计资料的程序是什么?
3. 单位工程开工必须具备哪些条件?
4. 施工现场准备工作包括哪些内容?
5. 桥梁施工技术准备工作包括哪些内容?
6. 简述识读桥梁施工图的方法和步骤。

学习情境 2　桥梁施工常用机具设备

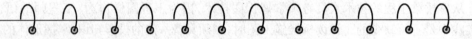

【知识目标】
　　了解桥梁施工常备式结构的种类及组成部分；理解和掌握常用主要施工设备的特点及功能，以及预应力张拉设备的施工要点。
【能力目标】
　　会利用施工机具设备进行混凝土的制备、运输及浇筑；会运用常用施工机具进行桥梁各施工工序的施工。

　　施工设备和机具是桥梁施工技术中的一个重要课题，施工设备和机具的优劣往往决定施工技术的先进与否。反过来，桥梁施工技术的发展，也要求对各种施工设备和机具不断进行改造、更新，以适应施工技术的发展。现代桥梁施工要求广泛地使用各种类型的工程机械和机具，以确保工程施工质量，加快施工进度，降低工程成本，最大限度地减轻工人的劳动强度。
　　现代大型桥梁施工设备和机具主要有：
　　(1)各种常备式结构，例如钢管脚手架、万能杆件、贝雷梁等；
　　(2)各种起重机具设备，例如千斤顶、吊机等；
　　(3)混凝土施工设备，例如拌和机、输送泵、振捣设备等；
　　(4)预应力施工设备，包括各类锚具、张拉千斤顶。

任务 1　桥梁施工常备式结构

1.1　钢管脚手架(支架)

　　根据钢管的连接、组合方式不同，钢管脚手架分为扣件式、碗扣式、门式脚手架等几种类型。

1.1.1　钢管扣件式脚手架

　　钢管扣件式脚手架是目前使用较广泛的脚手架，它具有拆装方便，搭设灵活，能适应结构物平、立面变化的特点。
　　钢管扣件式脚手架由钢管和扣件两种构件组成。扣件有直角扣件、旋转扣件和对接扣件，见图2-1。钢管直角连接时，采用直角扣件，其实物见图2-2。钢管间采用锐角连接时，采用旋转扣件。钢管间需要接长时，采用对接扣件。

1.1.2 碗扣式钢管脚手架

1) 碗扣式钢管脚手架的特点

碗扣式钢管脚手架是在吸取国外同类型脚手架的先进接头和配件的基础上,结合我国实际情况研制的一种新型脚手架,其广泛用于桥梁工程的支撑架。它具有接头构造合理,拼装快速、省力,在三维方向上均有可靠的力学强度和自锁性能,避免螺栓作业和零散扣件的拼装,能方便地组装成各种脚手架和支撑承力架。

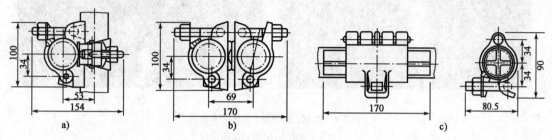

图 2-1 扣件(尺寸单位:mm)
a)直角扣件;b)旋转扣件;c)对接扣件

2) 碗扣式钢管脚手架的构造

碗扣式钢管脚手架主要由碗扣接口、立杆、横杆、顶杆、支座和其他配套构件组成。其中,扣件碗扣接头是核心部分,由上碗扣、下碗扣、横杆接头和上碗扣限位销组成,见图 2-3。下碗扣焊在钢管上,上碗扣对应地套在钢管上。横杆由钢管两端焊接横杆接头制成。连接时,只需将接头插入下碗扣内,将上碗扣沿限位销扣下,并顺时针旋转,靠上碗扣螺旋而使横杆接头与限位销顶紧,从而将横杆与立杆牢固地连在一起,形成框架结构。碗扣式钢管脚手架拼装实物见图 2-4。

图 2-2 直角扣件

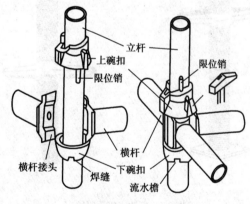

图 2-3 碗扣接头构造

(1) 立杆。立杆是脚手架承受垂直荷载的主要杆件,由 $\phi 48 \times 3.5mm$ Q235 钢管上每隔 0.6m 安装一套碗扣接头,并在其顶端焊接立杆连接管制成,有 3m 和 1.8m 两种规格。

(2) 顶杆。即顶部立杆,其顶部设有立杆连接管,便于在顶端插入承载支座或顶托,见图 2-5,长度有 2.1m、1.5m、0.9m 三种,主要用于支撑架、支撑柱和物料提升架。

1.1.3 门式脚手架(钢管装配框架式脚手架)

1) 门式脚手架的特点

(1) 管材的强度高,若经防腐处理,可大大延长使用寿命。

(2) 结构合理,使用简单,操作快捷灵活,安全可靠。

图 2-4 碗扣式钢管脚手架拼装实物图
a) 节点结构；b) 框架结构

(3) 单件最大质量不超过 20kg，运输、提升、拆装方便，可大大提高效率，节省大量的人力和财力。

因此，门式脚手架广泛用于高层建筑、装饰装修、桥梁工程及大型设备的安装工程。

2) 门式脚手架的组成

门式脚手架由钢管制成的门架、交叉支撑、连接销、顶托和底座组成，见图 2-6。

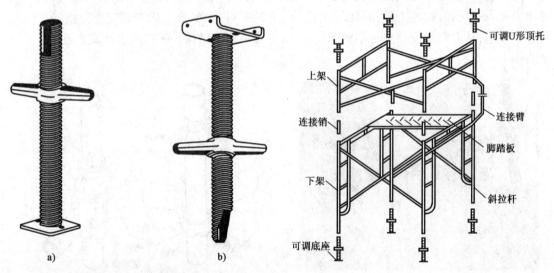

图 2-5 可调底座及顶托
a) 可调底座；b) 可调顶托

图 2-6 门式脚手架的组成

1.2 万能杆件

万能杆件是用角钢、钢板和螺栓制作而成。钢制万能杆件能组拼成桁架、墩架、塔架和龙门架等形式，可作为桥梁墩台、索塔施工的脚手架，或作为吊车梁以安装各种预制构件。必要时还可作为临时的桥梁墩台和桁架。

万能杆件具有拆装容易、运输方便、利用率高等优点，各杆件均为标准件，通用性强，可以节省大量辅助结构所需的木料、劳动力和工期，因此适用范围较广。

万能杆件的构件包括杆件、连接板和缀板三大部分,如图2-7所示。杆件在拼装时组成桁架的弦杆、腹杆、斜撑;各种规格的连接板,可将弦杆、腹杆、斜撑等连接成需要的各种形状;缀板可将断面由四肢或两肢角钢组成的各种弦杆、腹杆等在其节间中点做一个加强连接点,使组合断面的整体性更好。

用万能杆件组拼桁架时,其高度可为2m、4m、6m及以上。当高度为2m时,腹杆为三角形;当高度为4m时,腹杆为棱形;高度超过6m时,则可为多斜杆的形式,见图2-8。桁架的承载力应根据作用标准和跨度验算。

图2-7 万能杆件的组成

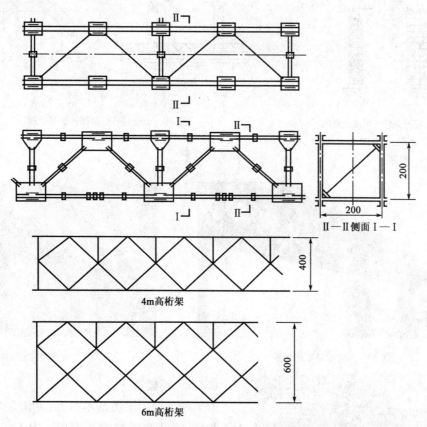

图2-8 万能杆件组拼桁架示意图(尺寸单位:mm)

用万能杆件组拼墩架、塔架时,其柱与柱之间的距离可以和桁架完全一样,按2m一节变更。塔架组拼示意图见图2-9,浮式吊架组拼示意图见图2-10。

1.3 贝雷梁

贝雷梁又称贝雷片或贝雷架,主要由桁架片、加强弦杆、横梁、纵梁、桁架销、螺栓、支撑构件等组成。每一个桁架片可以通过销子或螺栓迅速接长,还可以拼装成多排、多层的钢桁架结构,适用于不同长度及作用的临时承重结构物。贝雷常拼成导梁作为承载移动支架,再配置部分起重设备与移动机具来实现架梁。普遍用于:桥梁施工中的脚手架、塔架等临时设施;架桥机、起重机等架桥设备;装配式钢桥的梁体及各种钢桥的承重结构;其他临时承重设备。图2-11所示为贝雷梁装配的钢桥;图2-12所示为贝雷梁装配的架桥机;图2-13所示为贝雷梁装配的墩身支架。下面主要介绍贝雷梁的主要组拼构件。

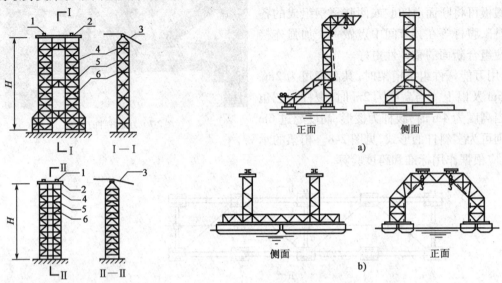

图2-9 用万能杆件组拼的塔架
1-索鞍;2-帽梁;3-主索;4-立柱;
5-水平撑;6-斜撑

图2-10 万能杆件组拼浮式吊架示意

图2-11 贝雷梁装配的钢桥

图2-12 贝雷梁装配的架桥机

图2-13 贝雷梁装配的墩身支架

1.3.1 桁架片

桁架片是贝雷梁的基本单元,见图2-14,主要由上下弦杆、竖杆和斜撑连接而成。上下弦杆的一端为阴头,另一端为阳头,阴阳头均有销孔。两节桁架连接时,将一节的阳头插入另一节的阴头内,对准销孔,插上销子和保险插销。上下弦杆由两根热轧槽钢组合而成,弦杆上焊有多块带圆孔的钢板,圆孔包括弦杆螺栓孔和支撑架孔。在拼装双层或加强桥梁时,可在弦杆螺栓孔插桁架螺栓,使双层桁架或桁架与加强杆结合起来。支撑架孔可用于安装支撑架。

桁架下弦槽钢腹板上的长圆孔称为风构孔,用于连接抗风拉杆。下弦杆上设有横梁垫板,上有栓钉,可用于固定横梁位置。

1.3.2 销子与保险插销

销子用于连接桁架,其端部有一小圆孔,用来安装保险插销,防止销子脱落,见图2-15。架设贝雷梁时,为了拆装方便,销子应按下列规定安装:下层第一排桁架片的销子由内向外插,第二排、第三排的销子由外向内插,上下各排的桁架销子均由内向外插。

1.3.3 加强弦杆

加强弦杆可提高贝雷梁的抗弯能力,发挥桁架腹杆的抗剪作用。贝雷梁端部弯矩小,因此首尾节桁架不需设加强弦杆。

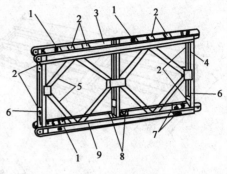

图2-14 桁架片的构造

1-弦杆螺栓孔;2-支撑架孔;3-上弦杆;4-竖杆;5-斜撑;6-横梁夹具孔;7-风构孔;8-横梁垫板;9-下弦杆

加强弦杆两端设有阴阳头,中部设有支撑架孔和弦杆螺栓孔,见图2-16。其作用同桁架片中的支撑架孔和弦杆螺栓孔。不同之处在于,加强弦杆中的弦杆螺栓孔仅焊在杆件的一面,使连接加强弦杆与桁架的弦杆螺栓的螺母不至外露,保证贝雷梁推出时顺利地通过滚轴。

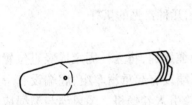

图2-15 销子和保险插销

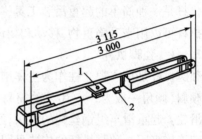

图2-16 加强弦杆(尺寸单位:mm)

1-支撑架孔;2-弦杆螺栓孔

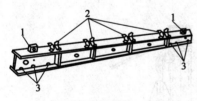

图2-17 横梁

1-短柱;2-卡子;3-栓钉孔

1.3.4 横梁

横梁(图2-17)由工字钢制成,中部有4个卡子,用以固定纵梁位置。横梁两端焊有短柱,用来连接斜撑。横梁底部有三个栓钉孔,当安装横梁时,将栓钉孔套入桁架下弦杆上横梁垫板的栓钉,使横梁在桁架上就位。栓钉孔的间距与桁架各排间的间距相同,因此,横梁就位后,桁架各排的间距就能固定。

1.3.5 纵梁

纵梁分为有扣纵梁和无扣纵梁,见图2-18。有扣纵梁在梁的一边焊有扣子,桥面板榫头安放在扣子之间,从而固定桥面位置。无扣纵梁安装在有扣纵梁的中间,可以不分正反面任意安装。

1.3.6 支撑构件

支撑构件包括斜撑和联板。斜撑的作用是增强贝雷梁的横向稳定性。在斜撑的两端各有一个空心圆锥形的套筒,上端与桁架端竖杆的支撑架孔连接,下端连接在横梁的短柱上。每节贝雷梁在桁架后端竖杆上各装一对斜撑,桥头端柱上另增加一对。斜撑与桁架和横梁间的连接采用螺栓连接。

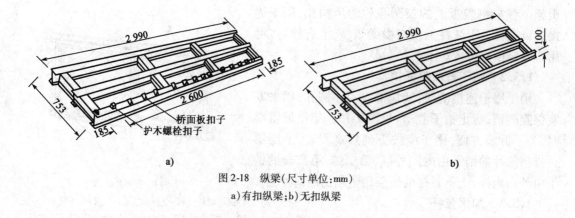

图 2-18 纵梁(尺寸单位:mm)
a)有扣纵梁；b)无扣纵梁

任务2 桥梁施工常用的起重机具设备

2.1 扒杆

扒杆是一种简单的起重吊装工具，一般都由施工单位根据工程的需要，自行设计和加工制作。扒杆可以用来升降重物，移动和架设桥梁等。下面介绍几种常见的扒杆。

2.1.1 独脚扒杆

独脚扒杆是用一根立柱作为主体结构，顶部系3~4根缆风绳，将立柱固定成竖直位置或略微倾斜(倾角一般为5°~10°)的简易起重装置。立柱顶端设有起重滑车组，底端设有一个导向滑轮。起重滑车组钢丝绳的绳头，经过底部的导向滑轮引入卷扬机。缆风绳与溜绳应利用锚碇连接牢固。独脚扒杆的构造见图2-19。

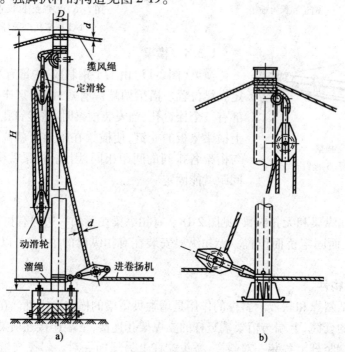

图 2-19 独脚扒杆
a)木制独脚扒杆；b)钢管独脚扒杆

2.1.2 人字扒杆

人字扒杆用两根木料或钢管搭设成"人"字形，顶部交叉处用螺栓连接，并用千斤绳进行绑扎。扒杆下部用拉绳系住，并用木楔垫平扒杆下部。前后均设两根缆风绳，互成45°～60°。人字扒杆的构造见图2-20。

2.1.3 摇臂扒杆

摇臂扒杆是用一副人字扒杆或一根独脚扒杆吊住一根吊杆组成，见图2-21。吊杆可以起落和左右摆动，因此，摇臂扒杆不仅可以垂直起吊重物，还可以在吊杆摆动的范围内将重物作水平移动。

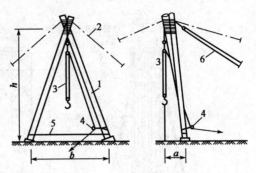

图2-20 人字扒杆的构造

1-人字扒杆；2-缆风绳；3-起重滑轮组；4-导向滑轮；5-拉索；6-背索滑轮组

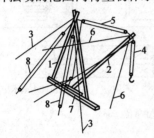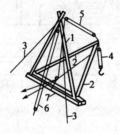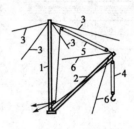

图2-21 摇臂扒杆

1-扒杆；2-吊杆；3-扒杆风缆；4-起重滑轮组；5-吊杆背索滑轮组；6-吊杆缆风绳；7-扒杆底木；8-背索滑轮组

图2-22 小型龙门架

2.2 龙门架

龙门架是一种最常用的垂直起吊设备。在龙门架顶横梁上设行车时，可横向运输重物、构件；在龙门架两腿下设有缘滚轮并置于铁轨上时，可在轨道上纵向运输；如在两腿下设能转向的滚轮时，可进行任何方向的水平运输。龙门架通常设于构件预制场吊移构件；或设在桥墩顶、墩旁安装大梁构件。常用的龙门架主要有钢木混合构造龙门架、拐脚龙门架、贝雷梁拼装式龙门架。图2-22是在预制场吊移构件的小型龙门架，图2-23是利用公路装配式钢桥桁节(贝雷梁)拼装的龙门架构造图。

2.3 缆索起重机

缆索起重机适用于高差较大的垂直吊装和架空纵向运输，吊运量为几吨至几十吨，纵向运距为几十米至几百米。

缆索起重机是由主索、天线滑车、起重索、牵引索、起重及牵引绞车、主索地锚、塔架、风缆、主索平衡滑轮、电动卷扬机、手摇绞车、链滑车及各种滑轮等部件组成。在吊装拱桥时，缆索吊装系统除了上述各部件外，还包括扣索、扣索排架、扣索地锚、扣索绞车等部件。图2-24为缆索吊装拱肋示意图。

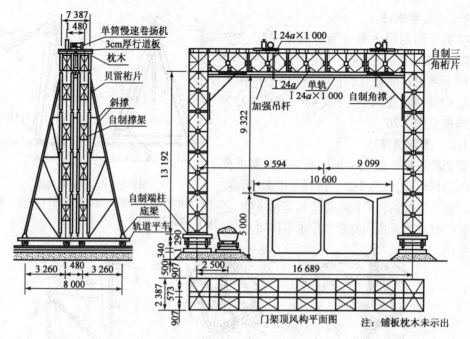

图 2-23 贝雷梁拼装式龙门架构造图(尺寸单位:mm)

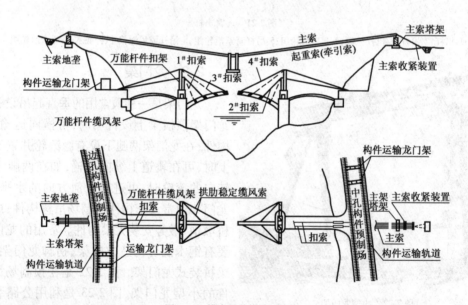

图 2-24 缆索吊装拱肋示意图

1)主索

主索亦称为承重索或运输天线。它横跨桥墩,支承在两侧塔架的索鞍上,两端锚固于地锚。吊运构件的行车支承于主索上。主索的断面根据吊运的构件重量、垂度、计算跨度等因素进行计算。

2)起重索

起重索主要用于控制吊物的升降(即垂直运输),一端与卷扬机滚筒相连,另一端固定于对岸的地锚上。这样,当行车在主索上沿桥跨往复运行时,可保持行车与吊钩间的起重索长度不随行车的移动而改变,如图 2-25 所示。

3)牵引索

为拉动行车沿桥跨方向在主索上移动(即水平运输),故需一对牵引索。牵引索既可分别连接在两台卷扬机上,也可合拴在一台双滚筒卷扬机上,便于操作,见图2-25。

4)结索

结索用于悬挂分索器,使主索、起重索、牵引索不致相互干扰。它仅承受分索器重力。

5)扣索

当拱箱(肋)分段吊装时,为了暂时固定分段拱箱(肋)所用的钢丝索称为扣索。扣索的一端系在拱箱(肋)接头附近的扣环上,另一端通过扣索排架或过河天扣缆索固定于地锚上,见图2-24。

6)缆风索

缆风索是用来保证塔架的纵横向稳定及拱肋安装就位后的横向稳定,见图2-24。

7)塔架及索鞍

塔架是用来提高主索的临空高度及支承各种受力钢索的结构物。塔架的形式多种多样,按材料可分为木塔架和钢塔架两类。

木塔架的构造简单,制作、架设均很方便,但用木料数量较多。一般当高度在20m以下时可以采用。当塔架高度在20m以上时,多采用钢塔架。钢塔架可采用龙门架式、独脚扒杆式或万能杆件拼装成的各种形式。图2-26所示为高度40m的万能杆件拼装成的钢塔架。

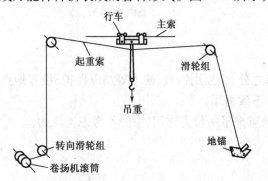

图2-25 起重索及牵引索构造示意图

图2-26 钢塔架

如图2-27所示,塔架顶上设置索鞍,为放置主索、起重索、扣索等用。索鞍可以减少钢丝绳与塔架的摩阻力,使塔架承受较小的水平力,并减小钢丝绳的磨损。

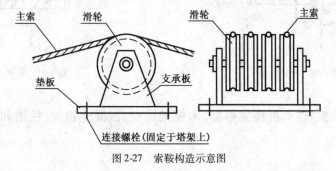

图2-27 索鞍构造示意图

8)地锚

地锚又称地垄或锚碇,用于锚固主索、扣索、起重索及绞车等。地锚的可靠性对缆索吊装的安全有决定性影响,设计与施工都必须高度重视。按照承载能力的大小及地形、地质条件的不同,地锚的形式和构造也是多种多样的。此外,还可以利用桥梁墩台作锚碇,无需设置专门的地锚,以达到节约材料的目的。锚碇的种类按构造形式可分为地垄、钢筋锚环、水中锚碇和其他锚固点等。

(1)地垄

地垄的特点是将锚固装置埋在土或石内,一般埋在地面以下,利用土或石的抗力来抵抗钢丝绳拉力。地垄分以下几种:

①立垄。适用于土质地层。地垄桩以枕木、圆木或方木制作,挖坑埋入土中,如图2-28所示。

②桩垄。桩垄是以打入土中一定深度的木桩来作地垄,也分单、双和三桩垄几种。

③卧垄。卧垄是埋入土中的横置木料。缆索或千斤绳系于木料上的一点或数点,木料埋好后填土夯实(或压片石、混凝土预制块等重物)。卧垄承受的拉力一般可达30～500kN。卧垄可分无挡和有挡两种,如图2-29和图2-30所示。

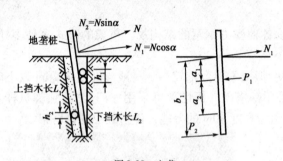

图2-28 立垄
a)布设示意;b)受力图式

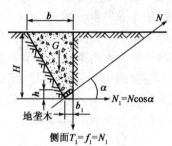

图2-29 无挡卧垄

卧式地垄抗拔力较大,因此要求在拴拉缆绳之处,必须用铁板、硬木等加以保护;设置地点必须有较好的土质,以便挖土坑及挖出缆绳槽时不致坍塌。

④混凝土地垄。如图2-31所示,它依靠其自重来平衡拉力作用,一般不考虑土压力。

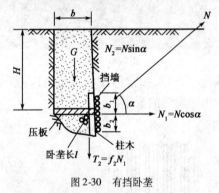

图2-30 有挡卧垄

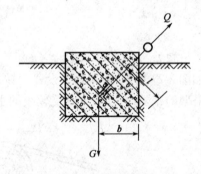

图2-31 混凝土地垄

(2)水中锚碇

常用的水中锚碇有:水桩篾笼锚碇,木框架锚碇,混凝土锚锭,铁锚和现浇水下混凝土锚碇等。

9)卷扬机

卷扬机亦称绞车,分为电动绞车及手摇绞车,主要用作牵引、起吊等的动力装置。

(1)手摇绞车

手摇绞车的构造主要由几对齿轮和一个滚筒及其他配件组成。手摇绞车的起重力为5～100kN等多种形式。手摇绞车便于操纵,一般用于要求精细调整钢束的部位。

(2)电动绞车

电动绞车按操作方式可分为电动可逆式绞车和电动摩擦式绞车两种。电动绞车速度快,但不易控制,一般多用于起重索和牵引索。电动可逆式绞车的电动机与卷筒有固定联系,卷筒可强制正转和反转,只需变换电路就可进行起吊和下降重物。而电动摩擦式绞车没有固定联系,而是通过摩擦离合器带动卷筒旋转,只有起吊时才使用。重物下降时全靠自身重力,其速度快慢用制动器来控制。

电动绞车又有慢速与快速之分。慢速绞车的钢丝绳牵引速度一般为 7~13m/min,牵引力为 30~110kN;快速绞车的牵引速度一般为 15~48m/min,牵引力为 3~6kN。桥梁起重吊装工作中多采用慢速绞车。图 2-32 所示为特制大容绳量的 8t 单筒卷扬机,最大容绳量为 1 700m。

10)其他附属设备

其他附属设备有在主索上行驶的行车(俗称跑马滑车)、起重滑车组、各种倒链葫芦、法兰螺栓、钢丝卡子(钢丝轧头)、千斤绳、横移索等。

图 2-32 卷扬机

知识拓展——缆索起重机的计算

1. 主索计算

(1)主索最大拉力

$$T_{\max} = \frac{\text{破坏拉力}}{n_1} \tag{2-1}$$

$$\sigma_{\max} = \frac{T_{\max}}{F} + \frac{Q}{n}\sqrt{\frac{E_k}{T_{\max}F}} \tag{2-2}$$

式中:n_1——安全系数,通常取 3~4;

　　F——主索横断面面积;

　　E_k——主索弹性模量;

　　Q——小车总重力;

　　n——主索上车轮数;

　　$\sigma_{\max}$——在车轮压力作用下主索最大单位面积所受到的压力;

　　n_2——主索单位面积压力的安全系数,$n_2 = \dfrac{\text{钢丝绳破坏应力}}{\sigma_{\max}} > 2$,通常取 2~2.75。

(2)主索水平拉力的计算

①当重车在距离支架 x(单位为 m)时的主索水平拉力为 H_x,由于能调整缆索的长度,因此温度变化不计在内。计算公式为:

$$H_x^3 + H_x^2\left\{\frac{E_k F\cos^2\beta}{24H_m^2}[3Q_m(Q_m+g_m)+g_m^2] - H_m \pm \Delta t° E_k F\cos^2\beta\right\} = \frac{x(L-x)}{2L^2}Q_x(Q_x+g_x)E_k F\cos^2\beta + \frac{g_x^2 E_k \cos^2\beta}{24} \tag{2-3}$$

式中：H_x——重车距支架 x（单位为 m）时的主索水平拉力；
  L——缆索吊机的跨长；
  g_m——主索、分索器及起重索自重力；
  Q_m——小车总重力；
  β——主索拉力 T 与水平线夹角。

$$H_m = T_{max} \cos\beta \tag{2-4}$$

② 主索安装水平拉力 H。
主索安装时 $Q_x = 0$，g_x 只有主索自重力。
(3) 缆风索垂直分力的计算

$$V_x = H_x \tan\beta \tag{2-5}$$

(4) 主索挠度

① 最大挠度

$$f_{max} = \frac{g_m L^2}{8 H_m \cos\beta} + \frac{Q_m L}{4 H_m} \tag{2-6}$$

下垂坡度

$$\frac{f_{max}}{L} < 5\%$$

② 安装挠度

$$f_c = \frac{g_m L^2}{8 H_m \cos\beta} \tag{2-7}$$

2. 起重绳计算

最大拉力

$$T_{max} = \frac{重车自重力}{2} \tag{2-8}$$

$$\sigma_{max} = \frac{T_{max}}{F} + E_k \frac{d}{D} \tag{2-9}$$

式中：d——钢丝绳的直径；
  D——起重绳滑轮直径。

安全系数 $n_1 = \dfrac{钢丝绳的破坏力}{最大拉力\ T_{max}} > 5$；安全系数 $n_2 = \dfrac{钢丝绳允许应力}{\sigma_{max}} > 4$。

3. 牵引绳计算
(1) 拉力计算
拉力计算时，应考虑各滑轮的摩擦力以及各滑轮之间的拉力等因素。
(2) 牵引索应力

$$\sigma_{max} = \frac{T_{max}}{F} + E_k \frac{d}{D} \tag{2-10}$$

安全系数 $n_1 > 5$，安全系数 $n_2 > 4$。

4. 结索计算
结索挠度应小于或等于主索安装挠度，还应小于牵引索最大挠度。
(1) 结索水平拉力

$$H = \frac{g_m L^2}{8f} \tag{2-11}$$

式中：g_m——包括分索和结索的自重力。

（2）结索应力

$$\sigma_{max} = \frac{T_{max}}{F} + E_k \frac{d}{D} \quad (2-12)$$

安全系数 $n_1 > 4$，安全系数 $n_2 > 2$。

5. 缆风索的计算

（1）外侧风缆作用在柱头的纵向风力

$$P = R_H + P_1 + P_2 + P_3 + P_4 \quad (2-13)$$

式中：R_H——主索水平反力；
    P_1——风力；
    P_2——结索作用在柱头的拉力；
    P_3——起重索作用在柱头的拉力；
    P_4——牵引索作用在柱头的拉力。

外侧风缆共两根，每根风缆的拉力为：

$$T_1 = \frac{P}{2} \times \frac{1}{\cos\alpha} \times \frac{1}{\cos\beta} \quad (2-14)$$

式中：α——缆风绳在水平面上的投影与主索的夹角；
    β——缆风绳与水平面的夹角。

安装时维持风缆挠度在 $1.5\%L$，安装拉力为 T_2。

$$T_2 = \frac{gL}{8 \times 0.015\cos^2\beta} \quad (2-15)$$

$$外侧缆风索总拉力 = T_1 + T_2 \quad (2-16)$$

安全系数

$$n = \frac{总破坏力}{缆风索总拉力} > 3$$

（2）内侧风缆作用在柱头的横向风力

风力作用在柱头的横向风力由两个风缆承担：

$$T'_1 = \frac{P'}{2} \times \frac{1}{\cos\alpha} \times \frac{1}{\cos\beta} \quad (2-17)$$

式中：P'——作用在柱头的横向风力。

内侧风缆安装拉力与外侧风缆相同：$T'_2 = T_2$

$$内侧缆风索总拉力 = T'_1 + T'_2$$

安全系数

$$n = \frac{总破坏力}{缆风索总拉力} > 3$$

内侧缆风索安装挠度：

$$\frac{f}{L} = \frac{gL}{8T'_2\cos^2\beta} \quad (2-18)$$

6. 支柱基础反力

（1）支柱自重力；

(2)主索垂直反力;
(3)缆风索垂直反力;
(4)结索平衡重及牵引索平衡重。
支柱基础反力 =(1)+(2)+(3)+(4)。

2.4 架桥机

架桥机是架设预制梁(构件)的专用设备。铁路常用的 32m 以下及公路常用的 50m 以下的混凝土简支 T 形梁,通常采用预制安装法施工,因此需要专用架桥机。目前,大型预制箱梁也经常采用架桥机架设。不同型号架桥机的结构特点、功能及架梁工序都有所不同。下面主要介绍常见架桥机的特点及构造。

2.4.1 单梁式架桥机

该类型架桥机,主要为胜利型架桥机,如图 2-33 所示。

图 2-33 胜利型架桥机

1)胜利型架桥机的特点

(1)机械化程度较高,本身设有自动行驶的动力装置,能架桥、铺轨两用,使用操作较安全方便。最大起吊质量为 130t。

(2)轴重小,能自动行驶上桥对位。架桥机不需吊梁运行,因此,桥头路基不需特殊加固和使用超轴车压道。

(3)机臂能做水平摆动,并可在隧道口及半径 450m 曲线上连续架梁。

(4)能吊铺桥上 25m 长的轨排并做好上渣工作。

(5)除端门架和支柱需拆卸外,其余基本上不需要解体运输。因此,整体组装和拆卸均较简单,而且不需要其他超重机械帮助。

(6)不能使梁片一次就位,需墩上人工移梁。

2)架桥机的构造

架桥机主要由主机、机动平车及龙门架三部分组成。

(1)主机。即架梁作业的主机,设有机臂,支于 1 号与 2 号柱上,并可前后滑行。机臂前端支于 0 号柱上,架梁时构成简支梁状态。在机臂上设有两部吊梁小车,供架桥时吊梁运至桥位之用。架桥过程操作由液压系统完成。

(2)机动平车。即运送桥梁的机动车,可以自行行驶。其任务是将吊于龙门架上的梁卸到车上再运至主机,其主要设备由供自行运转的发动机、拖梁小车及车辆前端顶梁用的千斤顶组成。

(3)龙门架。用于吊装混凝土梁,其任务是将装在运梁平车上的梁吊装到机动平车上。两台龙门架应设置在靠近桥位的路基上,以缩短机动平车的运距。

2.4.2 双梁式架桥机

该类型架桥机主要为红旗型架桥机和长征型架桥机,见图 2-34。下面主要介绍长征型架桥机的构造及特点。

图 2-34 双梁式架桥机

1) 长征型架桥机的特点

(1) 架桥机吊梁行车可直接由运梁平车上起吊梁,不需换装。
(2) 架梁时,因吊梁行车可横向移动,因此,每片梁均能一次就位,无需人工在墩台上移梁。
(3) 轴重小,压道量小,不需铺设桥头岔线。
(4) 主梁间距能宽能窄,吊点低,平稳安全。
(5) 机臂两端均能架梁,架桥机不需转向。
(6) 结构简单,操作方便,便于养护维修。

2) 长征型架桥机的构造

该架桥机主要由台车、机身、机臂、前端门架与前支腿、后端门架与后支柱、中支腿、吊梁行车、活动横梁等几部分组成,见图 2-35。

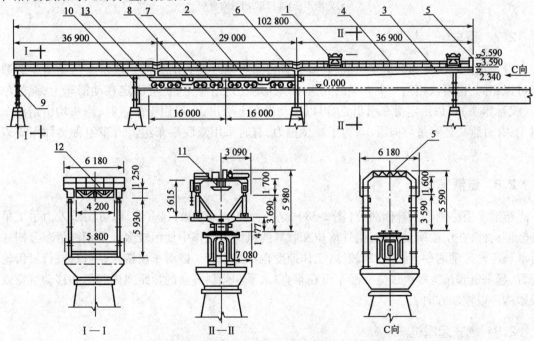

图 2-35 长征型架桥机结构示意图(尺寸单位:mm;高程单位:m)

1-吊梁行车;2-主梁;3-机臂;4-人行道及栏杆;5-后门架;6-机臂摆动机构;7-台车;8-活动横梁;9-前支腿及油顶;10-中支腿;11-吊梁扁担;12-前门架;13-走行机构

目前,公路桥梁施工时使用的架桥机还有万能杆件或贝雷梁拼装而成的各式架桥机。

2.5 千斤顶

千斤顶适用于起落高度不大的起重,按其构造不同,可分为螺旋式千斤顶、油压式千斤顶和齿条式千斤顶三大类。

油压千斤顶使用方便、省力。其工作原理是依靠手柄推动油泵,将油液压入活塞的油缸内,将活塞逐渐顶起,以举高重物。如欲降低时,可打开放油阀,使油液由油缸回到储油箱,重物就逐渐下降,其下降快慢可由放油阀松开的大小来调节。

2.6 滑车

滑车又称滑轮或葫芦。滑车种类很多,按制作材料不同,可分为铁滑车和木滑车。按转轮的多少,可分为单轮、双轮及多轮几种。按使用方式,可分为定滑车、动滑车和导向滑车,见图2-36。

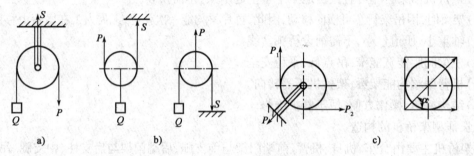

图 2-36 滑车
a)定滑车;b)动滑车;c)导向滑车

2.7 滑车组

滑车组由定滑车和动滑车组成,它既能省力又可以改变力的方向。定滑车与动滑车的数目可以相同,也可以相差一个。绳的死头可以固定在定滑车上,也可固定在动滑车上;绳的单头(又称跑头)可以由定滑车引出,也可以由动滑车上引出,一般用于吊重时,跑头均由定滑车引出;有时跑头还穿过导向滑车;为了减少拉力,有时采用双联滑车组。滑车组种类如图2-37所示。

2.8 链滑车

链滑车俗称倒链或神仙葫芦(图2-38),是一种简单、实用的起重工具,可用于人力手工吊装轻型构件,在桥梁架设安装、构件落位和收紧缆风绳等工作中使用较多。常用链滑车分蜗杆传动与齿轮传动两种,前者效率较低,工作速度也不如后者。链滑车由链轮、手拉链、行星齿轮装置、起重链和吊钩等组成链。滑车可在垂直、水平和倾斜方向的短距离内起吊和移动重物或绞紧构件以控制方向。

2.9 塔式起重机

塔式起重机俗称塔吊(图2-39),在建筑工程中使用较多,目前在桥梁施工中也逐渐推广使用。

目前,桥梁施工中主要使用小车变幅水平臂架式塔式起重机。该塔式起重机臂架可以水平旋转,臂架下弦杆上安装有起重小车,可沿臂架移动,可以同时进行起吊、旋转、变幅等作业。

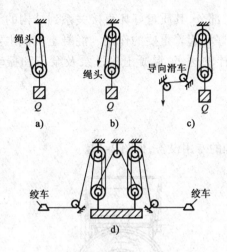

图2-37 滑车组
a)跑头从动滑车引出;b)跑头从定滑车引出;
c)有导向滑车的滑车组;d)双联滑车组

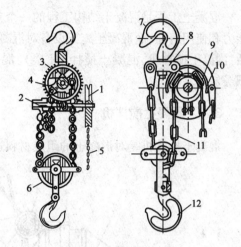

图2-38 链滑车
1-动链轮;2-蜗杆;3-蜗轮;4-蜗轮轴;5-手拉链条;6-动滑车;7-挂钩;8-横梁;9-起重星轮;10-保险簧;11-起重链;12-吊钩

图2-39 塔式起重机

塔式起重机的主要施工操作要点如下:
(1)塔式起重机驾驶员必须是经过专业培训,并有一定驾驶经验的持证上岗的合格人员。
(2)塔式起重机使用应符合操作规程。
(3)当风速超过6级时,应停止使用塔式起重机。
(4)当多台塔式起重机围绕一个工程项目施工时,相邻两台塔式起重机相近部位间最小安全操作距离一般规定为5m。

任务3 混凝土施工设备

混凝土工程是混凝土结构工程的一个重要组成部分,其质量好坏直接关系到结构的承载能力和使用寿命,而混凝土施工设备对混凝土质量好坏起着重要的作用。混凝土机械主要包括:混凝土搅拌机、混凝土搅拌站(楼)、混凝土搅拌输送车、混凝土输送泵及泵车和振动机械等。

3.1 混凝土搅拌机

混凝土搅拌机是对混凝土的组成材料进行拌和的专用设备,见图2-40。

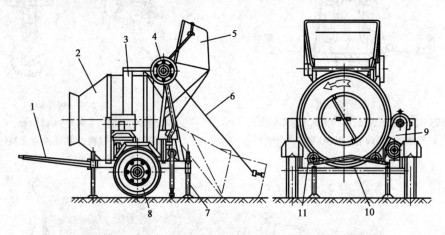

图2-40 JZC200型混凝土搅拌机
1-牵引杆;2-搅拌筒;3-大齿圈;4-吊轮;5-料斗;6-钢丝绳;7-支腿;8-行走轮;9-动力与传动机构;10-底盘;11-拖轮

3.1.1 混凝土搅拌机的类型

混凝土搅拌机按照搅拌原理可分为自落式和强制式两类。

1)自落式搅拌机

自落式搅拌机的搅拌叶片和拌筒之间无相对运动。其按形状和出料方式分为:鼓筒式、锥形反转出料式、锥形倾翻出料式。自落式搅拌机多用于搅拌塑性混凝土和低流动性混凝土,具有机件磨损小、易于清理、移动方便等优点,但动力消耗大,效率低,适用于施工现场。

2)强制式搅拌机

强制式搅拌机的搅拌叶片和拌筒之间有相对运动,主要用于搅拌干硬性混凝土和轻集料混凝土,也可搅拌低流动性混凝土,具有搅拌质量好、生产率高、操作简便、安全等优点,但机件磨损大,适用于预制厂。

3.1.2 混凝土搅拌机的使用

1)混凝土搅拌机的选择

(1)按工程量和工期要求选择。混凝土工程量大且工期长,宜选用中型或大型固定式混凝土搅拌机或搅拌站;混凝土工程量小且工期短,宜选用中小型移动式搅拌机。额定容量是混凝土搅拌机的主要参数,有进料容量和出料容量之分。我国规定以出料容量为主要参数,并作为搅拌机型号的表示依据。不同容量搅拌机的适用范围见表2-1。

不同容量搅拌机的适用范围　　　　　　　　　表2-1

出料容量(L)	适用范围	出料容量(L)	适用范围
60	试验室制作混凝土试块	750 1 000	大型工地、拆装式搅拌站和大型混凝土制品厂搅拌楼主机
150 200	修缮工程或小型工地拌制混凝土及砂浆		
250 350 500	一般工地、小型移动式搅拌站和小型混凝土制品厂的主机	1 500 3 000	大型堤坝和水运工程的搅拌楼主机

(2)按混凝土种类选择。塑性或半塑性混凝土,宜选用自落式搅拌机;高强度、干硬性或轻质混凝土,宜选用强制式搅拌机。

2)混凝土搅拌机的安置

混凝土搅拌机的安置位置应尽量靠近浇筑地点,场地平整,能保证充分的进料、出料通道,供水、供电方便。搅拌机就位后应放下支腿将机架顶起,使轮胎离地,将搅拌机调到水平位置,用插销固定。

3)混凝土搅拌机的使用操作要点

(1)作业前,应先进行空载试验,以检查搅拌桶和搅拌叶片运转是否正常;检查料斗提升、离合器、制动器是否灵活可靠;检查供水系统是否正常。

(2)启动。搅拌机必须空载启动,并在运转中加料,否则会因启动力矩过大而损坏电动机。

(3)加料。必须按规定的混凝土配合比计算加料量。应先测定粗、细集料的含水率,并将试验室配合比换算成施工配合比,然后按施工配合比及搅拌机出料容量计算出每次需要加的各种材料的质量。加料量计算确定后必须严格执行。

3.2 混凝土搅拌站(楼)

混凝土搅拌站(楼)是用来集中搅拌混凝土的联合装置,见图2-41。其特点是制备混凝土的全过程实现机械化或自动化,生产量大,搅拌效率高,质量稳定,成本低,劳动强度减轻。常用于混凝土工程量大、工期长、工地集中的大、中型桥梁工程。

3.2.1 搅拌站与搅拌楼的区别

搅拌站与搅拌楼的区别是:搅拌站的生产能力较小,结构容易拆装,能组成集装箱转移地点,适用于施工现场;搅拌楼体积大,生产效

图2-41　混凝土搅拌站

率高,只能作为固定式的搅拌装置,适用于产量大的预拌(商品)混凝土供应。

3.2.2 混凝土搅拌站(楼)的组成

1)搅拌主机

搅拌机是混凝土搅拌站(楼)的核心,用于混凝土的搅拌。一般要求具有较大的进、出口容量,搅拌质量好,搅拌效率高,适用于搅拌不同性质混凝土的混凝土搅拌机作为主机。目前使用较多的是强制式混凝土搅拌机。

2）称量系统

称量系统用于材料的称量。一般砂石称量采用累积计量，水泥应单独称量，搅拌用水应用定量水表计量。

3）物料供给系统

物料供给系统由料仓和材料输送机组成。

4）控制系统

控制系统由开关电路、继电器程序控制、运算放大器电路组成，能实现全过程自动控制及实时动态数据监控。

3.3 混凝土搅拌运输车

混凝土运输机具设备的选择，应根据结构物特点、混凝土浇灌量、运距、现场道路情况以及现有机具设备等条件确定。

3.3.1 混凝土的水平运输

混凝土的水平运输，短距离多用双轮手推车、1t机动翻斗车、轻轨翻斗车；长距离则用自卸汽车、混凝土搅拌运输车等。混凝土搅拌运输车是一种用于长距离运输混凝土的施工机械，见图2-42。其特点是在整个运输过程中，混凝土的搅拌筒始终在作慢速转动，从而使混凝土在长途运输后，仍不会出现离析现象，以保证混凝土的质量。

图2-42 混凝土搅拌运输车

3.3.2 混凝土的垂直运输

混凝土垂直运输可用各种升降机、卷扬机及塔式起重机等，并配合采用吊斗等容器来装运混凝土。对浇筑量较大、浇筑速度比较稳定的基础及大梁的混凝土浇筑工作，可采用混凝土搅拌运输车和混凝土泵车配合使用。它具有准备工作少、机动灵活、施工方便、浇筑速度快、效率高、能量大、节省人力和设备，而且能保证混凝土性能不变等优点。一台混凝土泵车常需配备2~3台混凝土搅拌运输车输送混凝土。

3.4 混凝土泵

混凝土泵是将混凝土拌和物加压并利用水平或垂直管道，连续输送混凝土到浇筑点的机械，能同时水平和垂直输送混凝土，工作可靠。混凝土泵是泵送混凝土施工的主要设备，见图2-43，它适用于混凝土用量大、作业周期长及泵送距离和高度较大的场合。

混凝土泵按工作原理可分为机械式活塞泵、液压式活塞泵（有油压式和水压式两种）、挤压式泵（挤推橡胶管形式）。目前一般采用液压活塞式混凝土泵。这类泵能装载到任何一种汽车或平板拖车上，机动灵活；输送管轻，布置管道方便；浇筑混凝土时所需的劳动力少。图2-44所示

图2-43 混凝土输送泵

为混凝土泵输送混凝土示意图。

图 2-44 混凝土泵输送混凝土示意图

3.5 混凝土振捣器

混凝土振捣器是一种借助动力,通过一定装置作为振源产生频繁的振动,并将这种振动传给混凝土,以振动捣固混凝土的设备。按振动传递方式的不同,混凝土振捣器可分为:插入式振捣器、附着式振捣器、平板式振捣器和振动台,如图 2-45 所示。

图 2-45 混凝土振捣器
a)插入式振捣器;b)附着式振捣器;c)平板式振捣器

振捣器的种类、功率与配置,受混凝土稠度、梁的截面形状与尺寸大小、模板种类、振捣器的输出功率以及振动频率等多种因素影响。因此,合理选择和正确使用混凝土振捣器,不但可以提高混凝土浇筑速度和质量,而且可以降低工程成本,改善劳动条件。一般在桥梁施工中常采用的振捣器主要有插入式和附着式两种。

在预制台座上浇筑混凝土且梁特别高时,插入式振捣器和附着式振捣器可同时并用;在支架上浇筑混凝土时,大多数情况下使用插入式振捣器振捣。插入式振捣器能在其插入的局部附近很好地振捣,但振捣范围比较小;相反,附着式振捣器沿模板的振动范围大,但不能很好地振捣某些特定位置,向模板内部传递的振动作用也不太深。

任务4 预应力张拉设备

预应力技术在桥梁工程中已被广泛地应用,而制作预应力混凝土桥梁构件需要使用的预应力设备常用的有预应力张拉机具和锚固体系。

4.1 预应力锚固体系

预应力锚具是后张法预应力混凝土工程中的核心元件,这种元件永久埋设在混凝土里,承受着长期的荷载。预应力筋用夹具,是先张法预应力混凝土构件施工时为保持预应力筋拉力,并将其固定在张拉台座(设备)上的临时装置。

预应力锚固体系按锚固方式不同,可分为:夹片式、支承式、锥锚式和握裹式锚固体系。

4.1.1 夹片式锚固体系

夹片式锚固体系是目前使用最多的一系列锚固体系,主要用于后张法预应力施工工艺,可以锚固多根高强钢绞线。夹片式锚固体系张拉端锚具常见的型号有 XM 型锚具、QM 型锚具、OVM 型锚具、JM 型锚具、BM 型锚具等,固定端锚具常见的有 P 型或 H 型。下面介绍常见的几种夹片式锚具。

1)JM 型锚具

JM 型锚具是利用双重的楔紧锚固作用原理来制造锚具,其夹具和锚具相同。JM 型锚具由锚环和楔块(夹片)组成,见图 2-46。楔块的两个侧面设有带齿的半圆槽,每个楔块卡在两根钢绞线之间,这些楔块与钢绞线共同形成组合式锚塞,将钢绞线束楔紧。JM 型锚具的优点是钢绞线相互靠近,结构尺寸小,构件端部不扩孔;缺点是如果有一个楔块损坏,会导致整束钢绞线的锚固失败。JM 型锚具不适用于锚固单根或大于 6 根的预应力筋以及钢丝。

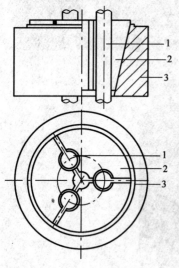

图 2-46 JM 型锚具
1-预应力筋;2-夹片;3-锚具

2)OVM 型锚具

OVM 型锚具也称为群锚,由多孔锚板、夹片、垫板及螺旋筋组成,见图 2-47。在每个锥形孔内装一副(二片或三片)楔片,夹持一根钢绞线。OVM 型锚具锚固每束钢绞线的根数不受限制;任何一根钢绞线锚固失效,都不会引起整束锚固失效。因此,OVM 型锚具的锚固效率系数高,锚固性能稳定、可靠,适用范围较广,一般情况一套锚具可锚固 1~55 根钢绞线。

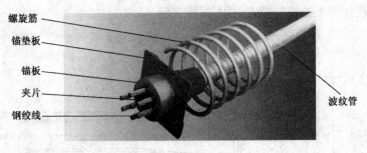

图 2-47 OVM 型锚具

3)BM 型锚具

BM 型锚具是一种扁形夹片式群锚锚具,由夹片、锚垫板、工作锚板组成,见图 2-48。其特点是张拉槽口偏小,可减少混凝土板厚,可以单根分束张拉,施工方便,适用于锚固各种规格的高强钢绞线。

4.1.2 支承式锚固体系

支承式锚固体系包括螺栓端杆锚具和镦头锚具。下面主要介绍 DM 型镦头锚具。

DM 型镦头锚具是利用钢丝(或热轧粗钢筋)两端的镦粗,来锚固预应力钢丝,见图 2-49。其特点是加工简单,张拉方便,锚固可靠,成本低,可节约两端伸出的预应力钢丝;但对下料长度的准确性要求高。

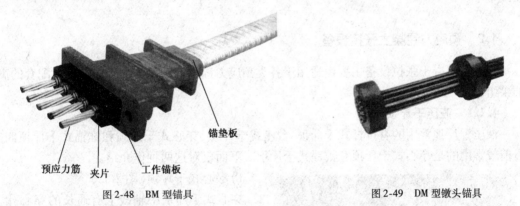

图 2-48　BM 型锚具　　　　　　　　　　图 2-49　DM 型镦头锚具

4.1.3 锥塞式锚固体系

锥塞式锚具由钢锚圈和锥形锚塞组成,见图 2-50,适用于锚固标准强度为 1 570MPa 及以下各级别直径 5mm 的高强钢丝。其特点是构造简单、价格低廉。

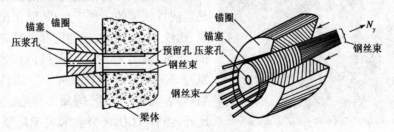

图 2-50　锥形锚具示意图

4.1.4 握裹式锚固体系

冷铸镦头锚具是一种握裹式锚固体系的锚具。为了改善钢丝束镦头锚具在没有孔道灌浆情况下的抗疲劳强度,近年来已研制出一种冷铸镦头锚具。这种锚具的最大张拉力达到

10 000kN,广泛用于斜拉桥的缆索锚固,见图2-51。

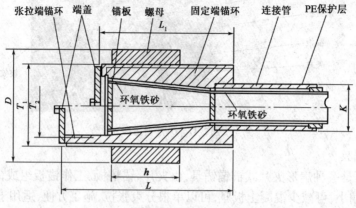

图2-51 冷铸锚具

知识拓展——锚具型号解读

JM12—4 表示 JM 型锚具,适用于锚固 4 根直径为 12mm 的预应力钢绞线。

OVM13—5 表示 OVM 型锚具,适用于锚固 5 根直径为 13mm 的预应力钢绞线。

DM5A—18 表示 DM 型 A 型镦头式锚具,适用于锚固 18 根直径为 5mm 的预应力钢绞线。

4.2 预应力混凝土张拉设备

预应力混凝土张拉设备主要由适用于各类预应力锚具的液压千斤顶以及相应配套的高压油泵组成。

4.2.1 液压千斤顶

液压千斤顶常用的有拉杆式千斤顶、台座式千斤顶、穿心式千斤顶和锥锚式千斤顶四类。目前较常用的是穿心式千斤顶和锥锚式千斤顶。下面仅对这两种作介绍。

1)穿心式千斤顶(图2-52)

图2-52 穿心式千斤顶

穿心式千斤顶中轴线上有通长的穿心孔,可以穿入预应力筋或拉杆。此类千斤顶主要用于群锚及 JM 锚预应力张拉,还可配套拉杆、撑脚,用于镦头锚具及冷铸锚预应力张拉。穿心式千斤顶是适应性较强的一种千斤顶,能张拉钢绞线、钢丝束、螺纹钢、圆钢筋,还能配套卡具等附件,用作顶推、起重、提升等用。目前国内厂家生产的牌号 YCQ 系列千斤顶、YC 系列千斤顶、YCD 及 YCW、YDN 等系列千斤顶,均属于穿心式液压千斤顶。此外,还有 YCQ20 型前卡式千斤顶,多用于单根钢绞线张拉及事故处理。

2)锥锚式千斤顶

锥锚式千斤顶是一种专用的千斤顶,主要用于张拉带有钢质锥形锚具的钢丝束。锥锚式千斤顶具有张拉、顶锚和退楔等功能,其构造和组成见图2-53。

4.2.2 高压油泵

高压油泵是预应力液压千斤顶的动力和操控系统,根据需要供给千斤顶用液压油,见图2-54。其特点是流量较小,能够连续供油,供油稳定,操作方便。

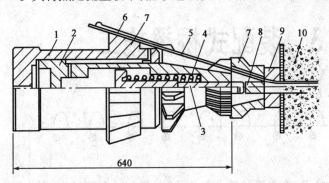 

图 2-53 锥锚式千斤顶的构造和组成(尺寸单位:mm)　　　　图 2-54 高压油泵

1-张拉液压缸;2-顶压液压缸(张拉活塞);3-顶压活塞;4-弹簧;5-预应力筋;6-楔块;7-对中套;8-锚塞;9-锚环;10-构件

学习情境小结

1. 桥梁施工的常备构件有贝雷梁、万能杆件。
2. 常用的脚手架有钢管扣件式脚手架、碗扣式脚手架和门式脚手架。
3. 混凝土搅拌设备有混凝土搅拌机和混凝土搅拌楼;混凝土输送设备有混凝土搅拌车和混凝土泵。目前混凝土工程中大量采用泵送施工工艺。
4. 预应力锚固体系按锚固方式分为夹片式、支承式、锥锚式和握裹式锚固体系。夹片式锚固体系是目前使用最多的一系列锚固体系,主要用于后张法预应力施工工艺,可以锚固多根高强钢绞线。预应力千斤顶可分为拉杆式、穿心式、锥锚式和台座式等几种。
5. 桥梁施工常用的起重设备有卷扬机、链滑车、扒杆、龙门架、架桥机、塔式起重机等。

复习思考题

1. 扣件式钢管脚手架和碗扣式脚手架有什么区别?分别适用于什么场合?
2. 贝雷桁架由哪几部分组成?其结构如何?
3. 贝雷梁在桥梁施工中有哪些用处?
4. 扒杆在桥梁施工中有哪些用处?桥梁施工中常用的扒杆有哪几种?
5. 龙门架在桥梁施工中有什么用处?常见龙门架有哪几种?
6. 桥梁施工中常用的架桥机有哪几种?其构造如何?
7. 缆索起重机由哪几部分组成?各部分起什么作用?
8. 地锚有什么特点?常用地锚形式有哪些?
9. 混凝土搅拌机按搅拌方式分成哪两类?各有什么特点?
10. 如何选择混凝土搅拌机?
11. 什么是泵送混凝土?混凝土泵有哪几种?
12. 预应力锚固体系按锚固方式分为哪几类?各用于什么情况的预应力工程?
13. 预应力千斤顶有哪几种类型?各适用于什么锚具?
14. 预应力锚具有什么作用?
15. 夹片式锚固体系张拉端锚具常见的型号有哪几种?各适用于哪些预应力筋?

学习情境3　装配式桥梁施工

【知识目标】

　　了解装配式桥梁施工的特点；熟悉模板及支架的构造，模板及支架制作、安装的注意事项及其允许偏差；熟悉钢筋制作及安装的程序；熟悉混凝土制作的工艺过程及其要求；熟悉先张法及后张法预应力混凝土构件的施工工艺；掌握各种装配式桥梁安装工艺流程。

【能力目标】

　　知道钢筋制作与安装的质量标准，并能对钢筋制作与安装的质量进行检查；会对混凝土各施工工艺的质量进行检查及控制；会对预应力筋的加工和张拉质量进行检验评定；知道各种装配式桥梁的施工方法、各工艺流程的要求，并能进行质量检验评定。

　　当装配式桥梁采用预制安装法施工时，一般将梁段横向分片或纵向分片，并在预制场预制，产品合格运到桥头，然后安装就位。装配式桥梁施工包括分片或分段构件的预制、运输、安装三阶段。

　　预制安装法施工工艺与整体式桥梁所采用的就地浇筑施工工艺相比较，有下列特点：

　　(1)加速施工进度。由于装配式桥梁的梁片或拱片预制可与桥梁下部结构同时实施，因此可以有效加速施工进度，缩短施工工期。

　　(2)节省支架、模板。装配式桥常采用无支架或少支架施工，预制场采用钢模板浇筑预制件，模板可以反复使用，以达到节约木材的目的。高桥采用无支架安装时，可省去大量现场支架，节省工程投资。

　　(3)提高工程质量。装配式桥梁的预制梁片或拱片可以标准化，采取钢模板可使梁体表面光洁美观，生产流程可以达到自动化、机械化、梁体混凝土计量自动化、振捣及养生均能达到理想要求。这对梁体质量有较高保证率。

　　(4)需要吊装设备。预制梁片或拱片一般采用汽车吊、履带吊机、浮吊进行吊装架设；桥梁较长时可采用架桥机架设。

　　(5)结构用钢量略为增大。

　　近年来，随着吊运能力的不断提高，预应力工艺渐趋完善，预制安装的施工方法在国内外已得到迅速发展。

　　预制安装法的桥梁施工工艺是将混凝土梁(板)的基本施工工艺流程放在预制场完成，即在预制场立模浇筑混凝土构件,当构件达到设计强度后,便可通过吊运设备运输到桥位安装就位。

任务1 模板和支架施工

由于混凝土拌和初期,混凝土处于流塑状态,不具有强度,所以混凝土工程施工中需要利用模板作为临时承重结构物。模板系统一般包括模板和支撑两大部分。模板是使塑性状态的混凝土在其中凝固硬化,形成构筑物所要求的形状和尺寸。支架则是支撑和稳固模板,并承受模板、钢筋和混凝土等重量的结构。

1.1 模板工程

模板不仅控制着构件的形状和尺寸,还直接影响混凝土工程进度及工程造价。模板在整个钢筋混凝土工程中所占比例较大,材料和劳动力消耗较多。因此,合理选择模板的材料、形式并组织施工,对加快钢筋混凝土工程施工进度和降低工程造价有显著的效果。

1.1.1 模板分类

对于模板的分类,按梁体成型时模板的作用,可分为内模、外模、侧模、端模、底模等;按模板所用的材料不同,可分为木模板、钢模板、钢木模板、胶合板模板、钢竹模板、塑料模板、玻璃钢模板、铝合金模板等。

1.1.2 模板构造

1)木模

木模板基本构造见图3-1。模板厚度一般为25~50mm,宽度不宜超过200mm。肋木的间距取决于新浇混凝土的侧压力和板条的厚度,多为400~500mm。

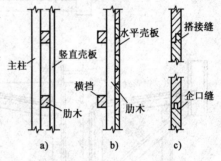

图3-1 木模板基本构造

木模板取材灵活,制作容易,且可做成任意可能的形状,但对木材的损耗大,成本高且施工效率低,故木模板常用在定型模板(如钢模)不易实现的混凝土构件中。T梁木模构造见图3-2,空心板木模构造见图3-3。

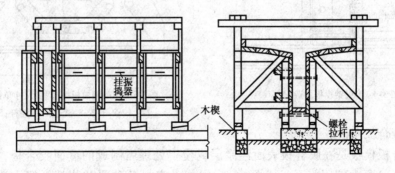

图3-2 T梁木模构造图

2)组合钢模板

组合钢模板是一种工具式模板,它由具有一定模数的模板、角模、支撑件和连接件组成,用以拼出多种尺寸的几何形状,以适应各种结构类型(如梁、板、基础等)施工的需要,可在现场直接组装拼成大模板,亦可以预拼装成大块模板或构件模板,用起重机吊运安装。图3-4为T

梁钢模板构造图;图 3-5 为箱梁钢模板构造图。

组合钢模板的主要优点是:可以节约大量木材;混凝土成形质量好;轻便灵活、拆装方便,可用人力装拆;板块小、质量小,存放、修理、运输较方便;使用周转次数多,每套钢模可重复使用 50~100 次以上;每次摊销费比木模低。因此,组合钢模板目前被广泛应用于桥梁建设中。

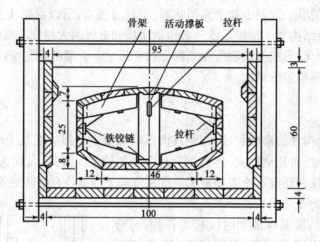

图 3-3 空心板木模构造图(尺寸单位:cm)

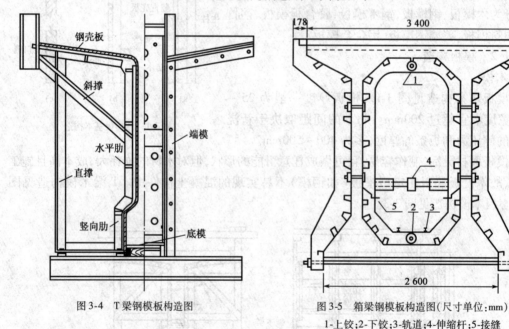

图 3-4 T 梁钢模板构造图

图 3-5 箱梁钢模板构造图(尺寸单位:mm)
1-上铰;2-下铰;3-轨道;4-伸缩杆;5-接缝

3)覆面胶合板模板

覆面胶合板模板是在胶合板表面经涂层或覆膜处理后制成的覆面胶合板,其表面平整光滑,加工灵活,每次使用前不必刷脱模剂,用加设密封条和覆贴胶带纸等方法封堵拼缝。覆面胶合板比木模板高效省力,可降低施工费用,而且比组合钢模板板块尺寸大、模板拼缝少、拼装和拆除效率高,并且浇筑的混凝土表面平整光滑,能减少其表面气泡,有效提高表面质量。

模板用的木胶合板通常有 5、7、9、11 等奇数层单板(厚度为 1.5~4.0mm),按相邻层的纹理方向相互垂直,经热压固化而胶合成型。其长度一般为 1 800 ~ 2 400mm、宽度为 500 ~ 1 219mm、厚度为 12 ~ 24mm。

模板用的竹胶合板通常主要由竹材采用酚醛树脂热压胶合而成,如竹条胶合板和竹芯木面胶合板。模板用的竹胶合板的长度为 1 830 ~ 3 000mm、宽度为 915 ~ 1 500mm、厚度为 9 ~ 18mm。通常其长度是宽度的 2 倍左右,常用竹胶合板厚度有 12mm 和 15mm 两种。

塑料模板是以改性聚丙烯或增强聚乙烯为主要原料,采用注塑成型工艺制成的。塑料模板质轻、坚固、耐冲击、不易被腐蚀,施工简便,周转次数多(可达到 50 次以上),脱模后混凝土表面光滑。其常用类型有定型组合式模板,类似于组合钢模板。

4) 塑料及玻璃钢模板

玻璃钢模板以中碱玻璃丝布为增强材料、不饱和聚酯树脂为胶结材料,采用薄壁加肋的构造形式,用阴模逐层黏结成型。它与塑料模板相比,具有刚度大、模具制作方便、尺寸灵活、周转次数多等优点。塑料及玻璃钢模板可节约木材、钢材,降低成本,但一次投资费用大。

5) 充气橡胶管内模(图3-6)

由于架设和拆除方便,现在桥梁工程上更多地采用充气橡胶管来代替木制内模。在对充气橡胶管进行充气时,所施气压的大小要根据橡胶管的管径、新浇筑混凝土的压力以及气温等因素计算确定。在浇筑混凝土之前,应事先用定位钢筋或压块将橡胶管的位置加以固定,以防止其上浮和偏位。泄气抽出橡胶管的时间长短与混凝土的强度和气温有关,也应根据试验来确定。

图 3-6 充气橡胶管内模

1.2 支架

1.2.1 支架的分类

支架在桥梁施工中应用很广。例如在就地浇筑混凝土时,往往需要搭设简易支架(脚手架)来支承模板、浇捣的钢筋混凝土及其他施工荷载的重量;构件吊装时,有时需要搭设简易支架作为临时支承结构;有时为了方便施工操作,也要搭设简易支架。

支架按常用的材料可分为:木支架、钢支架、钢木混合支架和钢管支架。其中以钢管支架最为常用,一般用扣件式、碗扣式、门式脚手架等搭设;钢支架则一般由型钢、贝雷梁和万能杆件搭设。支架按构造可分为立柱式、梁式和梁-柱式支架。图 3-7 所示为各种常用支架的构造简图。

1.2.2 支架构造

1) 立柱式支架[图 3-7a)、b)]

立柱式支架常为钢管支架,其构造简单,常用于陆地或不通航河道以及桥墩不高的小跨径桥梁施工。支架通常由排架和纵梁等构件组成。排架由枕木或桩、立柱和盖梁组成,一般排架间距为 4m,但不小于 3m。一般在纵梁下布置卸落设备。

对于陆地现浇桥梁,应在整平的地基上铺设碎石层或砂砾石层,在其上浇筑混凝土作为支架的基础。钢管排架纵、横向密排,下设槽钢支承钢管,常称之为满堂支架,如图 3-8 所示。钢管间距依桥高及现浇梁自重、施工荷载的大小而定,通常为 0.4 ~ 0.8m。钢管由扣件接长或搭接,上端用可调节的顶托固定纵、横龙骨,形成立柱式支架。搭设钢管支架要设置纵、横向水平加劲杆,桥较高时,还需加剪刀撑。水平加劲杆与剪刀撑,均需用扣件与立柱钢管连成整体。水中支架则需先设置基础和排架桩,钢管支架在排架上设置。

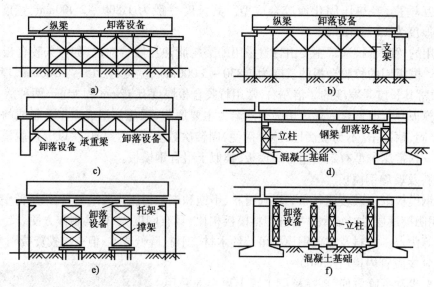

图 3-7 支架构造
a)、b)立柱式；c)、d)梁式；e)、f)梁-柱式

图 3-8 满堂式支架

2) 梁式支架[图 3-7c)、d)]

根据跨径不同，梁可采用工字钢、钢板梁或钢桁梁。一般工字钢用于跨径小于 10m 的情况，钢板梁用于跨径小于 20m 的情况，钢桁梁用于跨径大于 20m 的情况。梁可以支承在墩旁支柱上，也可支承在桥墩上预留的托架或支承在桥墩处的横梁上。

3) 梁-柱式支架[图 3-7e)、f)]

当桥梁较高、跨径较大或必须在支架下设孔通航或排洪时，可用梁-柱式支架。梁支承在桥梁墩台以及临时支柱或临时墩上，形成多跨的梁-柱式支架。

1.3 模板、支架的制作和安装

模板、支架都是浇筑混凝土施工中的临时性结构，但要承受大部分施工荷载。在施工中，模板、支架不仅控制着桥梁结构的相互位置和构件各部分形状尺寸的精度和美观，而且模板、支架还直接影响施工进度和混凝土的浇筑质量，影响施工安全。因此，要按受力程序对模板、支架结构分别验算其强度、刚度及稳定性,以保证模板、支架和拱架有足够的强度、刚度和稳定性。

1.3.1 模板、支架制作的注意事项

(1)模板应优先采用覆面胶合板模板和钢模板。为减少施工现场的安装和拆卸工作,便于周转使用、拆装方便,模板、支架应尽量做成装配式组件或块件,并便于钢筋的绑扎、安装和混凝土的浇筑、养护。

(2)钢模板宜采用标准化的组合模板。木模板可在工厂或施工现场制作,支架适宜采用标准化、系列化、通用化的构件拼装。

(3)对于多次重复使用的木模板,应在其内侧加钉薄铁皮,以保持其表面平整、形状准确,不漏浆。

(4)模板应具有足够的强度、刚度和稳定性,能安全可靠地承担施工中可能出现的各种荷载。

(5)模板的接缝必须严密,确保混凝土浇筑过程中不漏浆。

(6)模板应保证结构的设计形状、尺寸及各部分相互之间位置的准确性。

(7)模板、支架制作时的质量标准见表 3-1。

模板、支架制作时的质量标准　　表 3-1

项　　目			允许偏差(mm)
木模板制作	模板的长度和宽度		±5
	不刨光模板相邻两板表面高低差		3
	刨光模板相邻两板表面高低差		1
	平板模板表面最大的局部不平	刨光模板	3
		不刨光模板	5
	拼合板中木板的缝隙宽度		2
	支架尺寸		±5
	榫槽嵌接紧密度		2
钢模板制作	外形尺寸	长和宽	+0,-1
		肋高	±5
	面板端偏斜		0.5
	连接配件(螺栓、卡子等)的孔眼位置	孔中心与板面的间距	±0.3
		板端中心与板端的间距	+0,-0.5
		沿板长、宽方向的孔	±0.6
	板面局部不平		1.0
	板面和板侧挠度		±1.0

注:板面局部不平用 2m 靠尺、塞尺检测。

1.3.2 模板、支架安装的注意事项

(1)安装前,应按图纸要求检查支架和自制模板的尺寸与形状,合格后才准进入施工现场。

(2)支架和拱架立柱必须安装在有足够承载力的地基上,立柱底端应设垫木用以分散和传递压力,扩大上下支承点的承压面,以减少支架下沉量和模板变形。

(3)由于模板、支架和拱架在受力后会产生变形与挠度,因此,在安装前应对可能产生的变形与挠度进行计算,并在安装时设置预拱度,使就地浇筑的桥跨结构线形符合设计要求。

(4)模板安装前,应先搭设相应的支架和拱架。支架和拱架安装完毕后,应对其平面位置、顶部高程、节点连接及纵、横向稳定性进行全面检查,符合要求后,方可进行下一工序。

(5)应通过预压的方式,消除地基的不均匀沉降和支架的非弹性变形并获取弹性变形参数,或检验支架的安全性。预压荷载宜为支架承受全部荷载的1.05~1.10倍,预压荷载的分布应模拟需承受的结构荷载及施工荷载。

(6)对于相互连接的模板,木板面应对齐,连接螺栓不要一次紧到位,整体检查模板线性,发现偏差及时调整后再锁紧连接螺栓,固定好支撑杆件。

(7)浇筑混凝土之前,应在模板上涂刷脱模剂,外露面混凝土模板的脱模剂要采用同一品种,不得使用废机油等油料。模板的安装应配合钢筋绑扎工作进行,妨碍钢筋绑扎的模板可在钢筋绑扎完毕后安装。安装侧模板时,要防止模板移位和凸出。基础的侧模可在模板外设立支撑固定,墩、台、梁的侧模可设拉杆固定。

(8)模板安装完毕后,应对其平面位置、顶部高程和尺寸应符合设计要求,节点联系应检查牢固后,方可浇筑混凝土。浇筑混凝土时,发现模板有超过允许偏差变形值的可能时,要及时纠正。

(9)模板、支架安装精度见表3-2。

模板、支架安装的质量标准　　　　表3-2

项　　目		允许偏差(mm)
模板高程	基础	±15
	柱、梁	±10
	墩台	±10
模板尺寸	上部构造的所有构件	+5,-0
	基础	±30
	墩台	±20
轴线偏位	基础	15
	柱	8
	梁	10
	墩台	10
装配式构件支承面的高程		+2,-5
模板相邻两板表面高低差		2
模板表面平整度		5
预埋件中心线位置		3
预留孔洞中心线位置		10
预留孔洞截面内部尺寸		+10,-0
支架	纵轴的平面位置	跨度的1/1 000或30

(10)重要起重机械必须配备经过专门训练的专业人员。操作过程中,指挥人员、驾驶人员、挂钩人员要统一信号。

(11)遇6级以上大风时应停止作业。

1.4 模板拆除

模板的拆除期限,应根据工程特点、模板位置及混凝土所达到的强度来决定。非承重模板一般应在混凝土抗压强度达到2.5MPa时方可拆除;芯模应在混凝土强度能保证其表面不发生塌陷和裂缝时拆除,一般混凝土强度应达到0.4~0.8MPa;钢筋混凝土的承重模板,应在混凝土强度能承受其自重及其他可能的荷载时,方可拆除。

模板的拆除应按设计顺序进行:设计无规定时,应遵循先支后拆、后支先拆的顺序。卸落支架和拱架应按拟定的卸落程序进行,分几个循环卸完,卸落量开始宜小,以后逐渐增大。现浇钢筋混凝土梁的落架工作,应从挠度最大的梁中支架开始卸落,然后对称地向支点展开。拆除过程中,务必使整个承重结构逐渐均衡地受力,避免突然受力而遭受损害。

【能力训练】

训练项目 模板制作与安装

1.目的:通过训练使学生掌握模板制作安装的方法和操作技能。

2.要求:达到表3-3的质量标准要求。

3.施工条件:结合某工程,按施工实际提供的施工条件和施工现场实际情况,选择某一构件组合钢模板,将模板安装作为训练、考核内容。

4.步骤

(1)准备工作。

(2)计算模板用料。

(3)模板制作。

(4)模板制作检查。

(5)模板安装。

(6)模板安装检查。

5.注意事项:参见本书学习情境3 1.3节相关内容。

模板制作安装训练质量标准及评分方法　　　　　表3-3

姓名:　　　　单位:

序号	质量标准	标准分	得分
1	现场清理、图样识读等准备工作	5	
2	模板用料计算准确	15	
3	模板制作不超过允许偏差	30	
4	模板安装不超过允许偏差	30	
5	完成工效95%以上的酌情扣分,95%以下的不得分	10	
6	无重大安全事故隐患,无安全责任事故,酌情扣分	10	
	总得分		

任务2　钢筋的制作与安装

2.1　钢筋的检验

2.1.1　普通钢筋的检验

普通钢筋进场后,应检查出厂质量证明书和试验报告单,并对桥梁所用的钢筋抽取试样做拉伸和冷弯试验;如钢筋需要焊接,需增加焊接工艺试验。试验要求符合下列规定:

(1)钢筋试验应分批进行,热轧钢筋每批质量不宜超过60t;超过60t的部分,每增加40t(或不足40t的余数)应增加一个拉伸和一个弯曲试验试样。

(2)每批钢筋中取试件9根,3根做拉伸试验(确定屈服点、抗拉强度和伸长率),3根做冷弯试验,3根做焊接工艺试验。

(3)做拉伸试验时,应同时确定抗拉强度、屈服点和伸长率三个指标。

(4)做冷弯试验时,应按要求将试件绕一定直径的芯棒弯曲至规定角度,其背后不发生裂纹、鳞落、断裂等现象为合格。

(5)若有任何一项试验结果不合格,允许重做该项试验。重做试验时,应另从其他钢筋中选取试件,试件数量应为第一次试件数量的2倍。第二次的试验仍不合格时,则认为该批钢筋不合格。

2.1.2　预应力钢筋的检验

预应力钢筋进场后,要分批验收。验收时,除应对其质量证明书、包装、标志和规格等进行检查外,还要按预应力钢筋种类进行其他检验。

(1)钢绞线分批检验时,每批质量不大于60t。从每批钢绞线中任取3盘,从每盘所选的钢绞线端部正常部位截取一根试样进行表面质量、直径偏差和力学性能试验。如每批少于3盘,则逐盘取样进行上述试验。试验结果如有一项不合格,则不合格盘报废,并再从该批未试验过的钢绞线中抽取双倍数量的试样进行该不合格项的复检;如仍有一项不合格,则该批钢绞线为不合格。

(2)钢丝分批检验时,每批质量不大于60t。先从每批中抽查5%,但不少于5盘,进行表面检查。如检查不合格,则对该批钢丝逐盘检查。在检查合格的钢丝中抽取5%,但不少于3盘,在每盘钢丝的两端取样进行抗拉强度、弯曲和伸长率的试验。试验结果如有一项不合格,则不合格盘报废,并从同批未试验过的钢丝盘中抽取双倍数量的试样进行该不合格项的复验;如仍有一项不合格,则该批钢丝为不合格。

(3)精轧螺纹钢筋分批检验时,每批质量不大于100t。对表面质量要逐根目测检查,表面检查合格后在每批中任选2根钢筋截取试件进行拉伸试验。试验结果如有一项不合格,则另取双倍数量的试件重做全部各项试验,如仍有一根试件不合格,则该批钢筋为不合格。

上述试验结果的判定以《公路桥涵施工技术规范》(JTG/T F50—2011)的规定为准。其中,应注意除大桥等重要工程以外的其他桥梁使用的预应力钢材中,钢丝、钢绞线的力学性能检测,可以仅进行抗拉强度试验,或由生产厂家提供力学性能试验报告。

2.2　钢筋下料

2.2.1　普通钢筋下料长度

钢筋下料要根据构件配筋图,绘出各种形状和规格的单根钢筋大样图并加以编号,分别计算钢筋的直线下料长度、根数和钢筋的质量,并填写配料单,以作为钢筋加工的依据。

钢筋下料长度按下列方法进行计算:

$$钢筋下料长度 = 钢筋设计长度 - 弯曲伸长量 + 接头长度$$

钢筋的弯曲伸长量一般可根据钢筋的直径 d 按下列数值计算:

弯成45°时,伸长$(1/2 \sim 2/3)d$;

弯成90°时,伸长 d;

弯成180°时,伸长 $1.5d$。

2.2.2 预应力钢筋下料长度

钢绞线、钢丝和精轧螺纹钢筋等预应力钢筋的下料长度,应通过计算确定。计算时,应考虑台座长度、夹具长度、千斤顶长度、焊接接头、冷拉伸长值、弹性回缩值、张拉伸长值和外露长度等因素。几种常见预应力钢筋下料长度计算式见表3-4。

常见预应力钢筋下料长度的计算式　　　　　表3-4

预应力筋名称	计 算 公 式	符 号 含 义
预应力粗钢筋	两端用螺栓端杆锚具时: $L_1 = l + 2l_2$ $L_0 = L_1 - 2l_1$ $L = nl_3 + L_0/(1 + \gamma - \delta)$ 一端用螺栓端杆,另一端用帮条(或镦粗头)锚具时: $L_1 = l + l_2 + l_3$ $L_0 = L_1 - l_1$ $L = nl_0 + L_0/(1 + \gamma - \delta)$	L——预应力钢筋部分的下料长度; L_0——预应力筋钢筋部分的成品长度; L_1——预应力筋的成品长度; l——构件的孔道长度; l_1——螺栓杆端长度; l_2——螺栓杆端伸出构件外的长度; l_3——镦头或帮条销具长度(包括垫板厚h); l_0——每个对焊接头的压缩长度; n——对焊接头的数量; γ——钢筋冷拉伸长率; δ——钢筋冷拉弹性回缩率
预应力钢绞线	用夹片式锚具时: 两端张拉 $L = l + 2(l_1 + l_2 + l_3 + 100)$ 一端张拉 $L = l + 2(l_1 + 100) + l_2 + l_3$	l_1——夹片式工作锚厚度; l_2——穿心式千斤顶长度; l_3——夹片式工具锚厚度; 其余符号意义同上
长线台座预应力筋	$L_1 = l + 2l_2$ $L_0 = L_1 - 2l_1 - l_7(m - 1)$ $L = nl_1 + 2m + l_8 + L_0/(1 + \gamma - \delta)$	m——钢筋分段数; l_7——钢筋连接器中间部分的长度; l_8——每个镦头的压缩长度; 其余符号意义同上
预应力钢丝束	用钢质锥形锚具时: 两端张拉 $L = l + 2(l_1 + l_2 + 80)$ 一端张拉 $L = l + 2(l_1 + 80) + l_2$ 用锥形螺杆锚具时: $L_1 = l + 2l_2$ $L_0 = L_1 - 2l_1 + 2(l_6 + \alpha)$	l_1——锚环厚度; l_2——千斤顶分丝头至卡盘外端距离; l_6——锥形螺杆锚具套筒长度; α——钢丝伸出套筒的长度; 其余符号意义同上

2.2.3 钢筋配料

1)钢筋配料单

钢筋下料前应进行的钢筋用料设计的工作称为配料。钢筋配料应以施工图样和库存料规格及每一根钢筋的下料长度为依据,将不同直径与不同长度的各钢筋按顺序填制配料单,见表3-5。配料单中包括构件名称、钢筋编号、钢筋形状说明或简图、钢号、直径、下料长度、单位构件根数、合计根数及质量等,各种钢筋应按其编号逐项填写清楚,并统计总质量。钢筋下料时,按配料单列出的各种长度及数量进行配料,然后按型号规格分别切断弯制。

钢 筋 配 料 单　　　　　　　　　表3-5

构件名称	图号	钢号	钢筋编号	直径(mm)	形状	设计长度(mm)	下料长度(mm)	根数	总质量(kg)

2)钢筋配料注意事项

(1)对于有接头的钢筋,配料时应注意使接头应设置在内力较小处,并错开布置。对轴心受拉构件中的钢筋接头,不得采用绑扎接头;绑扎接头仅当钢筋构造复杂、施工困难时采用,绑扎接头的钢筋直径不宜大于28mm,对轴心受压和偏心受压构件中的受压钢筋可不大于32mm。

(2)当采用绑扎搭接连接时,受拉钢筋绑扎接头的最小搭接长度,应符合表3-6的规定。受压钢筋绑扎接头的搭接长度,应取受拉钢筋绑扎接头搭接长度的0.7倍。

受拉钢筋绑扎接头的搭接长度　　　　　　表3-6

钢筋类型	混凝土强度等级		
	C20	C25	高于C25
HPB235	35d	30d	25d
HRB335	45d	40d	35d
HRB400、RRB400	—	50d	45d

注:d为钢筋直径。

(3)在接头长度区段内,同一根钢筋不得配置有两个接头。在接头长度区段内的受力钢筋,其接头的截面面积占总截面面积的百分率应符合表3-7的规定。接头长度区段,对于焊接接头是指钢筋长度方向35d(d为钢筋直径)范围内,但不得小于500mm;对于绑扎接头是指1.3倍的搭接长度。

接头长度区段内受力钢筋接头面积的最大百分率　　　表3-7

接头形式	接头面积最大百分率(%)	
	受拉区	受压区
主钢筋绑扎接头	25	50
主钢筋焊接接头	50	不限制

(4)电弧焊接与钢筋弯曲处的距离不应小于10倍的钢筋直径,也不宜位于构件最大弯矩处。

(5)配料时,应考虑钢筋的形状和尺寸在满足设计要求的前提下有利于加工安装,并考虑施工需要的附加钢筋。

(6)受拉区内HPB235钢筋绑扎接头的末端应做弯钩,HRB335、HRB400钢筋绑扎接头的末端可不做弯钩。直径小于或等于12mm的受压HPB235钢筋的末端不做弯钩,但搭接长度不应小于钢筋直径的30倍。

(7)预应力筋有对接接头时,要将接头设置在受力较小处。在受拉区相当于预应力筋 30d 长度(d 为预应力筋直径)且不小于 500mm 范围内,对接接头的预应力筋截面面积不得超过预应力筋总截面面积的 25%。

2.3 钢筋加工

2.3.1 钢筋的调直

直径 12mm 以下 HPB235 钢筋和钢丝常卷成盘形。粗钢筋常为 6～12m 长的直条,但有时因运输和储存不当,会造成局部弯曲。因此,钢筋使用前先予以调直,然后再进行弯制成型。

1)调直机调直

盘形钢筋一般采用钢筋调直机调直,如图 3-9 所示。目前常用的调直机具有钢筋除锈、调直和下料剪切三个功能,因此也称为钢筋调直切断机。

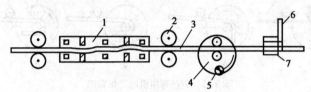

图 3-9 钢筋调直切断机示意图
1-调直装置;2-牵引轮;3-钢筋;4-旋盘;5-灯泡;6-上刀口;7-下刀口

2)冷拉调直

盘形钢筋还可以采用冷拉方法调直,拉直时要注意控制冷拉伸长率,对 HPB235 钢筋,冷拉率不应大于 2%;HRB335、HRB400 钢筋的冷拉率不大于 1%;对预应力钢筋进行冷拉,一般采用以应力控制为主、伸长率控制为辅的双控冷拉。采用冷拉方法时,可以在调直的同时也达到钢筋除锈的目的。

3)人工调直

可采用锤直或扳直的方法进行人工调直。锤直时,可把钢筋放在工作台上用锤敲直。扳直时,把钢筋放在卡盘扳柱间,把有弯的地方对着扳柱,然后用扳手卡口卡住钢筋,扳动扳手就可使钢筋调直。

2.3.2 钢筋除锈

钢筋经过冷拉或机械调直,兼取得除锈的效果。此外,还可以采用除锈机(电动钢丝刷)除锈、手工除锈扳柱(用钢丝刷、砂盘)等方法除锈。

2.3.3 钢筋的切断

目前常用电动切割机切断钢筋,它适用于切割 40mm 以下的钢筋,对直径较细的钢筋一次可切断数根。对 10mm 以下的光圆钢筋,可采用剪筋刀剪断。对预应力钢筋,也可用砂轮锯,但不得采用电弧切断。

2.3.4 钢筋弯曲

下料后的钢筋,可在工作平台上用手工或电动弯筋器(图 3-10、图 3-11)按规定的弯曲半径及角度弯制成型,钢筋的两端应按图纸弯成所需的标准弯钩。如图中对弯曲半径未作规定时,则宜按钢筋直径的 20 倍进行弯制。对于需要接长的钢筋,最好在接长以后再弯制成型。钢筋弯曲成型的操作程序为:画线→试弯→弯曲成型。

2.3.5 普通钢筋接长

钢筋接长方法有闪光接触对焊、电弧焊(搭接焊、帮条焊)、螺套及套筒挤压连接和绑扎等几种。一般钢筋连接应尽量采用焊接连接,以保证质量、提高效率和节约钢材;当结构钢筋特别长,无法运输,可用螺套及套筒挤压连接;当焊接有困难时,才可用绑扎接头。

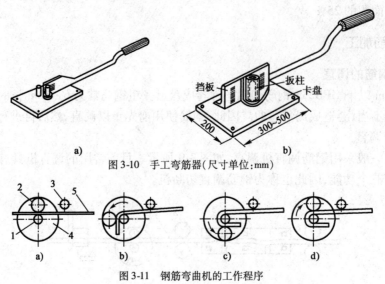

图3-10 手工弯筋器(尺寸单位:mm)

图3-11 钢筋弯曲机的工作程序
a)装料;b)弯90°;c)弯180°;d)工作盘复位
1-芯轴;2-成型轮;3-挡铁轴;4-工作盘;5-被弯钢筋

1)闪光接触对焊(图3-12)

闪光接触对焊接长的钢筋,其优点是传力性能好、节省钢筋,能适应直径大于10mm的各种钢筋,避免钢筋净间距变小,便于混凝土浇筑。

钢筋对焊完毕后,其对焊接头外观检查结构,应符合下列规定:接头处不得有横向裂纹;与电极接触处的钢筋表面不得有明显的烧伤;接头处的弯折角不得大于3°;接头处的轴线偏移不得大于钢筋直径的0.1倍,且不得大于2mm。除外观检查外,还应按规定切取部分接头进行力学性能试验。进行拉伸试验时,断裂部位不能出现在接头处,3个热轧钢筋接头试件的抗拉强度均不能小于该种钢筋抗拉极限强度;RRB400钢筋接头试件的抗拉强度均不得小于570MPa;绕规定直径的芯棒做90°冷弯试验时,不得出现裂纹,亦不得沿焊接部位破坏。

2)电弧焊(图3-13)

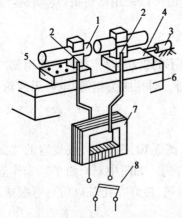

图3-12 闪光接触对焊示意图
1-钢筋;2-电极;3-压力构件;4-活动平板;5-固定平板;6-机身;7-变压器;8-闸刀

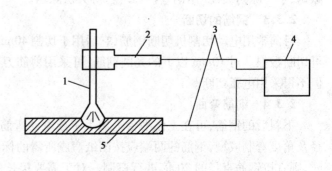

图3-13 电弧焊焊接过程示意图
1-焊条;2-焊钳;3-导线;4-电源;5-被焊金属

钢筋采用电弧焊焊接时,注意焊条要根据设计规定采用。钢筋接头采用搭接或帮条电弧焊时,宜采用双面焊缝,双面焊缝困难时,可以采用单面焊缝。钢筋接头采用搭接电弧焊时,两钢筋端部应预先折向一侧,使两接合钢筋轴线一致。接头双面焊缝的长度不应小于 $5d$,单面焊缝的长度不应小于 $10d$(d 为钢筋直径)。

焊接完成后,应对电弧焊焊接接头外观进行检查,要求焊缝表面平整,不得有凹陷或焊瘤;焊接接头区域不得有肉眼可见的裂纹;坡口焊、熔槽帮条焊和窄间隙接头的焊缝余高不得大于 3mm;咬边深度、气孔、夹渣等缺陷允许值及接头尺寸的允许偏差,应符合行业标准《公路桥涵施工技术规范》(JTG/T F50—2011)的规定。除外观检查外,同样要按规定切取部分接头进行力学性能试验。

3)螺套及套筒挤压连接

当构件特别长时(如连续梁内的纵向构造钢筋),很难做到先焊接后放入模板内。此时可先用钢筋套螺纹机床将钢筋两端绞出锥形螺纹,再用特制的螺套连接器将钢筋连接起来。也可以在两根待接钢筋的端头处先后插入一个优质钢套筒,用压接器在侧向将钢筋接头处的钢套筒压紧,当套筒发生塑性变形后,即与钢筋紧密咬合,达到连接效果。套筒挤压连接可用于 16~40mm 的 HRB335、HRB400 级热轧带肋钢筋,其优点是使用方便,能缩短工期,适用范围大;缺点是需要大量钢材,成本较高。

4)钢筋绑扎连接

直径不大于 28mm 的螺纹钢筋或光圆钢筋均可采用绑扎搭接,钢筋接头应设置在内力较小处,并错开布置。绑扎搭接的接头数量,在同一截面内,对受拉钢筋不宜超过受力钢筋的 1/4,对受压钢筋不宜超过受力钢筋的 1/2。接头相互间的距离如不超过 1.3 倍搭接长度时,均视为在同一截面上。

当采用绑扎连接时,应在搭接中心和两端用铁丝扎牢。绑扎前,应根据钢筋直径选择铁丝,钢筋直径 $d \leqslant 12$mm 时,宜采用 22 号铁丝;钢筋直径 12mm $< d <$ 16mm 时,宜采用 20 号铁丝;钢筋直径 $d \geqslant 16$mm 时,宜采用单根 18 号或双根 22 号铁丝。

2.3.6 预应力钢筋的对焊与镦粗

1)对焊

预应力钢筋的接头必须在冷拉前对焊,以免冷拉钢筋高温回火后失去冷拉所提高的强度。普通低合金钢的对焊工艺,多采用闪光对焊。一般对焊后应进行热处理,以提高焊接质量。

2)镦粗

在施工中,可将预应力钢筋的一端镦粗,在端部做一个镦粗头,加上开孔的垫板,以代替夹具和锚具。镦粗直径 d 不得小于钢筋直径的 1.4 倍。冷拉钢筋端头的镦粗及热处理工作应在钢筋冷拉前进行。钢筋的镦粗头可采用电热镦粗;高强钢丝可以采用液压冷镦;冷拔低碳钢丝可以采用冷冲镦粗。

钢筋或钢丝的镦粗头制成后,要经过拉伸试验,当钢筋或钢丝本身拉断,而镦粗头仍不破坏时,则认为合格;同时应进行外观检查,不得有烧伤、歪斜和裂纹。

2.4 钢筋骨架的组成与安装

安装钢筋前,必须详细检查模板各部分尺寸是否正确,模板有无歪斜、裂缝及变形,模板间拼接是否牢固等。

装配式 T 梁的焊接钢筋骨架应在坚固的焊接工作台上进行施工。骨架的焊接一般采用电弧焊,先焊成单片平面骨架,再将它组拼成立体骨架。组拼后的骨架应有足够的刚度,焊缝须有足够的强度,以便在搬运、安装、浇筑混凝土过程中不致变形、松散。

在焊接过程中,由于焊缝填充金属及被焊金属的温度变化,骨架将会产生翘曲变形,同时在焊缝内将引起甚至会导致焊缝开裂的收缩应力。为了防止或减小这种变形和应力,一般以采用双面焊缝为好,即先焊好一面的焊缝,而后把骨架翻身,再焊另外一面的焊缝。当大跨径骨架翻身困难而不得不采用单面焊时,则需在垂直骨架平面的方向做成预拱度。同时,在操作上应采用分层跳焊,即从骨架的中间到两边,对称地向两端进行,并应先焊下部后焊上部,每条焊缝应一次完成,相邻的焊缝应分区对称地跳焊,不可顺方向连续施焊,如图 3-14 所示;同时,每道焊缝可分两层焊足高度,即先按跳焊顺序焊好焊缝的下层,经冷却后,再按跳焊顺序焊完上层。当多层钢筋直径不同时,则可先焊直径相同的钢筋,再焊直径不同的钢筋。焊缝在焊成后应全部敲掉药皮。图 3-15 为焊接好的钢筋骨架。

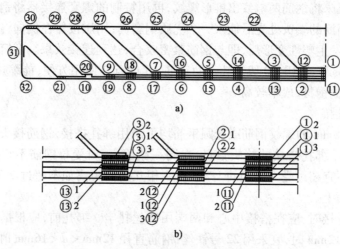

图 3-14 骨架焊缝焊接程序示意图
a)焊接顺序编号;b)多层焊缝跳焊编号

图 3-15 焊接成形的钢筋骨架

实践表明,装配式简支梁焊接钢筋骨架焊接后,在骨架平面内还会发生两端上翘的焊缝变形。因此,应结合骨架在安装时可能产生的挠度,事先将骨架拼装成具有一定的预拱度后,再进行施焊。预留拱度的数值可由试验来确定,一般可参照表 3-8 取用。

简支 T 梁钢筋骨架的预留拱度　　　　　　　　　　表 3-8

T 梁跨径(m)	<10	10	16	20
工作台上预留拱度(mm)	3	30~50	40~60	50~70

焊接成型的钢筋骨架,安装一般用起重设备吊入模板内即可。

对于绑扎钢筋的安装,应拟订安装顺序。一般的梁肋钢筋,先放箍筋,再安装下排钢筋,后装上排钢筋。在钢筋安装工作中,为了保证达到设计及构造要求,应注意下列几点:

(1)钢筋的接头应按规定要求错开布置。

(2)钢筋的交叉点,应采用直径 0.7~2.0mm 的铁丝绑扎结实,必要时可用点焊焊牢。

(3)除设计有特殊要求外,梁中箍筋应与主筋垂直,箍筋弯钩的叠合处,在梁中应沿梁长方向置于上面并交错布置。

(4)为保证钢筋具有一定厚度的保护层,钢筋与底模、侧模之间一般设置设计保护层厚度的砂浆垫块、混凝土垫块或钢筋头垫块,配置在同一截面的垫块应错开布置,并与设备错开,不应贯通截面全长。垫块的制作厚度不应出现负误差,正误差应不大于 1mm。

(5)为保证与固定钢筋间的横向净距,两排钢筋间可用混凝土分隔块或用短钢筋扎结固定。

(6)为保证钢筋骨架具有足够的刚度,必要时可以增加装配钢筋。

2.5 钢筋制作与安装质量检验评定

2.5.1 基本要求

(1)钢筋、机械连接器、焊条等的品种、规格和技术性能应符合国家现行标准规定和设计要求。

(2)冷拉钢筋的力学性能必须符合规范要求,钢筋平直,表面不应有裂皮和油污。

(3)受力钢筋同一截面的接头数量、搭接长度、焊接和机械接头质量应符合施工技术规范要求。

(4)钢筋安装时,必须保证设计要求的钢筋根数。

(5)受力钢筋应平直,表面不得有裂纹及其他损伤。

2.5.2 钢筋制作与安装质量检查与质量标准

(1)加工钢筋的质量应符合表 3-9 的规定。

加工钢筋的质量标准　　　　　　　　　　表 3-9

项　　目	允许偏差(mm)
受力钢筋顺长度方向加工后的全长	±10
弯起钢筋各部分尺寸	±20
箍筋、螺旋筋各部分尺寸	±5

(2)焊接钢筋网和焊接骨架的偏差不得超过表 3-10 的规定。

焊接钢筋网及焊接骨架的质量标准　　　　　　　　　　表 3-10

项　　目	允许偏差(mm)	项　　目	允许偏差(mm)
网的长、宽	±10	骨架的宽、高	±5
网眼的尺寸	±10	骨架的长	±10
网眼的对角线差	15	箍筋的间距	±10

(3)钢筋安装和钢筋网实测项目见表 3-11 和表 3-12。

钢筋安装实测项目　　　　　　　　　表 3-11

项　目	检查项目		允许偏差（mm）	检查方法和频率	权　值
1△	受力钢筋间距	两排以上排距	±5	尺量：每构件检查 2 个断面	3
		同排 梁、板、拱肋	±10		
		基础、锚碇、墩台、柱	±20		
2	箍筋、横向水平钢筋、螺旋筋间距		±10	尺量：每构件检查 5~10 个间距	2
3	钢筋骨架尺寸	长	±10	尺量：按骨架总数抽查 30%	1
		宽、高或直径	±5		
4	弯起钢筋位置		±20	尺量：每骨架抽查 30%	2
5△	保护层厚度	柱、梁、拱肋	±5	尺量：每构件沿模板周边检查 8 处	3
		基础、锚碇、墩台	±10		
		板	±3		

注："△"标识为关键项目（涉及结构安全和使用功能的重要实测项目）。

钢筋网实测项目　　　　　　　　　表 3-12

项　次	检查项目	允许偏差(mm)	检查方法和频率	权　值
1	网的长、宽	±10	尺量：全部	1
2	网眼的尺寸	±20	尺量：抽查 3 个网眼	1
3	网眼的对角线差	15	尺量：抽查 3 个网眼对角线	1

(4)外观鉴定：

①钢筋表面无铁锈及焊渣,不符合要求时减 1~3 分。

②多层钢筋网要有足够的钢筋支撑,保证骨架的施工刚度,不符合要求时减 1~3 分。

【能力训练】

训练项目:钢筋制作

1.目的:通过训练使学生掌握钢筋制作的方法和操作技能。

2.要求达到表 3-13 的质量标准要求。

3.施工条件:结合某工程,按施工实际提供的施工条件和施工现场实际情况,以一小型构件钢筋制作作为训练考核内容。

4.步骤

(1)识图等准备工作。

(2)计算每根钢筋的下料长度。

(3)填写配料单。

(4)除锈、调直、下料。

(5)画线、试弯。

(6)钢筋弯曲,绑扎成型。

钢筋制作训练质量标准及评分方法 表3-13

姓名：	单位：		
序　号	质　量　标　准	标　准　分	得　分
1	现场清理、图样识读等准备工作	5	
2	下料长度计算准确	15	
3	配料单填写正确	5	
4	除锈干净，调直操作正确，下料准确	15	
5	钢筋弯曲符合要求	10	
6	绑扎顺序正确，方法符合要求	15	
7	钢筋位置不超过允许偏差	15	
8	完成工效95%以上的酌情扣分，95%以下的不得分	10	
9	无重大安全事故隐患，无安全责任事故，酌情扣分	10	
	总得分		

任务3　混凝土施工

混凝土施工包括制作前准备工作、拌制、运输、浇筑、振捣和养护拆模等施工过程。

3.1　混凝土制作前的准备工作

混凝土原材料在进场之前，施工单位应进行自检，做好混凝土配合比设计，并请监理工程师验证批准后才能进场，具体内容如下。

3.1.1　原材料的检查

1）水泥的检查

水泥进场必须有制造厂的水泥品质试验报告、产品合格证等质量证明文件。水泥进场前应抽取样品进行检验，并报监理工程师进行检验，经监理工程师同意后才能进场。水泥进场后应根据证明文件按其品种、强度等级以及出厂时间等情况分批进行检查验收，并对水泥进行复查试验。对超过出厂日期三个月的水泥，必须重新取样试验，并按其复验结果使用。对受过潮的水泥，硬块应筛除并进行试验，根据实际强度一般用于附属工程中。已变质的水泥不得使用。不同品种、强度等级和出厂日期的水泥应分别堆放，做到先到先用，严禁混掺使用。袋装水泥堆垛离地高度不小于300mm，离墙宽度不小于300mm，堆放高度不超过10袋。临时露天暂时储存水泥时，应用防雨篷布盖严，底板需垫高。

2）细集料

混凝土中的细集料，应采用级配良好、质地坚硬、颗粒洁净且粒径小于5mm的河砂。当没有河砂时，也可采用山砂或用坚硬的岩石加工的机制砂。无论哪种砂，均应分别进行检验，各项指标均满足现行《公路桥涵施工技术规范》(JTG/T F50—2011)要求方可使用。

细集料进场前，根据规范应完成：筛分、含泥量、有机质及压碎值试验，必要时还要进行坚固性试验。试验应按《公路工程集料试验规程》(JTG E42—2005)的规定进行。

3）粗集料

粗集料应采用坚硬、表面洁净、级配合理、粒形良好、吸水率小的卵石或碎石，以碎石为好。

粗集料原则上宜尽量选取较大粒径的颗粒,粗细之间具有适当的级配,以节约水泥、提高工程质量。但粗集料的最大粒径不得超过结构最小边长的1/4和钢筋最小净距的3/4;在两层或多层密布钢筋结构中,最大粒径不得超过钢筋最小净距的1/2,同时不得超过100mm。

选用的粗集料必须满足现行《公路桥涵施工技术规范》(JTG/T F50—2011)中的各项指标要求,并且现场取样进行筛分、针片状含量、强度、杂质含量等试验,只有当试验结果满足规范要求时才能使用。

4) 水

凡能饮用的自来水及洁净的天然水均可作为混凝土的浇筑用水。而海水、污水、含有影响水泥正常凝结与硬化的有害杂质(如油脂、糖类)的水、pH值小于5的酸性水和硫酸盐含量高的水均不得用于拌制混凝土。

5) 外加剂

掺入外加剂可以在不增加水泥用量的情况下,提高混凝土的质量,改善其施工性能,节约原材料,缩短施工周期,满足工程的特殊要求。常用的外加剂有减水剂、早强剂、促凝剂、缓凝剂。

根据混凝土的特殊要求,在混凝土中掺外加剂时,应符合下列要求:

(1) 所采用的外加剂,必须是经过有关部门检验并附有检验合格证明的产品,并在使用前应复验其效果。不同品种的外加剂应分别存储,做好标记,在运输与存储时不得混入杂物和遭受污染。

(2) 在外加剂的品种确定后,掺量要根据使用要求、施工条件、混凝土原材料的变化进行调整。如果使用一种以上的外加剂时,必须经过配合比设计,并按要求加入到混凝土拌和物中。

(3) 在钢筋混凝土中不得掺用氯化钠、氯化钙等氯盐;掺入引气剂的混凝土,其含量宜为3.5%~5.5%;混凝土的总碱含量,一般桥梁不宜大于$3kg/m^3$,对特殊大桥、大桥、重要桥梁,不宜大于$1.8kg/m^3$。

3.1.2 确定混凝土施工配合比

配合比设计是依据设计图纸中混凝土强度等级进行的。选择配合比的原则是在具有适合作业要求的和易性范围内,应尽量减少单位用水量,并根据试验确定配合比。由于计量、搅拌、养生、浇筑以及集料的含水率等方面的原因,施工现场拌制混凝土时与试验室存在一定差别,因此,试配强度应大于设计标准强度。

经过监理和有关方面批准后使用的混凝土配合比,一般是试验室配合比,试验室配合比中的粗、细集料均为烘干料,而现场所用的建筑材料均含有一定的水分,而且含水率又会随自然气候条件发生变化。因此,在保证材料实际含量与试验室配合比相同的原则下,应将试验室配合比换算成施工配合比。

施工配合比的换算方法是:先测定施工现场砂、石的含水率,并计算出每立方米(m^3)混凝土中砂、石的含水率,将含水质量分别增加到配合比所确定的砂、石质量中去,拌和水则相应减少,即得到施工现场每立方米(m^3)混凝土中砂、石、水的实际用量,并换算成施工配合比。

例如,试验室配合比用质量表示为:水泥:砂:石子:水 $= 1:X:Y:Z$,并测得砂的含水率为w_X,石子的含水率为w_Y,则施工配合比应为:$1:X(1+w_X):Y(1+w_Y):(Z-Xw_X-Yw_Y)$。

确定施工配合比后,必须根据工地现有搅拌机出料容量,确定每次拌制混凝土需用的水泥量,然后按水泥用量来计算砂石的每次拌和用量。装入的水泥、砂、石子等总体积不应大于搅拌机进料容量的1.1倍。

3.2 混凝土的拌制

混凝土拌制一般应采用机械拌和。上料的顺序,一般是先石子、次水泥、后砂子。人工搅拌只允许用于拌制少量的塑性混凝土或半干硬性混凝土。不管采用机械或人工搅拌,都应以使石子表面包满砂浆,拌和均匀,颜色一致为标准。如需掺外加剂,应将外加剂调成溶液,再加入拌和水中,与其他材料拌匀。在整个混凝土施工过程中,应注意搅拌机的搅拌速度与混凝土浇筑速度的密切配合,随时检查与校正混凝土的坍落度,严格控制水灰比,严禁任意变更配合比。

为了提高干硬性或半干硬性混凝土的和易性、减少混凝土的单位用水量,以提高其强度并节约水泥用量,可在混凝土中掺用减水剂。掺加减水剂的种类、数量、方法都必须通过试验确定。

保证混凝土拌和均匀的重要条件是具有足够的拌和时间,但拌和时间也不宜过长,否则会导致混凝土混合物产生离析现象,混凝土最短搅拌时间可参考表3-14。

混凝土最短搅拌时间 表3-14

搅拌机类别	搅拌机容量(L)	混凝土坍落度(mm)		
		<30	30~70	>70
		混凝土最短搅拌时间(min)		
自落式	≤400	2.0	1.5	1.0
	≤800	2.5	2.0	1.5
	≤1 200	—	2.5	1.5
强制式	≤400	1.5	1.0	1.0
	≤1 500	2.5	1.5	1.5

3.3 混凝土的运输

水平运输混凝土,当运距较近时,可采用双轮手推车、机动翻斗车;当运距较远时,采用自卸汽车或混凝土搅拌运输车;垂直运输可采用起重机或混凝土泵等。无论采取哪种运输设备,都要使运输能力适应混凝土凝结速度和浇筑速度的要求。在运输过程中,应满足以下要求:

(1)混凝土运输路线应尽量缩短,尽可能减少转运次数。

(2)运输工具应不漏浆、不吸水,便于装卸混凝土。

(3)运输过程中,应保持混凝土的均匀性,若发生离析、严重泌水或坍落度不符合要求等情况,应进行二次拌和。二次拌和时不得任意加水,确有需要时,可同时加水和水泥以保持水灰比不变。若二次搅拌后,仍不满足要求的,则不得使用。

(4)混凝土应随拌随用,尽量缩短运输时间。其运输时间不宜超过表3-15的规定。

混凝土拌和物运输时间限制 表3-15

气温(℃)	无搅拌设备运输(min)	有搅拌设备运输(min)
20~30	30	60
10~19	45	75
5~9	60	90

3.4 混凝土的浇筑

混凝土浇筑前,应对支架、模板、钢筋和预埋件进行检查,并做好记录,符合设计和施工要求后方可浇筑。

3.4.1 混凝土的自由倾落高度

为保证混凝土在垂直浇筑过程中不发生离析现象,应遵守下列规定:
(1)直接倾卸时,混凝土拌和物的自由倾落高度不宜超过2m。
(2)当倾落高度超过2m时,应用滑槽或串筒输送。
(3)倾落高度超过10m时,串筒内应附设减速设备。

3.4.2 混凝土的浇筑

混凝土的浇筑方法直接影响混凝土的密实度和整体性,对混凝土的质量影响较大。因此,应根据混凝土的拌制能力、运输距离、浇筑速度、气温及振捣器工作能力等因素,认真制定混凝土的灌注工艺。

为保证混凝土的整体性,混凝土浇筑工作原则上要求一次完成。但由于较大的结构尺寸、振捣工具的性能、混凝土内部温度等原因,必须分层浇筑。分层浇筑时,混凝土应按一定厚度、顺序和方向浇筑,应在下层混凝土初凝或能重塑前浇筑完成上层混凝土。上、下层同时浇筑时,上层与下层前后浇筑距离应保持在1.5m以上。混凝土分层浇筑厚度不宜超过表3-16的要求。

混凝土分层浇筑厚度　　　　表3-16

振捣方法		浇筑层厚度(mm)
用插入式振捣器		300
用附着式振捣器		300
用表面振捣器	无筋或配筋稀疏时	250
	配筋较密时	150

中小跨径的T梁一般均采用水平层浇筑,见图3-16a),其横隔梁的混凝土与梁肋同时浇筑。对于又高又长的梁体,混凝土的供应量跟不上水平分层浇筑的进度时,可采用斜层浇筑,一般从梁的一段浇向另一端,见图3-16b)。采用斜层浇筑时,混凝土的倾斜角与混凝土的稠度有关,一般可用20°~25°。

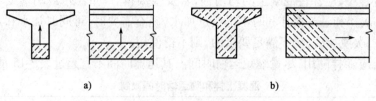

图3-16 分层法浇筑混凝土
a)水平层浇筑;b)斜层浇筑

浇筑空心板的混凝土时,一般先浇筑底板,再立芯模,扎焊顶面钢筋,然后浇筑肋板与面板混凝土,待混凝土初凝后,即可抽卸芯模。

混凝土的浇筑应连续进行,如因故必须间断时,其间断时间应小于前层混凝土的初凝时间或能重塑的时间。混凝土的运输、浇筑及间歇的全部时间不得超过表3-17的规定。当超过时应预留施工缝。

混凝土的运输、浇筑及间歇的全部允许时间(min)　　　　　表3-17

混凝土强度等级	气温不高于25℃	气温高于25℃
≤C30	210	180
>C30	180	150

注:当混凝土中掺有促凝或缓凝剂时,其允许时间根据试验结果确定。

施工缝的位置在混凝土浇筑之前确定,宜留置在结构剪力和弯矩较小且便于施工的部位,并按下列要求进行处理:

(1)凿除处理层混凝土表面的水泥砂浆和松弱层,但凿除时,处理层混凝土必须达到下列强度:

①用水冲洗凿毛时,达到0.5MPa;

②用人工凿除时,达到2.5MPa;

③用风动机凿毛时,达到10MPa。

(2)接缝处凿毛处理的混凝土面,应用水冲洗干净。在浇筑次层混凝土前,如为垂直缝,应刷一层水泥浆;若为水平缝,应在接缝面上铺一层厚度为10~20mm的水泥砂浆。

(3)斜面接缝应将斜面凿毛呈台阶状。

(4)接缝处于重要部位或结构物位于地震区,在浇灌时应加锚固钢筋。

(5)有抗渗要求的混凝土,其施工缝宜做成凹形、凸形或设置止水带。

(6)施工缝处理后,须待处理层混凝土达到一定强度后才能继续浇筑混凝土。混凝土需要达到的强度,一般不得低于1.2MPa;当结构物为钢筋混凝土时,不得低于2.5MPa。

3.5　混凝土的振捣

混凝土的振捣可分为人工振捣和机械振捣两种。人工振捣适用于坍落度大、混凝土数量少或钢筋过密部位的场合。大规模的混凝土灌注,必须采用机械振捣。桥梁施工常采用的振捣设备有插入式振捣器、附着式振捣器、平板式振捣器和振动台等。

插入式振捣器插入混凝土内部振捣,适用于非薄壁构件的振捣,如实心板、墩台基础和墩台身,捣实效果比较好。但应注意振捣棒插入混凝土时要垂直,不可触及模板和钢筋,振捣时快插慢拔,插点要均匀。附着式振捣器安装在模板外部振捣,借助振动模板以捣实混凝土,因此对模板要求很高,效果并不理想,一般只在钢筋过密而无法采用插入式振捣器时使用,如T梁等。振捣器的布置与构件厚度有关,当厚度小于150mm时,可两面交错布置;当厚度大于150mm时,应两面对称布置。平板式振捣器放在混凝土浇筑层的表面振捣,适用于混凝土面积较大的振捣。混凝土分层厚度不宜大于200mm,如,实心板、空心板的底板和顶板、桥面和基础等。

在选用振捣器时应注意,对于石料粒径较大的混凝土,选用频率较低、振幅较大的振捣器效果较好,反之则选用频率高、振幅小的,因为振幅大容易使较小集料作无规则的翻动,造成混凝土离析。

混凝土每次振捣的时间应掌握好,振捣时间过短或过长均有弊病,一般以振捣至混凝土不再下沉、无显著气泡上升、混凝土表面出现薄层水泥浆、表面达到平整为适度。当用附着式振捣器时,因振捣效果较差,一般约需两分钟左右;当用插入式振捣器时,效果较好,一般只要15~30s;当用平板式振捣器时,每一位置上的振捣时间约为25~40s。

3.6 混凝土的养护

混凝土在浇筑振捣之后,逐渐初凝、硬化,产生强度,该过程主要通过水泥水化作用实现。水泥的水化作用必须在一定的温度和湿度条件下才能完成。温度越高,湿度越大,水化反应越充分,混凝土的强度也越高。当温度低于15℃时,混凝土的硬化速度减慢,而当温度降至-2℃以下时,硬化基本停止。在干燥的气候下,混凝土中的水分迅速蒸发,一方面使混凝土表面剧烈收缩而导致裂缝,另一方面当游离水分全部蒸发后,水泥水化作用也就停止,混凝土即停止硬化。因此,混凝土浇筑后,应及时进行适当的养护,以保持混凝土硬化发育所需要的温度和湿度。

目前在桥梁施工中采用最多的,是在自然温度条件下(5℃以上)的自然养护法。此法是在混凝土终凝后,在构件上覆盖草袋、麻袋、稻草、塑料薄膜或砂子,经常洒水养护,以保持构件经常处于湿润状态。而在自然温度条件下,温度低于5℃时,须覆盖保温,不得向混凝土面上洒水。

自然养护法的养护时间与水泥品种和是否掺用塑化剂有关。一般情况下,用普通硅酸盐水泥的混凝土为7昼夜以上;用矿渣水泥、火山灰水泥或掺用塑化剂的混凝土为14昼夜以上。每天浇水的次数,以能使混凝土保持充分潮湿为度。在一般气候条件下,当温度高于15℃时,头三天内白天每隔1~2h浇水一次,夜间最少浇水2~4次,在以后的养护期间可酌情减少。在干燥的气候条件下,或在大风天气中,应适当增加浇水的次数,覆盖塑料薄膜能阻断水分蒸发,不需浇水。

自然养护法比较经济,但混凝土强度增长速度较慢、模板占用时间较长,特别在温度低于5℃时不能采用。为加快模板周转和施工进度,可采用蒸汽加热法养护混凝土。此法养护工期短、效果好,但养护成本较大,多用于预制构件。

3.7 混凝土季节性施工

混凝土季节性施工包括热季施工、雨季施工及冬季施工。

3.7.1 热季混凝土施工

热季混凝土施工是指当昼夜日平均气温高于30℃时的混凝土工程施工。热季混凝土施工,由于天气炎热,混凝土中的水分容易被蒸发,所以热季混凝土施工要注意保水,同时可采取以下技术措施:

(1)控制原材料温度,降低拌制混凝土用水水温(如用冷却装置降温),水泥、砂、石子、水管或水箱等应遮荫防晒以降低温度。也可在砂石料堆上喷水降温。

(2)掺减水剂以减少水泥用量和提高混凝土早期强度,从而降低高温对混凝土性能的影响。

(3)尽量缩短运输、浇筑时间,宜采用混凝土搅拌车运输,运输过程中应慢速搅拌。浇筑混凝土要选择在一天温度较低的时间进行,混凝土浇筑时的入模温度控制在30℃以下。

(4)加强混凝土养护。混凝土浇筑后,应立即覆盖塑料膜,初凝后换浸湿的粗麻布,采取遮阳和挡风措施,经常洒水,并保持潮湿状态至少7d。

3.7.2 雨季混凝土施工

降雨量集中的季节进行混凝土施工时,应注意防水。施工中可采取以下措施:

(1)雨期混凝土施工应按时收集本地气象预报资料,并尽可能避开在大风大雨的天气下施工。

(2)雨期混凝土施工的工作面不宜过大,应逐段、逐片分期施工。混凝土浇筑完毕后,及时覆盖塑料布。

(3)在浇筑现场设置挡水埝、排水沟和集水井,采用现场排水措施。施工现场的道路等必须做到排水畅通,尽量做到雨停水干。

(4)做好建筑材料的防雨防潮工作。使用的电气设备要有可靠的防漏电、触电的保护措施。雷区应设置防雷措施,高耸结构应有防雷设计。

3.7.3 冬季混凝土施工

冬季混凝土施工是指根据当地多年气温资料,室外日平均气温连续5d稳定低于5℃时的混凝土工程的施工。所以在冬季条件下进行混凝土施工,要求硅酸盐水泥或普通硅酸盐水泥配制的混凝土,在抗压强度达到设计强度的40%前,用矿渣硅酸盐水泥配制的混凝土,在抗压强度达到设计强度的50%前,不得受冻。进入冬季施工后,可从以下方面采取措施:

(1)冬季施工中配制混凝土用的水泥,应优先选用活性高、水化热量大的硅酸盐水泥和普通硅酸盐水泥,不宜用火山灰质硅酸盐水泥和粉煤灰硅酸盐水泥。水泥的强度等级不应低于42.5级,水灰比不应大于0.5。冬季施工中砂石要求提前清洗和储备,做到清洁、无冻块和冰雪。

(2)外加剂可在混凝土中掺入一定量的引气剂、减水剂、防冻剂、早强剂等,既可加速混凝土的凝结硬化,提高混凝土的早期强度,又可降低混凝土中水的冰点,从而防止混凝土的早期冻结。

(3)加热水、砂、石,提高混凝土的初始温度,使混凝土在养护措施开始前不致冰冻。

(4)增加拌和时间,比正常情况下增加50%,使水泥的水化作用加快,并使水泥的发热量增加以加速凝固。

(5)拌和混凝土拌和物的出机温度不宜低于10℃,入模温度不得低于5℃。混凝土不宜露天搅拌,应尽量搭设暖棚,优先选用大容量的搅拌机,以减少混凝土的热量损失。

(6)混凝土浇筑完毕,应及时对混凝土进行养护。一般采用蒸汽养护、蓄热法、暖棚法及电热法等提高养护温度。

3.8 混凝土的质量检查

3.8.1 混凝土浇筑前的质量检验

(1)检查混凝土浇筑所用的设备、场地、原材料和配合比。

(2)检查钢筋和预埋件等是否符合设计要求,支架、模板、拱架等是否稳定牢固。

3.8.2 混凝土浇筑过程中的质量检查

(1)混凝土组成材料的外观及配料、拌制,每个工作班至少两次,必要时随时抽样试验。

(2)混凝土的和易性(坍落度等)每个工作班至少检查两次。

(3)砂石的含水率,每日开工前1次及气候有较大变化时随时检测。当含水率变化较大,将使配料偏差超过规定时,应及时调整。

(4)随时检查钢筋、模板和支架的稳固性和安装位置。

(5)随时检查混凝土的拌和时间、拌和方法、运输方法、浇筑方法和质量。

(6)制取混凝土试件。

3.8.3 混凝土浇筑后的质量检查

(1)检查养护情况、混凝土外观、拆模时间和外形尺寸。

(2)检查所制取混凝土试件的强度。

3.8.4 混凝土试件的制取

混凝土强度的大小直接反映构件的质量,检测强度用的试块,一组为3块,根据工程量大小,按下列要求留置:

(1)不同强度等级及不同配合比的混凝土应分别制取试件,试件在浇筑地点或搅拌点随机制取。

(2)浇筑一般体积的结构物(如基础、墩台、柱梁等)时,每一单元结构制取2组。

(3)连续浇筑大体积结构物混凝土时,每200m³或每一工作班制取2组。

(4)每片梁长16m以下制取1组,16~30m制取2组,31~50m制取3组,50m以上者不少于5组。

(5)就地浇筑的混凝土小桥涵,每一座或每一工作班制取不少于2组;当原材料和配合比相同并由同一拌和站拌制时,可几座合并制取2组。

根据施工需要,制取多组与构件相同养护条件的混凝土试块,可以通过这些试块反映构件的实际强度,并在如拆模、出槽、吊装、张拉、加载等施工阶段为施工提供可靠的控制依据。

3.9 混凝土的质量标准

3.9.1 混凝土抗压强度合格条件

以标准条件下养护28d试件的抗压强度进行评定,其合格条件如下:

(1)应以强度等级相同、龄期相同以及生产工艺条件和配合比相同的混凝土组成同一验收批,同一验收批的混凝土强度应以同批内所有各组标准尺寸试件的强度测定值(当为非标准尺寸试件时应进行强度换算)为代表值。

(2)大桥等重要工程及中小桥、涵洞工程的试件大于或等于10组时,应以数理统计方法按下述条件评定:

$$m_{f_{cu}} \geqslant f_{cu,k} + \lambda_1 \cdot S_{f_{cu}} \tag{3-1}$$

$$f_{cu,min} \geqslant \lambda_2 \cdot f_{cu,k} \tag{3-2}$$

$$S_{f_{cu}} = \sqrt{\frac{\sum_{i=1}^{n} f_{cu,i}^2 - n \cdot m_{f_{cu}}^2}{n-1}} \tag{3-3}$$

式中:$m_{f_{cu}}$——同一检验批n组混凝土立方体抗压强度的平均值(MPa);

$f_{cu,k}$——混凝土立方体抗压强度标准值(MPa);

$S_{f_{cu}}$——同一检验批混凝土立方体抗压强度的标准差(MPa),精确到0.01;当计算值小于2.5MPa时,应取2.5MPa;

$f_{cu,i}$——第i组混凝土样本试件的立方体抗压强度代表值(MPa),精确到0.1;

n——本检验期内的样本数量;

$f_{cu,min}$——同一检验批n组混凝土立方体抗压强度的最小值(MPa);

λ_1、λ_2——混凝土强度的合格判定系数,取值见表3-18。

λ_1、λ_2值 表3-18

n	10~14	15~19	≥20
λ_1	1.15	1.05	0.95
λ_2	0.9	0.85	

(3)中小桥及涵洞等工程,同批混凝土试件少于10组时,可用非统计方法按下述条件进行评定。

$$m_{f_{cu}} \geqslant \lambda_3 \cdot f_{cu,k} \tag{3-4}$$
$$f_{cu,min} \geqslant \lambda_4 \cdot f_{cu,k} \tag{3-5}$$

式中:λ_3、λ_4——混凝土强度的合格制定系数,混凝土强度等级 < C60 时,$\lambda_3 = 1.15$;混凝土强度等级 ≥ C60 时,$\lambda_3 = 1.10$;$\lambda_4 = 0.95$。

3.9.2 达不到合格条件的处理方法

当混凝土强度按试件强度进行评定达不到合格条件时,可采用钻取试样或以无损检测法查明结构实际混凝土的抗压强度和浇筑质量,如仍有不合格,应由有关单位共同研究采取措施进行处理。

3.9.3 结构混凝土应符合的规定

(1)表面应密实、平整。如有蜂窝、麻面,其面积不超过结构同侧面积的0.5%,如有裂缝,其宽度不得大于设计规范的有关规定。

(2)预制桩桩顶、桩尖等重要部位无掉边或蜂窝、麻面。

(3)小型构件无翘曲现象。

(4)对蜂窝、麻面、掉角等缺陷,应凿除松弱层,用钢丝刷清理干净,用压力水冲洗、温润,再用较高强度的水泥砂浆或混凝土填塞捣实,覆盖养护;如用环氧树脂等胶凝材料修补,应先经试验验证。

(5)如有严重缺陷,影响结构性能时,应分析情况,研究处理。

(6)混凝土和钢筋混凝土结构物的位置及外形尺寸允许偏差应符合有关规定。

【能力训练】

训练项目 按混凝土配合比称量各种材料

1.目的:通过训练使学生掌握混凝土施工配合比的计算方法和材料称量方法。

2.要求达到表3-19的质量标准要求。

现场称量混凝土材料训练质量标准和评分方法   表3-19

序号	质量标准	比重分	检测记录	得分
1	计算步骤正确、计算结果准确	40		
2	称量准确,粗、细集料误差控制在3%以内,水泥和水的误差控制在2%以内	40		
3	完成工效95%以上的酌情扣分,95%以下的不得分	10		
4	有无安全事故隐患,酌情扣分	5		
5	场地、设备清理,酌情扣分	5		
评定	其他扣分		总得分	

3.施工条件

(1)按施工条件和施工现场实际情况,称量一盘混凝土拌和所需的各种材料。

(2)试验室配合比为:$1m^3$ 混凝土水泥用量330kg,砂662kg,石1 229kg,水188kg。

(3)现场设备和工地砂石含水率按实际提供为准。

4.步骤

(1)求出施工配合比。

(2)求出每盘加入拌和机的砂、石和水的用量。

(3)进行现场称量。

任务4 先张法预应力混凝土构件的施工工艺

先张法的制梁工艺是在混凝土浇筑前张拉预应力筋,将其临时固定在张拉台座上,然后浇筑混凝土,待混凝土强度达到规定强度(不得低于混凝土设计强度的80%)时,逐渐放松预应力筋,这样由于预应力筋的弹性回缩,借助预应力筋与混凝土之间的黏结力,使混凝土获得预压应力。先张法施工工艺基本流程如图3-17所示。

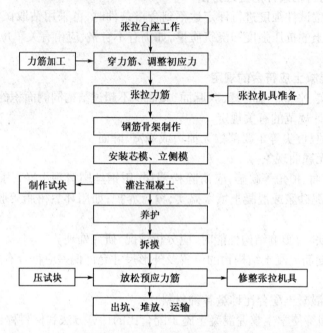

图3-17 先张法施工工艺基本流程

先张法生产可采用台座法或机组流水法。采用台座法时,构件施工的各道工序全部在固定台座上进行。采用机组流水法时,构件在移动式的钢模中生产,钢模按流水方式通过张拉、浇筑、养护等各个固定机组完成每道工序。机组流水法可加快生产速度,但需要大量钢模和较高的机械化程度,且需配合蒸汽养护,因此适用于工厂内预制定型构件。台座法不需要复杂机械设备,且施工适用性强,应用较广。下面主要介绍张拉台座、预应力筋的制备、张拉工艺及预应力筋放松等问题。

4.1 台座

台座是先张法施加预应力的主要设备之一,它要承受预应力筋在构件制作时的全部张拉力。张拉台座必须在受力后不移动、不倾覆、不变形,具有足够的强度和稳定性。台座按构造形式可分为墩式和槽式两类。

4.1.1 墩式台座

墩式台座是靠自重和土压力来平衡张拉力所产生的倾覆力矩,并靠土壤的反力和摩擦力来抵抗水平位移。台座由台面、承力架、横梁和定位钢板等组成,如图3-18a)所示。台面有整体式混凝土台面和装配式台面两种,是预制构件的底模。承力架承受全部的张拉力,横梁是将预应力筋张拉力传给承力架的构件,它们都必须进行专门的设计计算。定位钢板用来固定预应力筋的位置，其厚度必须保证承受张拉力后具有足够的刚度。定位板上圆孔的位置则按构件中预应力筋的设计位置确定。

4.1.2 槽式台座

当现场地质条件较差,台座又不很长时,采用的由台面、传力柱、横梁、横系梁等构件组成的台座,如图 3-18b)所示。承力框架一般用钢筋混凝土做成,或由横梁和压杆组成的钢结构做成。图 3-19 为张拉横梁和千斤顶。

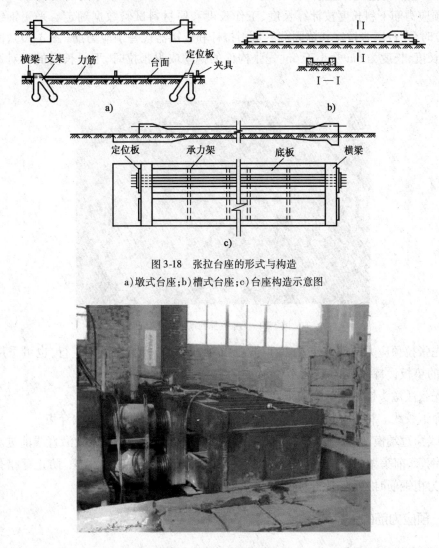

图 3-18 张拉台座的形式与构造
a)墩式台座;b)槽式台座;c)台座构造示意图

图 3-19 张拉横梁和千斤顶

4.2 模板与预应力筋制作要求

4.2.1 模板制作要求

先张法预应力板梁施工时,模板的制作除满足一般要求外,还应满足如下要求:
(1)将先张台座的混凝土底板作为预制构件的底模,要求地基不产生非均匀沉陷,底板制作平整光滑、排水畅通,预应力筋放松,梁体中段拱起,两端压力增大,梁位端部的底模应具有足够的强度和重复使用的要求。

(2)端模预应力筋孔的位置要准确,安装后与定位板上对应的力筋孔要求均在一条中心线上。由于施工中实际上存在偏差,力筋张拉时筋位有移动,制作时端模力筋孔径可按力筋直径扩大2~4mm,力筋孔水平向还可做成椭圆形。

(3)先张法制作预应力板梁,预应力钢筋放松后板梁压缩量为1‰左右。为保证梁体外形尺寸,侧模的制作要增长1‰。

4.2.2 预应力筋制作要求

(1)预应力筋下料长度按计算长度、工作长度和原材料试验数据确定。采用钢绞线和粗钢筋,张拉时,在台座张拉端和锚固端尽量用拉杆和连接器代替预应力筋(图3-20),减少预应力筋工作长度;长度为6m及小于6m先张构件的钢丝成组张拉时,下料长度的相对误差不得大于2mm。

图3-20 力筋在张拉端的接长

(2)先张拉预应力的粗钢筋,在冷拉或张拉时,通过连接器和锚具进行,也可采用镦头钢筋和开孔的垫板代替锚具或夹具,节省钢材。

(3)先张法镦头锚的钢丝镦头强度不应低于钢丝强度标准值的98%。

(4)穿钢绞线。将下好料的钢绞线运到台座的一端,用向前推的方法穿束。

钢绞线穿过端模及塑料套管后,在其前端安引导工具,以利于钢绞线沿直线前进。引导工具是一个钢管,前头做成圆锥形状。穿束前各孔眼应统一编号,对号入座,防止穿错孔眼。当预应力筋为粗钢筋时,可在绑扎钢筋骨架的同时放入梁体。

4.3 预应力筋的张拉

4.3.1 张拉前的准备工作

先张法梁的预应力筋是在底模整理后,在台座上进行张拉已加工好的预应力筋。对于长线台座,预应力筋或者预应力筋与拉杆、力筋的连接,必须先用连接器串联后才能张拉。先张法通常采用一端张拉,另一端在张拉前要设置好固定装置或安放好预应力筋的放松装置,但也有采用两端张拉的方法。

张拉前,应先安装定位板,检查定位板的力筋位置和孔大小是否符合设计要求,然后将定位板固定在横梁上。在检查预应力筋数量、位置、张拉设备和锚具后,方可进行张拉。先张法的张拉布置见图3-21。

4.3.2 张拉工艺

先张法施加预应力工艺是在预制构件时,先在台座上张拉力筋,然后支模浇筑混凝土构件成形的施工方法。

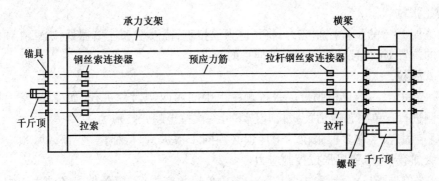

图 3-21 先张法张拉台座布置图

先张法张拉预应力筋,分单根张拉和多根张拉,单向张拉和双向张拉。单根张拉设备比较简单,吨位要求小,但张拉速度慢,张拉的顺序应不致使台座承受过大的偏心力。多根张拉一般需有两个大吨位千斤顶,张拉速度快。数根预应力筋张拉时,必须使它们的初始长度一致,张拉后每根筋的应力均匀。因此,可在预应力筋的一端选用螺钉杆锚具和横梁、千斤顶组成张拉端,另一端选用镦粗夹具为固定端,这样可以利用螺钉端杆的螺母调整各根筋的初始长度。如果力筋直径较小,在保证每根力筋下料长度精确的情况下,可两端采用镦粗夹具。将多根张拉固定端的镦粗夹具改为夹片锚具(如 OBM 锚),用小型穿心式张拉千斤顶先单根施加部分拉力,同时使每根预应力筋均匀受力,然后在另一端多根张拉到位。双向张拉速度快,预应力筋拉力均匀。此外,多根张拉必须使两个千斤顶与预应力筋对称布置,两个千斤顶油路串通,同步顶进。

1)张拉程序

先张法预应力筋的张拉程序依钢筋的类型而异。可参照下列规定进行:

(1) 螺纹钢筋: $0 \rightarrow$ 初应力($10\% \sigma_{con}$)$\rightarrow 1.05\sigma_{con}$(持荷 5min)$\rightarrow 0.9\sigma_{con} \rightarrow \sigma_{con}$(锚固)

(2) 钢丝、钢绞线: $0 \rightarrow$ 初应力($10\% \sigma_{con}$)$\rightarrow 1.05\sigma_{con}$(持荷 5min)$\rightarrow 0 \rightarrow \sigma_{con}$(锚固)

对于夹片式等具有自锚性能的锚具:

① 普通松弛力筋: $0 \rightarrow$ 初应力($10\% \sigma_{con}$)$\rightarrow 1.03\sigma_{con}$(锚固)

② 低松弛力筋: $0 \rightarrow$ 初应力($10\% \sigma_{con}$)$\rightarrow \sigma_{con}$(持荷 5min 锚固)

σ_{con} 为张拉时控制应力(包括预应力损失在内)。张拉控制应力应符合设计要求,需要超张拉时,可比设计要求增加 5%,但不得超过最大张拉应力的规定。张拉力筋时,为保证施工安全,应在超张拉放松至 $0.9\sigma_{con}$ 时,再安装模板、普通钢筋及预埋件等。

2)断丝、断筋

张拉时预应力筋的断丝、断筋数量,不得超过表 3-20 的规定。

先张法预应力筋断丝限制 表 3-20

项 次	类 别	检 查 项 目	控 制 数
1	钢丝、钢绞线	同一构件内断丝数不得超过钢丝总数的	1%
2	钢筋	断筋	不容许

4.3.3 一般操作

1)调整预应力筋长度

采用螺钉端杆锚具,拧动端头螺母,调整预应力筋长度,使每根预应力筋受力均匀。

2)初始张拉

一般施加10%的张拉控制应力,将预应力筋拉直,锚固端和连接器处拉紧,在预应力筋上选定适当的位置刻画标记,作为测量延伸量的基点。

3)正式张拉

(1)一端固定,一端单根张拉。张拉顺序由中间向两侧对称进行,如横梁、承力架受力安全时从一侧进行。单根预应力筋张拉吨位不可一次拉至超张拉应力。

(2)一端固定,一端多根张拉。千斤顶必须同步顶进,保持横梁平行移动,预应力筋均匀受力的分级加载,应达到超张拉控制应力。

(3)一端单根张拉,一端多根张拉。先张拉单根预应力筋,由延伸量和油表压力读数控制施加30%~40%的张拉力,同时使预应力筋受力均匀,先顶锚锚固一端,再张拉多根预应力筋至超张拉应力。

4.3.4 持荷

按预应力筋的类型选定持荷时间,使预应力筋完成部分徐舒,完成量约为全部量的20%~25%,以减少钢丝锚固后的应力损失。

4.3.5 锚固

补足或放松预应力筋的拉力至控制应力。测量、记录预应力筋的延伸量,并核对实测值与理论计算值,其误差应在±5%范围内,如不符合规定,则应找出原因及时处理。张拉满足要求后,锚固预应力筋,千斤顶回油至零。

4.4 预应力混凝土配料与浇筑

4.4.1 预应力混凝土配料

预应力混凝土配料除符合普通混凝土有关规定外,尚应符合如下要求:

(1)配制高强度等级的混凝土应选择级配优良的配合比,在构件截面尺寸和配筋允许的情况下,尽量采用大粒径、强度高的集料;含砂率不超过0.4;水泥用量不宜超过500kg/m³,最大不超过550kg/m³;水灰比不超过0.45;一般可采用低塑性混凝土,坍落度不大于30mm,以减少因徐变和收缩所引起的预应力损失。

(2)在拌和料中可掺入适量的减水剂(塑化剂),以达到易于浇筑、早强、节约水泥的目的,其掺入量可由试验确定,也可参考经验值。拌和料不得掺入氯化钙、氯化钠等氯盐及引气剂,亦不宜掺用引气型减水剂。从混凝土的各种组成材料引进混凝土中的氯离子总含量(折合氯盐含量)不宜超过水泥用量的0.1%,当大于0.1%且小于0.2%时,宜采取防锈措施;对于干燥环境中的小型构件,氯离子含量可提高一倍。值得注意的是,由于混凝土掺加减水剂后效果显著,目前用于建造预应力混凝土桥梁的高强度混凝土都掺加减水剂,但对它的使用不能掉以轻心,使用不当将会严重影响混凝土的质量。

(3)水、水泥、减水剂用量应准确到±1%;集料用量准确到±2%。

(4)预应力混凝土所用的全部材料,必须全面检查,各项指标均应合格。

预应力混凝土选配材料总的发展趋势是提高强度,减轻自重,主要途径是采用多孔的轻质集料。国外用于主体承重结构的C30~C60预应力轻质混凝土的重度为16~20kN/m³,用轻质混凝土(可较普通混凝土轻20%~30%)修桥可大大减小永久作用产生的内力,减少坯工数量,降低工程造价。

改善预应力混凝土物理力学性能的另一个重要途径是发展、研制改性混凝土。目前研制的主要有下列两种。

(1)纤维混凝土。在混凝土中掺入钢纤维、抗碱玻璃纤维或合成纤维。它可以大幅度地提高混凝土的抗拉强度、断裂韧性,对混凝土的抗压强度、弹性模量的提高亦有作用。

(2)聚合物混凝土。它研制的配料是有机聚合物与无机材料复合的新型材料,如浸渍混凝土,它不仅可将强度提高200%~400%,还可以增进混凝土的耐久性和耐腐蚀性。

目前,在桥梁工程上也有配制试用新材料混凝土的,采用改性混凝土可达到超高强度,优越性大,经济效益显著。

4.4.2 预应力混凝土浇筑

混凝土浇筑前除按操作规程检查外,对先张构件还应检查台座受力、夹具、预应力筋数量、位置及张拉吨位是否符合要求。

混凝土浇筑除按正常操作规程办理外,还应注意以下事项:

(1)尽量采用侧模振捣工艺。

(2)先张构件使用振捣棒振捣时,应避免触及力筋,防止发生受振滑移和断筋伤人事故,并不得触及充气胶管。

(3)浇筑混凝土时,应防止充气胶管上浮和偏位,随时检查定位箍筋和压块固定情况。

(4)先张构件用蒸汽养护,开始时恒温温度应按设计规定执行,不得任意提高,以免造成不可补救的预应力损失。待混凝土强度达到10MPa时,可适当提高温度,但不得超过60℃。

4.5 预应力筋放松

对预应力混凝土梁施加预应力,当混凝土的强度达到设计要求后,可在台座上放松预应力筋(称为"放张")。当设计无规定时,一般应在混凝土强度大于设计强度等级值的80%,弹性模量应不低于混凝土28d弹性模量的80%时进行。放松之后,切割梁外钢筋,即可移位准备再生产。预应力筋的放松速度不宜过快,应分阶段、对称、相互交错地进行。常见的预应力筋放松方法主要有以下几种。

4.5.1 砂箱放松法

在台座固定端的承力架和横梁之间,在张拉前预先安放砂筒,即在承力架和横梁之间各放一个砂筒,如图3-22所示。张拉前将砂箱的活塞全部拉出,箱内装满干砂,让其顶住横梁。张拉时筒内砂子被压实。当需要放松预应力筋时,打开出砂口使砂子慢慢流出,活塞缩回,逐渐放松预应力筋。

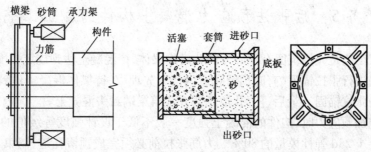

图3-22 砂箱放松示意图

4.5.2 千斤顶放松法

在张拉预应力筋之前,在承力架和横梁之间各放一个千斤顶,如图3-23所示。待混凝土强度达到放张强度后,两个千斤顶同时回油,使预应力筋徐徐回缩,即完成放张。或在台座上重新安装千斤顶,先将预应力筋张拉至能够逐步拧松端部固定螺母的程度,然后逐渐放松千斤顶,让钢筋慢慢回缩完毕为止,如图3-24所示。

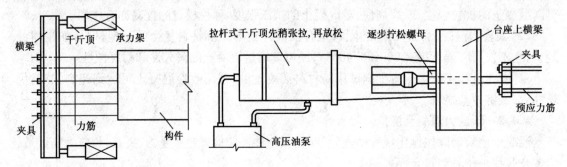

图3-23 千斤顶放松张拉力的位置示意图　　图3-24 张拉端张拉放松示意图

4.5.3 滑楔放松法

张拉前将三块钢制U形滑楔放在台座横梁与螺母之间,如图3-25所示,在中间滑楔上设置螺杆、螺钉顶住预应力筋。张拉完成后,放松预应力筋,因反作用力,而使中间滑楔向上滑动,将预应力筋慢慢放松。

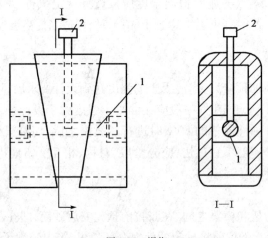

图3-25 滑楔
1-螺杆;2-螺钉

任务5　后张法预应力混凝土构件的施工工艺

后张法施工工艺是先浇筑留有预应力筋孔道的梁体,待混凝土达到规定强度后,再在孔道内穿入预应力筋进行张拉锚固(有时预留孔道内已事先埋束,待梁体混凝土达到规定强度后,再进行预应力筋张拉锚固),最后进行孔道压浆并浇筑梁端封头混凝土。

后张法梁施加预应力时,构件的混凝土强度一般不低于设计强度等级值的80%,弹性模量应不低于混凝土28d弹性模量的80%。力筋张拉前必须完成预留孔道、制束、制锚、穿束和张拉机具设备的准备工作。但后张法生产的预应力混凝土梁,不需要大型的张拉台座,便于在桥梁工地现场施工,而且又适宜于配置曲线形预应力筋的重、大型构件制作,因此在公路桥梁上应用广泛。其后张法施工工艺基本流程如图3-26所示。

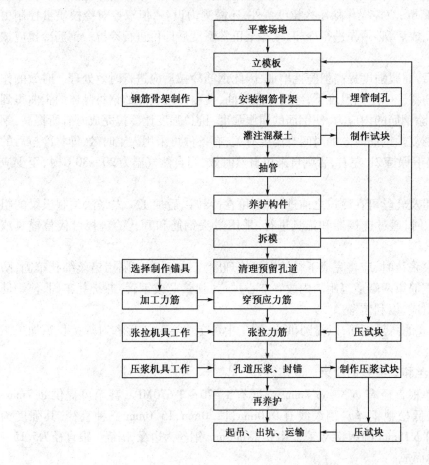

图3-26 后张法施工工艺基本流程

后张法预应力混凝土梁常用高强碳素钢丝束、钢绞线作为预应力筋。对于跨径较小的T形梁,也可用冷拔低碳钢丝作为预应力筋。

5.1 预应力钢筋加工

5.1.1 预应力粗钢筋的加工

直径为12~32mm的预应力筋的加工需经过下料、对焊、冷拉、时效及端头镦粗或轧丝加工等工序。钢筋下料时,应按钢筋的计算长度、工作长度和原材料的试验数据确定下料长度,做到合理配料,尽量减少接头数目。钢筋的下料长度按本学习情境第2.2.2条预应力筋下料长度计算方法计算。

由于受到生产和运输上的限制,目前生产的粗钢筋长度最长为12m,因此,常需对钢筋焊接接长后使用。为了保证接头处的各项力学性能指标不低于原材料,焊接质量应严格控制。目前多采用二次闪光对头焊接,其对接焊接的轴线偏差不得大于2mm或钢筋直径的1/10。

在常温下,将热轧钢筋进行拉伸,使其拉伸控制应力超过屈服强度,但小于抗拉极限强度,可以提高钢材的屈服强度。冷拉时,最好采用同时控制钢筋应力和延伸率,即所谓"双控",并以控制应力为主,延伸率控制为辅。在没有测力设备的情况下,可仅单一地控制其延伸率,称"单控"。单控操作简单,双控操作除需冷拉设备外,还需测力设备,但双控对冷拉质量控制更有保证。钢筋焊接完成后,必须先进行冷却,冷却至正常温度后即可进行冷拉。钢筋冷拉应按操作规程要求进行。

钢筋进行冷拉后,屈服强度提高但脆性增加,因此钢筋冷拉后应进行时效处理。时效的作用是将冷拉后的钢筋置于一定的温度下,经过一段时间,使由冷拉引起的钢材晶体的歪曲得到一定程度的恢复,消除钢筋的内应力,使钢筋的屈服强度、抗拉强度比冷拉完成时有所提高,钢筋的弹性模量得到恢复。钢筋时效的时间与温度有关,有条件可采用人工时效,即将冷拉后的钢筋在100℃的恒温下保持2h左右,否则可采用自然时效,当自然气温为20~30℃时,至少应放置24h。

钢筋端头的镦粗及轧丝可在冷拉之前进行,也可在冷拉以后加工。先张法预制板梁的粗钢筋,在冷拉或张拉时,通过连接器和锚具进行,采用镦头钢筋和开孔的垫板可代替锚具或夹具。

粗钢筋采用成束张拉时,应将完成下料的钢筋梳理顺直,按适当间隔用铅丝绑扎牢固,防止扭花、弯曲,并在钢筋束两端适当距离内放置空心衬芯(弹簧芯或钢管)并绑扎牢固,使钢筋束端截面和锚具孔对应,以利装锚。

直径为6~10mm的高强钢筋,以盘圆供应,施工中可免去冷拉工序和对焊接长等加工工序,有利于施工。

5.1.2 高强钢丝和钢绞线的成束

国产高强钢丝单根直径有ϕ^s3~ϕ^s7mm,强度有1 470~1 670MPa,甚至可提供ϕ^s7mm、1 770MPa的高强度、低松弛钢丝。钢绞线有9.0mm、12.0mm、15.0mm三种直径,其强度为1 470~1 770MPa,如ϕ^s15mm的钢绞线,它是由6根ϕ^s5mm钢丝为边缘,围绕一根直径为5.15~5.20mm的钢丝绞捻而成。

高强钢丝和钢绞线经过下料,编束后用于预应力混凝土板、梁的纵向预应力筋。高强钢丝的来料一般为盘圆,打开后基本呈直线状,无需整直即可下料。如在自由放置的情况下,任意1m长范围内弯曲矢高大于5mm时,需要进行整直后使用。

预应力钢丝、钢绞线的下料长度,应通过计算确定,计算时应考虑构件长度(或台座长度)、锚夹具长度、千斤顶长度、焊接接头或镦头预留量、冷拉伸长量、弹性回缩量、张拉伸长量和外露长度等。采用锥形锚具,双作用千斤顶张拉钢丝时,钢丝的下料长度取用预制梁的预留孔道长度加上每张拉端0.7~0.8m的工作长度。采用钢丝束镦头锚具时,同束钢丝下料长度的相对差值,当钢丝束长度≤20m时,不宜大于1/3 000;当钢丝束长度>20m时,不宜大于1/5 000。长度为6m及小于6m的先张法构件的钢丝成组张拉时,下料长度的相对差值不得大于2mm。

钢丝成束时,先用梳丝板(图3-27)将其理顺,然后每隔1.0~1.5m衬以长30~40mm的螺旋衬圈或短钢管,并在衬圈处用2号铁丝缠绕20~30道,绑扎的铁丝扣应弯入钢丝束内,以免影响穿束。成束时要保持钢丝一端齐平再向另一端进行。绑束完成后,应按设计编号堆放,并挂牌表示,以防错乱。搬运钢丝束时,支点间跨度不得大于3m,两端悬出不得大于1m。

钢绞线、钢丝、精轧螺纹钢筋的下料,宜采用切割机或砂轮锯,不得使用电弧切割下料。钢绞线切割时,应将切口两端各 30～50mm 处用铅丝绑扎,切断后将切口焊牢以免松散。钢绞线在编束前应进行预拉,或在梁上张拉前进行。钢绞线成束的编扎方法与钢丝束相同。

预应力混凝土板、梁中的构造钢筋或普通受力钢筋的加工与普通钢筋相同。对于高、窄、长的钢筋骨架,可分段、分片预制成骨架或钢筋网,在施工现场再装配成整体。

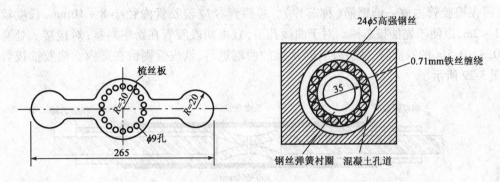

图 3-27　梳丝板的构造(尺寸单位:mm)

5.2　预留孔道

梁内预留孔道是通过在浇筑梁体混凝土前,按梁内预应力筋的设计位置先安放制孔器,待梁体混凝土达到一定强度时,抽拔出制孔器(当为抽拔式制孔器时),并通过检查而形成。制孔器有埋置式和抽拔式两类。埋置式制孔器主要有铁皮管和铝合金波纹管两种,抽拔式制孔器(俗称抽拔管)常用的有橡胶抽拔管、金属伸缩抽拔管和钢管等(图 3-28)。后者目前较少采用。

图 3-28　制孔器
a)镀锌波纹管;b)塑料波纹管;c)橡胶管

埋置式制孔器在梁体制成后留在梁内,形成孔道壁,对预应力筋的摩阻力小,但加工成本高,不能重复使用,金属材料耗用量大。铁皮管用薄铁皮制作,安放时分段连接,这种制孔器制作时费工、速度慢、接缝和接头处又易漏浆,造成以后穿束和张拉的困难。铝合金波纹管横向刚度大,不易变形和漏浆,纵向也便于弯成各种线形,与梁体混凝土的黏结较好,故较适用。

抽拔式制孔器,在梁体混凝土浇筑前,安放在力筋的设计位置上,待混凝土初凝后、终凝前将其拔出,则梁体内即具有孔道。用这种方法制孔的最大优点,是制孔器能够周转使用,省料而经济,在过去应用较广,目前由于波纹管的普及,已较少采用。

橡胶抽拔管分夹布胶管和钢丝网胶管两种。通常选用具有 5～7 层夹布的高压输水(气)管制成,要求管壁牢固,耐磨性能好,能承受 5kN 以上的工作拉力,并且弹性恢复性能好,有良好的挠曲适应性。预应力混凝土 T 梁的预留孔道长度一般不大于 25m,而橡胶管的出厂长度却不到 25m,考虑到制孔器安装和抽拔的方便,故常采用专门的接头。接头要求牢固严密,防止浇筑混凝土时脱节或进浆堵塞。为增加胶管的刚度并保证控制位置的准确,需在橡胶管内放一圆钢筋(称芯棒),芯棒直径应较胶管内径小 8～10mm,长度较胶管长 1～2m,以便于先抽拔芯棒。对于曲线孔道,宜由两段胶管在跨中对接,对接接头处套一段长 0.3～0.5m 的铁皮管,抽拔胶管时从梁的两端进行,铁皮管则留在梁内。橡胶抽拔管接头如图 3-29 所示。

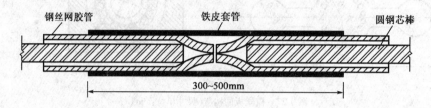

图 3-29 橡胶制孔器接头

胶管内利用充气或充水来增加刚度,管内压力不得低于 500kPa,充气(水)后胶管的外径应符合要求的孔道直径。

金属伸缩抽拔管是一种用金属丝编织成的可伸缩网管,具有压缩时直径增大而拉伸时直径减小的特性。为了防止漏浆和增强刚度,网套内可衬以普通橡胶衬管和插入圆钢或 $\phi 5mm$ 钢丝束芯棒。

钢管制孔器是用表面平整光滑的钢管焊接制成,焊接接头应磨平。钢管制孔器抽拔时不能弯曲,仅适用于短而直的孔道。在梁体混凝土浇筑完毕后要定时转动钢管以利抽拔。

无论采用何种制孔器,都应按设计规定或施工需要预留排气、排水和灌浆用的孔眼。

制孔器的抽拔可由人工逐根进行抽拔,也可用机械(电动卷扬机或手摇绞车)分批进行抽拔。抽拔制孔器的顺序宜先拔下层胶管,后拔上层胶管;先拔早浇筑的半根梁,后拔晚浇筑的半根梁;抽拔时先拔芯棒,后拔管。

梁体混凝土浇筑完成后,何时抽拔制孔器,是决定能否顺利抽拔和保证成孔质量的关键。如抽拔过早,则混凝土容易塌陷而堵塞孔道;如抽拔过迟,则可能拔断胶管。因此,制孔器的抽拔要在混凝土初凝之后与终凝之前,待混凝土抗压强度达到 0.4～0.8MPa 时方为合适。据经验,制孔器的抽拔时间可参考表 3-21 或按式(3-6)估计:

$$H = \frac{100}{T} \tag{3-6}$$

式中:H——混凝土浇筑完毕抽拔制孔器的时间(h);
T——预制梁所处的环境温度(℃)。

制孔器抽拔时间表　　表 3-21

环境温度(℃)	抽拔时间(h)	环境温度(℃)	抽拔时间(h)
30 以上	3	20～10	5～8
30～20	3～5	10 以下	8～12

由于确定可能抽拔时间的幅度较大,在施工中也可通过试验来掌握其规律。

5.3 穿束

当梁体混凝土强度达到设计强度的 80% 以上时,才可穿束张拉。穿束前,可用空压机吹风等方法清除孔道内的污物和积水,以确保孔道畅通。一般可采用人工直接穿束,也可借助一根 φ5 的长钢丝作为引线,用卷扬机牵引较长的束筋进行穿束工作。穿束时钢丝束从一端穿入预留孔道。钢丝束在孔道两端头伸出的长度应大致相等。目前,穿钢绞线束的新方法是用专门的穿束机,将钢绞线从盘架上拉出后从孔道的一端快速地(速度为 3~5m/s)推送入孔道,当戴有护头的束前端穿出孔道另一端时,用电动切线机按规定伸出长度予以截断,再将新的端头戴上护头穿第二束,直至穿到规定的束数。有时可在浇筑混凝土前预先埋束。

5.4 力筋的张拉

5.4.1 张拉前的准备工作

力筋张拉前必须对千斤顶和油压表进行校验,计算与张拉吨位相应的油压表读数和钢丝伸长量,确定张拉顺序和清孔、穿束等工作,并完成制锚工作。

5.4.2 张拉程序

后张法预制梁,当跨径或长度等于或大于 25m 时,宜用两端同时张拉的工艺,只有短构件可用单端张拉,非张拉端用锚具固定。

后张法梁的预应力筋张拉程序,依力筋种类与锚具类型不同而异,可参照下列规定进行。

(1)钢筋、钢筋束:0→初应力(10% σ_{con})→σ_{con}(持荷 5min)→0→σ_{con}(锚固)。

(2)钢丝或钢绞线束,有自锚性能的锚具时:

普通松弛力筋:0→初应力(10% σ_{con})→1.03σ_{con}(锚固);

低松弛力筋:0→初应力(10% σ_{con})→σ_{con}(持荷 5min 锚固)。

(3)钢绞线束采用其他锚具时:0→初应力(10% σ_{con})→1.05σ_{con}(持荷 5min)→σ_{con}(锚固)。

(4)钢丝束采用其他锚具时:0→初应力(10% σ_{con})→1.05σ_{con}(持荷 5min)→0→σ_{con}(锚固)。

各钢丝束的张拉顺序,应对称于构件截面的竖直轴线,同时考虑不使构件的上下缘混凝土应力超过容许值。

张拉时钢筋或钢丝的应力用油压表读数来控制,同时用伸长量作校核。根据应力与伸长量的比例关系,实测的伸长量与计算的伸长量相差不应大于 5%。

为使油压表读数正确反映千斤顶拉力,应规定千斤顶、油压表标定制度,例如千斤顶每月或张拉超过 100 次或多次出现断丝现象时要进行校验。换油压表后也要重新标定。

5.4.3 张拉要点

张拉时应尽量减小力筋与孔道摩擦,以免造成过大的应力损失或使构件出现裂缝、翘曲变形。力筋的张拉顺序应按设计规定进行。若无规定时,应综合以下两方面因素核算确定:其一,避免张拉时构件截面呈过大的偏心受力状态,应使已张拉的合力线处于受压区内,边缘不产生拉应力;其二,应计算分批张拉的预应力损失值,分别加到先张拉的力筋控制应力值 σ_{con}

内,但 σ_{con} 不能超过有关规定,否则应在全部张拉后进行第二次张拉,补足预应力损失。对于长度大于或等于 25m 的直线和曲线预应力筋应在两端张拉,若设备不足时可先张拉一端,后张拉另一端。长度小于 25m 但仍较长的直线预应力筋,也尽量采用两端张拉。张拉时,两端千斤顶升降速度应大致相等,测量伸长的原始空隙、伸长值、插垫等工作应在两端同时进行。千斤顶就位后,应先将主油缸少许充油,使之蹬紧,让预应力筋绷直,在预应力筋拉至规定的初应力时,应停车测原始空隙或画线作标记;为减少压缩应力损失,插垫应尽量增加厚度,并将插口对齐,实测 σ_{con} 值时的空隙量减去放松后的插垫厚度应不大于 1mm,插垫可在张拉应力大于 σ_{con} 时进行。两端同时张拉成束预应力筋时,为减小应力损失,应先压紧一端锚塞,并在另一端补足至 σ_{con} 值后,再压紧锚塞。

5.4.4 滑丝和断丝处理

在张拉过程中,由于各种原因会引起预应力筋断丝或滑丝,使预应力筋受力不均,甚至使构件不能建立足够的预应力。因此,需要限制预应力筋的断丝和滑丝数量,其控制数参见表 3-22 的规定。

后张法预应力筋的断丝、滑丝限制　　　　　　　　　表 3-22

项次	类别	检查项目	控制数
1	钢丝束、钢绞线束	每束钢丝断丝或滑丝	1 根
		每束钢绞线断丝或滑丝	1 丝
		每个断面断丝之和不超过该断面钢丝总数的比例	1%
2	螺纹钢筋	断筋或滑移	不允许

注:①钢绞线断丝是指钢绞线内钢丝的断丝。
②断丝包括滑丝失效的钢丝。
③滑移量是指张拉完毕锚固后,部分钢丝或钢绞线向孔道内滑移的长度。

为避免滑丝和断丝情况的出现,要做好如下工作:

1)加强对设备、锚具、预应力筋的检查

(1)千斤顶和油压表需按时进行校正,保持良好的工作状态,保证误差不超过规定;千斤顶的卡盘、楔块尺寸应正确,没有磨损沟槽和污物,以免影响楔紧和退楔。

(2)锚具尺寸应正确,保证加工精度。锚环、锚塞应逐个检查尺寸,有同符号误差的应配套使用。亦即锚环的大小两孔和锚塞的粗细两端,都只允许同时出现正误差或负误差,以保证精度正确。

(3)锚塞应保证规定的硬度值,当锚塞硬度不足或不均时,张拉后有可能产生内缩过大甚至滑丝。为防止锚塞端部损伤钢丝,锚塞头上的导角应做成圆弧。

(4)锚环不得有内部缺陷,应逐个进行电磁探伤。锚环太软或刚度不够均会引起锚塞内缩超量。

(5)预应力筋使用前应按规定检查:钢丝截面要圆,粗细、强度、硬度要均匀;钢丝编束时,认真梳理,避免交叉混乱;清除钢丝表面的油污锈蚀,使钢丝正常楔紧和正常张拉。

(6)锚具安装位置要准确:锚垫板承压面,锚环、对中套等的安装面必须与孔道中心线垂直;锚具中心线必须与孔道中心线重合。

2)严格执行张拉工艺,防止滑丝、断丝

(1)垫板承压面与孔道中线不垂直时,应当在锚圈下垫薄钢板调整垂直度。将锚圈孔对正垫板并点焊,防止张拉时移动。

(2)锚具在使用前须先清除杂物,刷去油污。

(3)楔紧钢束的楔块其打紧程度务求一致。

(4)千斤顶给油、回油工序一般均应缓慢平稳进行。特别是要避免大缸回油过猛,否则会产生较大的冲击振动,易发生滑丝。

(5)张拉操作要按规定进行,防止钢丝受力超限发生拉断事故。

(6)在冬季施工时,特别是在负温条件下钢丝性能发生了变化(钢丝伸长率减小,弹性模量提高,锚具变脆变硬等),故较易产生滑丝与断丝。建议预应力张拉工作应在正温条件下进行。

3)滑丝与断丝的处理

滑丝与断丝现象发生在顶锚以后,处理方法可采用如下方法:

(1)放松钢丝束。将千斤顶按张拉状态装好,并将钢丝在夹盘内楔紧。一端张拉,当钢丝受力伸长时,锚塞销被带出。这时立即用钢钎卡住锚塞螺纹(钢钎可用$\phi 5mm$、端部磨尖的钢丝制成,长$200 \sim 300mm$),然后主缸缓慢回油,钢丝内缩,锚塞因被卡住而不能与钢丝同时内缩。主缸再次进油,张拉钢丝,锚塞又被带出。再用钢钎卡住,并使主缸回油,如此反复进行至锚塞退出为止。然后拉出钢丝束更换新的钢丝束和锚具。

(2)单根滑丝单根补拉。将滑进的钢丝楔紧在卡盘上,张拉达到应力后顶压楔紧。

(3)人工滑丝放松钢丝束。安装好千斤顶并楔紧各根钢丝。在钢丝束的一端张拉到钢丝的控制应力仍拉不出锚塞时,可打掉一个千斤顶卡盘上钢丝的楔子,使$1 \sim 2$根钢丝产生抽丝。这时锚塞与锚圈的锚固力减小,再次拉锚塞较易拉出。

5.4.5 安全操作注意事项

(1)张拉现场应有明显标志,与该工作无关的人员严禁入内。

(2)张拉或退楔时,千斤顶后面不得站人,以防预应力筋拉断或锚具、楔块弹出伤人。

(3)油泵运转有不正常情况时,应立即停车检查。在有压情况下,不得随意拧动油泵或千斤顶各部位的螺钉。

(4)作业应由专人负责指挥,操作时严禁摸踩及碰撞力筋,在测量伸长及拧螺母时,应停止开动千斤顶或卷扬机。

(5)冷拉或张拉时,螺钉端杆、套筒螺钉及螺母必须有足够长度,夹具应有足够的夹紧能力,以防锚具夹具不牢而滑出。

(6)千斤顶支架必须与梁端垫板接触良好,位置正直对称,严禁多加垫块,以防支架不稳或受力不均而倾倒伤人。

(7)在高压油管的接头处应加防护套,以防喷油伤人。

(8)已张拉完而尚未压浆的梁,严禁剧烈振动,以防预应力筋裂断而酿成重大事故。

5.5 孔道压浆和封锚

后张法预应力梁力筋(束)张拉之后,需要进行孔道压浆和封锚,才算完成了梁的预制工作。

5.5.1 孔道压浆

1)压浆目的

压浆的目的是使梁内预应力筋(束)免于锈蚀,并使力筋(束)与混凝土梁体相黏结而形成整体。因此,水泥浆不能含有腐蚀性混合体,并应在施加预应力后,尽可能早地进行灌浆作业。水泥浆应具有以下特性:

图3-30 孔道压浆

(1)为使灌浆作业容易进行,灰浆应具有适当的稠度。
(2)没有收缩,而应具有适当的膨胀性。
(3)应具有规定的抗压强度和黏着强度。

2)压浆工艺

压浆是用压浆机(拌和机加水泥泵)将水泥浆压入孔道(图3-30),并使孔道从一端到另一端充满水泥浆,且不使水泥浆在凝结前漏掉。为此需在两端锚具上或锚具附近的预制梁上设置连接带阀压浆嘴的接口和排气孔。

一般在水泥浆中掺加塑化剂(或掺铝粉),以增加水泥浆的流动性。使用铝粉能使水泥浆凝固时的膨胀稍大于体积收缩,因而使孔道能充分填满。

压浆前应将孔道冲洗洁净、湿润,并用吹风机排除积水,然后从压浆嘴慢慢地、均匀地压入水泥浆,这时另一端的排气孔有空气排出,直至有水泥浆流出为止,再关闭压浆和出浆口的阀。压浆时,对曲线孔道和竖向孔道应由最低点的压浆孔压入,由最高点的排气孔排气和泌水。比较集中和附近的孔道,宜尽量连续压浆完成,以免窜到邻孔的水泥浆凝固堵塞孔道;不能连续压浆时,后压浆的孔道应在压浆前用压力水冲洗畅通。

压浆后应从检查孔抽查压浆的密实情况,如有不实,应及时处理和纠正。压浆过程中及压浆后48h内,结构混凝土温度不得低于+5℃,否则应采取保温措施。当气温高于35℃时,压浆宜在夜间进行。

施锚后压浆前须将预应力筋(束)露于锚头外的部分(张拉时的工作长度)截除。当采用分阶段张拉力筋时,应在各阶段分别制取试件,并用标准养护方法及与梁体同条件养护两种方法鉴定其强度。

3)压浆注意事项

(1)水泥浆应在管道内畅通无阻,因此,浇筑之前管道应畅通,不塌陷、不堵塞。
(2)搅拌水泥浆应注意检查配合比、计量的准确性、材料往搅拌机掺放的顺序、搅拌时间、水泥浆的流动性。
(3)水泥浆进入压浆泵之前,应通过筛子,压浆时压浆泵应缓慢进行,检查排气孔的水泥浆浓度,尤其在排气孔关闭之后,泵的压力应达到0.5MPa以上,并要保持一定时间。
(4)压浆作业不能中断,应连续地进行。应检查有没有忘记应灌注的管道。
(5)寒冷季节压浆时,做到压浆前管道周围的温度在5℃以上,水泥浆的温度为10~20℃,尽量减小水灰比。
(6)为了避免高温引起水泥浆的温度上升和水泥浆的硬化,一般夏季中午不得进行压浆施工。在夏季压浆前,应先将管道用水湿润,应尽量避免使用早强硅酸盐水泥,外加材料最好具有缓凝性,水泥浆一经搅拌,就应尽早在短时间内结束作业,防止铝粉过早膨胀。

5.5.2 封锚

压浆后将锚具周围冲洗干净并凿毛,设置钢筋网并浇筑封锚混凝土。封锚混凝土的强度等级应符合设计要求,一般不宜低于梁体混凝土强度等级的80%,不宜低于C30。封端混凝土必须严格控制梁体长度,长期外露的金属锚具,应采取防锈措施。

5.6 预应力筋的加工和张拉质量检验评定

5.6.1 基本要求

(1)预应力筋的各项技术性能必须符合国家现行标准规定和设计要求。

(2)预应力束中的钢丝、钢绞线应梳理顺直,不得有缠绞、扭麻花现象,表面不应有损伤。

(3)单根钢绞线不允许断丝,单根钢筋不允许断筋或滑移。

(4)同一截面预应力筋接头面积不超过预应力筋总面积的25%,接头质量应满足施工技术规范的要求。

(5)预应力筋张拉或放张时,混凝土强度和龄期必须符合设计要求,应严格按照设计规定的张拉顺序进行操作。

(6)预应力钢丝采用镦头锚固时,镦头应头形圆整,不得有斜歪或破裂现象。

(7)制孔管道应安装牢固,接头密合,弯曲圆顺。锚垫板平面应与孔道轴线垂直。

(8)千斤顶、油表、钢尺等器具应经检验校正。

(9)锚具、夹具和连接器应符合设计要求,按施工技术规范的要求经检验合格后方可使用。

(10)压浆工作在5℃以下进行时,应采取防冻或保温措施。

(11)孔道压浆的水泥浆性能和强度应符合施工技术规范要求,压浆时排气、排水孔应有水泥原浆溢出后方可封闭。

(12)应按设计要求浇筑封锚混凝土。

5.6.2 实测项目(表 3-23 和表 3-24)

钢丝、钢绞线检查先张法实测项目 表 3-23

项次	检查项目		规定值或允许偏差	检查方法和频率	权值
1	镦头钢丝同束长度相对差(mm)	$L>20m$	$L/5\ 000$ 及 5	尺量:每批抽查 2 束	2
		$20m \leqslant L \leqslant 6m$	$L/3\ 000$		
		$L<6m$	2		
2△	张拉应力值		符合设计要求	查油压表读数,每束	3
3△	张拉伸长率		符合设计规定,设计未规定时不超过±6%	尺量:每束	3
4	同一构件内断丝根数不超过钢丝总数的百分数		1%	目测:每根(束)检查	3

注:在文中以"△"标识为关键项目(涉及结构安全和使用功能的重要实测项目);L——束长。

后张法实测项目 表 3-24

项次	检查项目		规定值或允许偏差	检查方法和频率	权值
1	管道坐标(mm)	梁长方向	±30	尺量:抽查30%,每根查10个点	1
		梁高方向	±10		
2△	管道间距(mm)	同排	10	尺量:抽查30%,每根查5个点	1
		上下层	10		

续上表

项次	检查项目		规定值或允许偏差	检查方法和频率	权值
3Δ	张拉应力值		符合设计要求	查油压表读数：全部	4
4	张拉伸长率		符合设计规定，无设计规定时不超过±6%	尺量：全部	3
5	断丝滑丝数	钢丝束	每束1根，每断面不超过钢丝总数的1%	目测：每根(束)	3
		钢筋	不允许		

注：在文中以"Δ"标识为关键项目(涉及结构安全和使用功能的重要实测项目)。

5.6.3 外观鉴定

预应力筋表面应保持清洁，不应有明显的锈迹。不符合要求时，减1~3分。

任务6 装配式桥梁的安装

6.1 预制梁的出坑

预制构件从预制场的底座上移出来，称为"出坑"(图3-31)。钢筋混凝土构件的混凝土强度应不低于设计要求，设计无规定时，应达到设计强度的80%以上。对已压浆的预应力混凝土构件，其孔道水泥浆的强度一般不低于设计要求，设计无规定时，应不低于30MPa。构件的吊环应顺直，如吊绳与起吊构件的交角小于60°，应设置吊架或扁担，尽可能使吊环垂直受力。吊移板式构件时，注意不得将上下面吊反，以免构件折断。吊绳与构件棱角接触处，须用橡胶、麻袋或木块隔开，以防止构件棱角损伤，并减少吊绳的磨损。

图3-31 预制梁出坑

6.1.1 吊点位置的选择

钢筋混凝土构件制作时，一般都在设计图样上规定好吊点位置，预埋吊环或预留吊孔。当设计无规定时，应根据构件配筋情况、外形特征等慎重确定。

1) 细长构件

细长构件(如钢筋混凝土方桩等)中的钢筋，一般对称放于四周，应根据起吊时正、负弯矩相等，构件所受弯矩最小的原则，来确定吊点位置。根据细长构件长度的不同，一般有下列三种情况：

(1) 细长构件长在16m以下时，可用单点吊，见图3-32b)。

(2) 细长构件长在11~25m时，可用双点吊，见图3-32a)。

(3) 细长构件长在25m以上时，一般用四点吊，见图3-32c)。

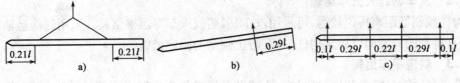

图 3-32 细长构件的吊点
a) 双点吊；b) 单点吊；c) 四点吊

2) 一般构件

一般构件如钢筋混凝土简支梁、板等,多采用两点吊。但因钢筋配置上边缘较少,下边缘密集,为减少起吊时构件吊点处的负弯矩,所以吊点位置一般均在距支点不远处。

3) 厚大构件

厚大构件由于平面尺寸较大,为增大吊运过程中的稳定性,防止翻身,常采用四点吊,吊点设于对角线交点处,如图 3-33 所示。

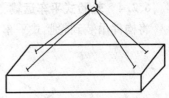

图 3-33 厚大构件的吊点

6.1.2 起吊卸落方法

构件起吊卸落可以用龙门式起重机(又称龙门架)(图3-31)、汽车式起重机、履带式起重机、浮式起重机(俗称"浮吊")、千斤顶、卷扬机、链滑车(又称手拉葫芦或神仙葫芦)、扒杆吊装设备、缆索吊装设备等进行起吊和卸落。用各种吊装设备在每次组装后,初次使用时,应先进行试吊。试吊时,将构件吊离支承面约 20～30mm 后暂停,对各主要受力部位的作用情况作详细检查,确认受力良好,方可撤除支垫继续起吊。起吊时,必须支撑稳妥后,才可卸除吊钩。

6.2 构件的运输

构件运输时,一般都要求其放置符合受力方向,并在构件的两侧有防止其倾倒的固定措施,使构件有足够的稳定性。可采用特制的固定架或斜撑和木楔加以临时固定,防止构件发生倾倒、滑动或跳动造成构件的损坏,图 3-34 所示为 T 梁在汽车上的稳定措施。

6.2.1 龙门式起重机运输法

龙门式起重机的运动方向有三个,即其起重行车上下升降、起重行车横向移动和龙门式起重机在专用的轨道上纵向运动。用龙门式起重机的起重行车可以把构件从底座上吊起、横移,在专用的轨道上纵向行进运输,卸落构件,见图3-35。

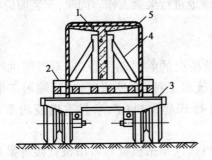

图 3-34 T 形梁在汽车上的稳定措施
1-T 形梁；2-支点木垛；3-汽车；4-木架；5-捆绑绳索

图 3-35 龙门式起重机运输法

6.2.2 汽车、驳船、火车运输

若构件预制场距离桥位较远,可采用汽车、驳船或火车等运输工具。采用这些运输工具运输时,应有特制的固定架以稳定构件,并有防止倾倒的固定措施。

6.2.3 轨道平车运输

轨道平车运输分纵移和横移两种。轨道平车运输是先设置纵向移动轨道,把构件吊装在轨道平车上,用卷扬机等牵引,运往桥位。轨道平车设转盘装置,以便装上构件后能在曲线轨道上运行,同时装设制动设备,以便在运行过程中发生情况时制动。图 3-36 所示为轨道平车纵移运输构件示意图。

轨道平车横移是先设置横向移动轨道,将构件放置于轨道平车之上进行横移。

6.2.4 轮胎式平车运输

将构件吊装到轮胎式平车上,运往桥位,如图 3-37 所示。

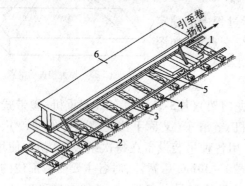

图 3-36 轨道平车纵移运输构件示意图
1-平车;2-边梁临时斜撑;3-钢轨;4-枕木;5-钢丝绳;6-T 形梁

图 3-37 轮胎式平车运输法

6.3 预制梁的安装

预制梁(板)的安装是混凝土梁桥施工中的关键工序,应结合施工现场条件、工程规模、桥梁跨径、工期条件、架设安装的机械设备等具体情况,以安全可靠、经济简单和加快施工速度等为原则,合理选择架梁方法。

应注意预制梁(板)的安装既是高空作业,又需要复杂的机械设备,施工中必须确保施工人员的安全,杜绝工程事故。因此,无论采用何种施工方法,施工前均应详细、具体地研究安装方案,对承力部分的设备和杆件机械进行受力分析和计算,采取周密的安全措施,严格执行操作规程,加强施工管理和安全教育,确保安全、迅速地进行架梁工作。同时,安装前应将支座安装就位。常用的梁板安装方法主要有以下几种。

6.3.1 自行式起重机架梁

由于自行式起重机本身有动力,不需要架设桥梁的临时动力设备,不需要进行任何架设设备的准备工作及其他方法架梁时所具备的技术工种,架设速度快,可缩短工期,因此,陆地桥梁、城市高架桥预制梁的安装常采用自行式起重机(汽车起重机或履带起重机)安装。

一般先将梁运到桥位处,采用一台或两台自行式汽车吊机或履带吊机直接将梁片吊起就位,履带吊机的最大起吊能力达 3MN。当预制梁质量不大,而起重机又有相当的起重能力,河床坚实无水或少水,允许起重机行驶和停搁时,可用一台起重机或两台(抬吊)起重机直接在

桥下进行吊装（图3-38）；如果桥下是河道或桥墩较高，当跨径不大，梁体重量较轻且起重机起重能力足够大时，起重机可搁放在桥台后路基上架设安装，或搁放在先已安装好的一孔桥面上架设安装次一孔的梁，利用起重机的伸臂边架梁、边前进（图3-39）。但应注意，对于已经架好了的桥孔主梁，当横向尚未连成整体时，必须核算主梁是否具有承受起重机、被吊构件、机具以及施工人员重量的能力。

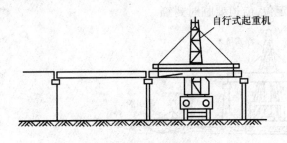

图3-38 自行式起重机桥下架梁

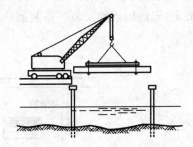

图3-39 自行式起重机桥上架梁

吊机和绞车配合架梁，见图3-40。预制梁一端用拖履、滚筒支垫，另一端用吊机吊起。前方用绞车或绞磨牵引预制梁前进。梁前进时，吊机起重臂随之转动。梁前端就位后，吊机行驶到后端，提起梁后端取出拖履滚筒，再将梁放下就位。

6.3.2 用跨墩龙门吊机安装

跨墩龙门吊机安装适用于岸上和浅水滩以及不通航浅水区域安装预制梁。

两台跨墩龙门吊机分别设于待安装孔的前、后墩位置，见图3-41。

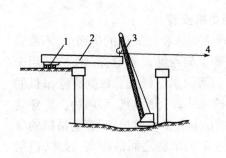

图3-40 吊机和绞车配合架梁
1-托履滚筒；2-预制梁；3-吊机起重臂；4-绞车或绞盘

图3-41 跨墩龙门吊机架梁

预制梁由平车顺桥向运至安装孔的一侧，移动跨墩龙门吊机上的吊梁平车，对准梁的吊点放下吊架，将梁吊起。

当梁底超过桥墩顶面后，停止提升，用卷扬机牵引吊梁平车慢慢横移，使梁对准桥墩上的支座，然后落梁就位。接着准备架设下一根梁。

在水深不超过5m、水流平缓、不通航的中小河流上的小桥孔，也可采用跨墩龙门吊机架梁。这时必须在水上桥墩的两侧架设龙门吊机轨道便桥，便桥基础可用木桩或钢筋混凝土桩。

在水浅流缓而无冲刷的河上，也可用木笼或草袋筑岛来做便桥的基础。便桥的梁可用贝雷组拼。

6.3.3 浮式起重机架梁

浮式起重机安装预制梁,施工速度快,高空作业少,吊装能力强,是大跨多河道桥梁有效的施工方法。但要求河流有适当的水深,以不导致搁浅为准。

架设时,浮式起重机船在通航河道上的桥孔下面架桥,装有成批预制构件的装梁船则停靠在浮式起重机船的一旁,随时供浮式起重机船起吊架设,如图3-42所示。浮式起重机船宜逆流而上,先远后近地安装。吊装前应先下锚定位,航道要临时封锁。

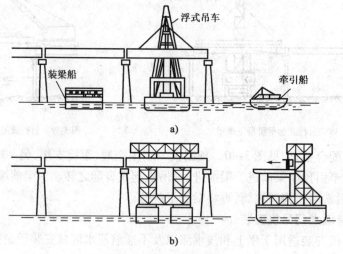

图3-42 浮式起重机架梁
a) 可回转伸臂式;b) 拼装固定式

6.3.4 用穿巷吊机安装

图3-43 穿巷吊机

穿巷吊机可支承在桥墩和已架设的桥面上,不需要在岸滩或水中另搭脚手架与铺设轨道,因此,它适用于在水深流急的大河上架设水上桥孔。根据穿巷吊机的导梁主桁架间净距的大小,可分为宽、窄两种。宽穿巷吊机可以进行边梁的吊起并横移就位;窄穿巷吊机的导梁主桁净距小于两边T梁梁肋之间的距离,因此,边梁应先用放在墩顶托板上,然后再横移就位。

穿巷吊机如图3-43所示,宽穿巷吊机可以进行梁体的垂直提升、顺桥向移动、横桥向移动和吊机纵向移动四种作业。吊机构造虽然较复杂,但工效却较高,且横移就位也较安全。

宽穿巷式架桥机架梁步骤(图3-44)如下:

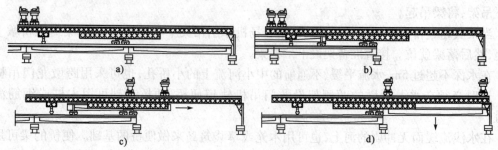

图3-44 宽穿巷吊机架梁步骤

(1)一孔架完后,前后横梁移至尾部做平衡重;
(2)架桥机前移一孔,前支腿支撑在墩顶上;
(3)前横梁吊起 T 形梁,继续前移;
(4)后横梁吊起 T 形梁前移,对准梁位,固定前后横梁,再用吊梁小车横移梁就位。

6.3.5 用架桥机安装

1)双导梁穿行式架桥机架梁

双导梁支撑在桥墩和已架设的桥面上,不设桥下支架,不影响桥下通车通航,不受河水影响,施工安全、迅速、方便,但需要设备较多,较适合于在多孔简支梁和水深流急的河流上架梁。

架设时,先纵向移动预制梁,穿过导梁的平衡部分,使梁前端进入前行车的吊点下。用前行车上的链滑车,把梁前端吊起。由卷扬机牵引前行车前进,当梁的后端进入后行车的吊点下,再用后行车上的链滑车,把梁后端亦吊离滚移设备,继续牵引梁前进。梁前进到规定位置后,随即松开链滑车,把梁落在横向移梁设备上。将预制梁和导梁都横移到规定位置,然后落梁就位。预制梁的安装顺序是先安两边梁,再安中间各梁。全孔安装完毕、横向焊接联系后,将导梁推向前进,安装下一孔。图 3-45 所示是双导梁穿行式架梁机架梁施工图。

图 3-45 双导梁穿行式架梁

2)联合架桥机架梁

联合架桥机架设的特点与双导梁穿行式架设相同,用于孔数较多和较长的桥梁时才比较经济。

导梁就位后,先用托架(即蝴蝶架)将两个龙门式起重机移至待架桥孔两端的桥墩上。由平车轨道运预制梁至架梁孔位,再由龙门式起重机将它起吊、横移并落梁。可将被导梁临时占住位置的预制梁暂放在已架好的梁上,待用卷扬机将导梁移至下一桥孔后,再由龙门式起重机将暂放一侧的预制梁架设完毕。如此反复,直到将各孔主梁全部架好为止。图 3-46 所示是用联合架桥机架梁的示意图。

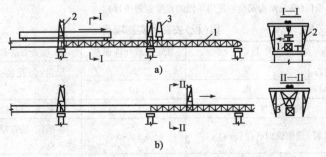

图 3-46 联合架桥机架梁示意图
1-钢导梁;2-门式吊车;3-托架(蝴蝶架)

6.3.6 预制安装梁(板)的质量检验评定

1)基本要求

(1)所用的水泥、砂、石、水、外加剂及混合材料的质量和规格必须符合有关规范的要求,按规定的配合比施工。

(2)梁(板)不得出现露筋和空洞现象。

(3)空心板采用胶囊施工时,应采取有效措施防止胶囊上浮。

(4)梁(板)在吊移出预制底座时,混凝土的强度不得低于设计所要求的吊装强度;梁(板)在安装时,支承结构(墩台、盖梁、垫石)的强度应符合设计要求。

(5)梁(板)安装前,墩、台支座垫板必须稳固。

(6)梁(板)就位后,梁两端支座应对位,梁(板)底与支座以及支座底面与垫石顶面必须密贴,否则应重新安装。

(7)两梁(板)之间接缝填充材料的规格和强度应符合设计要求。

2)实测项目(表3-25和表3-26)

梁(板)预制的实测项目 表3-25

项次	检查项目			规定值或允许偏差	检查方法和频率	权值
1Δ	混凝土强度(MPa)			在合格标准内	按本学习情境3.9节(混凝土部分)规定检查	3
2	梁(板)长度(mm)			+5,-10	尺量:每梁(板)	1
3	宽度(mm)	干接缝(梁翼缘、板)		±10	尺量:检查3处	1
		湿接缝(梁翼缘、板)		±20		
		箱梁	顶宽	±30		
			底宽	±20		
4Δ	高度(mm)	梁、板		±5	尺量:检查2个断面	1
		箱梁		+0,-5		
5Δ	断面尺寸(mm)	顶板厚		+5,-0	尺量:检查2个断面	2
		底板厚				
		腹板或梁肋厚				
6	平整度(mm)			5	2m直尺:每侧面每10m梁长测1处	1
7	横系梁及预埋件位置(mm)			5	尺量:每件	1
8	跨径(支座中心至支座中心)(mm)			±20	全站仪或经纬仪;钢尺检查	1
9	支座平面平整度(mm)			2	水准仪:每支座	2

注:"Δ"标识为关键项目(涉及结构安全和使用功能的重要实测项目)。

梁(板)安装的实测项目 表3-26

项次	检查项目		规定值或允许偏差	检查方法和频率	权值
1Δ	支座中心偏位(mm)	梁	5	尺量:每孔抽查4~6个支座	3
		板	10		
2	倾斜度(%)		1.2	吊垂线:每孔检查3片梁	2
3	梁(板)顶面纵向高程(mm)		+8,-5	水准仪:抽查每孔2片,每片3点	2
4	相邻梁(板)顶面高差(mm)		8	尺量:每相邻梁(板)	1

注:"Δ"标识为关键项目(涉及结构安全和使用功能的重要实测项目)。

3) 外观鉴定

(1) 混凝土表面平整,颜色一致,无明显施工接缝。不符合要求时,减 1~3 分。

(2) 混凝土表面不得出现蜂窝、麻面,如出现必须修整,并减 1~2 分。

(3) 混凝土表面出现非受力裂缝,减 1~3 分;裂缝宽度超过设计规定或设计未规定超过 0.15mm 时,必须处理。

(4) 封锚混凝土应密实、平整。不符合要求时,减 2~4 分。

(5) 梁、板的填缝应平整密实。不符合要求时,减 1~3 分。

(6) 梁体内不应遗留建筑垃圾、杂物、临时预埋件等。不符合要求时,减 1~2 分,并应清理干净。

6.4 悬臂拼装法

悬臂施工法也称为分段施工法。悬臂施工法是以桥墩为中心向两岸对称逐节悬臂接长的施工方法。其中悬臂拼装法是利用移动式悬拼吊机将预制梁段起吊至桥位,然后采用环氧树脂及钢丝束预施应力连接成整体。悬臂拼装施工包括块件的预制、运输、拼装及合龙。

6.4.1 块件预制

1) 预制方法

箱梁块件通常采用长线浇筑法或短线浇筑的立式预制方法,桁架梁段采用卧式预制方法。

(1) 长线预制

长线预制是在预制厂或施工现场按桥梁底缘曲线制作固定的底座,在底座上安装底模进行块件预制工作。形成梁底缘的底座有多种方法,它可以利用预制场的地形堆筑土胎,经加固夯实后铺砂石层并在其上面做混凝土底板,山区有石料的地区可用石砌圬工筑成所需的梁底缘的形状,见图 3-47。地质条件较差的预制场地,需采用打短桩基础,再搭设排架形成梁底曲线。

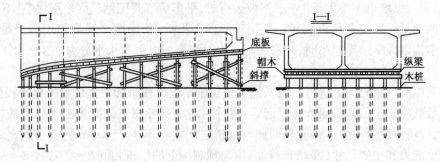

图 3-47 长线法预制箱梁块件台座

箱梁节段的预制在底板上进行。模板常采用钢模,每段一块,以便于装拆使用。为加快施工进度,保证节段之间密贴,常采用先浇筑奇数节段,然后利用奇数节段混凝土的端面弥合浇筑偶数节段。也可以采用分阶段的预制方法。当节段混凝土强度达到设计强度75%以上后,方可脱膜并拆除。

(2) 短线预制

短线预制箱梁块件的施工,是由可调整外部及内部模板的台车与端模架来完成,见图3-48。第一节段混凝

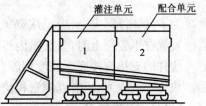

图 3-48 短线法预制箱梁块件台座

土浇筑完成后,在其相对位置上安装下一层模板,并利用第一节段的端面作为第二节段的端模完成混凝土的浇筑工作。

短线预制适合工厂节段预制,设备可周转使用,每条生产线平均五天可生产四块,但节段的尺寸和相对位置的调整要复杂一些。此法亦称活动底座法。

2)定位器和孔道形成器

设置定位器的目的是使预制梁块在拼装时能准确而迅速地安装就位。有的定位器不仅能起到固定位置的作用,而且能承受剪力。这种定位装置称抗剪楔或防滑楔。块件预制时,除注意预埋定位器装置外,尚需注意按正确位置预埋孔道形成器和吊点装置(吊环或竖向预应力粗钢筋)等。

6.4.2 块件运输

箱梁块件自预制底座上出坑后,一般先存放于存梁场,拼装时块件由存梁场至桥位处的运输方式,一般可分为场内运输、块件装船和浮运三个阶段。

1)场内运输

当存梁场或预制台座布置在岸边,又有大型悬臂浮吊时,可用浮吊直接从存梁场或预制台座将块件吊放到运梁驳船上浮运。

当预制底座垂直于河岸时,存梁场往往设于底座轴线的延长线上,此时,块件的出坑和运输一般由预制场上的龙门吊机担任,块件上船也可用预制场的龙门吊机。

预制底座平行于河岸时,场内运输应另备运梁平车进行。栈桥上也必须另设起重吊机,供吊运块件上船。

块件的运输,当预制场与栈桥距离较远时,应首先考虑采用平车运输。起运前要将块件安放平稳,底面坡度不同的块件要使用不同厚度的楔形木来调整。块件用带有花篮螺钉的缆索保险。

当采用无转向架的运梁平车时,运输轨道不能设平曲线,纵坡一般应为平坡。当地形条件受限制时,最大纵坡也不得大于1%。下坡运行时,平车后部要用钢丝绳牵引保险,不得溜放。

块件的起吊应该配有起重扁担。每块箱梁四个吊点,使用两个横扁担用两个吊钩起吊。如用一个主钩以人字千斤起吊时,还必须配一根纵向扁担以平衡水平分力。

2)块件装船

块件装船在专用码头上进行。码头的主要设施是施工栈桥和块件装船吊机。栈桥的长度应保证在最低施工水位时驳船能进港起运,栈桥的高度要考虑在最高施工水位时栈桥主梁不应被水淹,栈桥宽度要考虑运梁驳船两侧与栈桥之间需有不少于0.5m的安全距离。栈桥起重机的起重能力和主要尺寸(净高和跨度)应与预制场上的吊机相同。

3)浮运

浮运船只应根据块件重量和高度来选择,可采用铁驳船、坚固的木趸船、水泥驳船或用浮箱装配。

为了保证浮运安全,应设法降低浮运重心。开口舱面的船应尽量将块件置于船舱底板。必须置放在甲板面上时,要在舱内压重。

块件的支垫应按底面坡度用碎石子堆成,满铺支垫或加设三角形垫木,以保证块件安放平稳。块件一般较大,还需以缆索将块件系紧固定。

6.4.3 悬臂拼装

预制块件的悬臂拼装可根据现场布置和设备条件采用不同的方法来实现。当靠岸边的桥跨不高且可在陆地或便桥上施工时,可采用自行式吊车、门式吊车来拼装。对于河中桥孔,也可采用水上浮吊进行安装。如果桥墩很高,或水流湍急而不便在陆上、水上施工时,就可利用各种吊机进行高空悬拼施工。图 3-49 所示为悬臂吊机拼装法示意图,悬臂吊机由纵向主桁架、横向起重桁架、锚固装置、平衡重、起重系、行走系和工作吊篮等部分组成;图 3-50 所示为连续桁架(闸式吊机)拼装法示意图;图 3-51 所示为钢箱梁的拼装。

1)拼装程序及接缝处理

梁段拼装过程中的接缝有湿接缝、干接缝和胶接缝等几种。不同的施工阶段和不同的部位,将采用不同的接缝形式。

(1)一号块和调整块用湿接缝拼装。

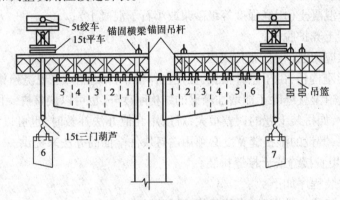

图 3-49 悬臂吊机拼装法示意图

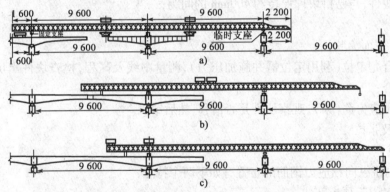

图 3-50 连续桁架拼装法示意图(尺寸单位:cm)
a)悬拼状态;b)支架移动状态;c)支架就位状态

图 3-51 钢箱梁的拼装

一号块件即墩柱两侧的第一块,一般与墩柱上的零号块以湿接缝相接。一号块是T形刚构两侧悬臂箱梁的基准块件。T构悬拼施工时,防止上翘和下挠的关键在于一号块定位准确,因此,必须采用各种定位方法确保一号块定位的精度。定位后的一号块可由吊机悬吊支承,也可用下面的临时托架支承。为便于进行接缝处管道接头操作、接头钢筋的焊接和混凝土振捣作业,湿接缝一般宽100~200mm。

一号块件拼装和湿接缝处理的程序如下:
①块件定位,测量中线及高程;
②接头钢筋焊接及安放制孔器(非暗管结构的箱梁,无此要求);
③安放湿接缝模板;
④浇筑湿接缝混凝土(用高强度等级砂浆或小石子混凝土);
⑤湿接缝混凝土养护脱模;
⑥穿一号块预应力筋(束),张拉锚固。

跨度大的T形刚构桥,由于悬臂很长,往往在伸臂中部设置一道现浇箱梁横隔板,同时设置一道湿接缝。这道湿接缝除了能增加箱梁的结构刚度外,也可以调整拼装位置。

在拼装过程中,如拼装上翘的误差很大,难以用其他办法补救时,也可以增设一道湿接缝来调整。但应注意,增设的湿接缝宽度必须用凿打块件端面的办法来提供。

(2)其他块件用胶接缝或干接缝拼装。
其他块件的拼装程序如下:
①利用悬拼吊机将块件提升,内移就位,进行试拼;
②移开块件,与已拼块件保持约400mm的间距;
③穿束;
④涂胶(双面涂胶);
⑤块件合龙定位(利用定位器并施加压力),测量中线及高程,检查块件出坑前所作跨缝弹线是否吻合;
⑥张拉预应力筋(束),观察块件是否滑移,然后锚固。

2)穿束及张拉
(1)穿束
T形刚构桥纵向预应力钢筋的布置有如下两个特点:
①较多集中于顶板部位;
②钢束布置对称于桥墩,因此,拼装每一对对称于桥墩块件用的预应力钢丝束,须按锚固这一对块件所需长度下料。

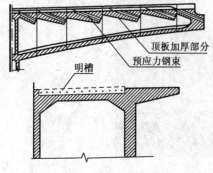

图3-52 明槽钢丝束布置

明槽钢丝束通常为等间距排列,锚固在顶板加厚的部分(这种板俗称"锯齿板")。加厚部分预制时留有管道(图3-52)。穿束时先将钢丝束在明槽内摆放平顺,然后再分别将钢丝束穿入两端管道之内。钢丝束在管道两头伸出长度要相等。

暗管穿束比明槽难度大。经验表明,60m以下的钢丝束穿束一般均可采用人工推送。较长钢丝束穿入端,可点焊成箭头状缠裹黑胶布。60m以上的长束穿束时可先从孔道中插入一根钢丝与钢丝束引丝连接,然后一端以卷扬机牵引,一端以人工送入。

(2)张拉

钢丝束张拉前首先要确定合理的张拉次序,以保证箱梁在张拉过程中每批张拉合力都接近于该断面钢丝束总拉力重心处。

钢丝束张拉次序的确定与箱梁横断面形式、同时工作的千斤顶数量、是否设置临时张拉系统等因素关系很大。在一般情况下,纵向预应力钢丝束的张拉次序按以下原则确定:

①对称于箱梁中轴线,钢束两端同时成对张拉;
②先张拉肋束,后张拉板束;
③肋束的张拉次序是先张拉边肋,后张拉中肋(若横断面为三根肋,仅有两对千斤顶时);
④同一肋上的钢丝束先张拉下边的,后张拉上边的;
⑤板束的次序是先张拉顶板中部的,后张拉边部的。

每一束的张拉程序参见后张法施工工艺。

6.4.4 安装误差的控制和纠正

在悬臂拼装阶段,影响挠度的因素主要是预应力、自重力和在接缝上引起的弹性和非弹性变形,还有块件拼装的几何尺寸误差。目前,有不少采用悬臂拼装施工的 T 构桥上挠值大大超过计算值。这种情况主要是由安装误差引起的。

影响安装误差的因素很多,最关键的是一号块件定位和胶接缝施工。一号块定位不准,则以后拼装的各个块件均将偏离预计的位置,其偏离值与该块件距梁根部的距离成正比。胶接缝施工时胶浆涂层太厚,接缝加压不均匀,势必也引起梁的意外上翘。为控制和纠正过大上翘,可采取如下措施:

(1)一号块定位时按计算的悬臂挠度及需设的预拱度确定正确的定位位置,并仔细准确地进行定位。

(2)其他块件胶接缝的涂层尽量减薄,并使在临时的均匀压力下固化。

(3)悬拼过程中发现实际悬拼挠度过大时,需认真分析原因,及时采取措施。可采取的措施按上翘程度不同大体上有如下几种:

①通过多次涂胶将胶接缝做成上厚下薄的胶接层,以调整上翘度;
②在接缝上缘的胶层内加垫钢板,增加接缝厚度;
③凿打端面,将块件端面凿去一层混凝土,凿去的厚度沿截面的上、下方向按需要变化,然后涂胶拼接;
④增加一个湿接缝,即改胶接缝(或干接缝)为湿接缝,将块件调整到要求的位置。

6.4.5 悬臂拼装施工法的质量检验评定

1)基本要求

(1)悬臂浇筑或合龙段浇筑所用的砂、石、水泥、水、外加剂及混合材料的质量和规格必须符合有关规范要求,按规定的配合比施工。

(2)悬拼块件前,必须对桥墩根部(0 号块件)的高程、桥轴线作详细复核,符合设计要求后,方可进行悬拼。

(3)节段施工必须对称进行,应对轴线和高程进行施工控制。

(4)在施工过程中,梁体不得出现宽度超过设计和规范规定的受力裂缝。一旦出现裂缝,必须查明原因,经过处理后方可继续施工。

(5)必须确保悬拼的接头质量,梁段间胶结材料的性能、质量必须符合设计要求,接缝应填充密实。

(6)悬臂合龙时,两侧梁体的高差应在设计允许范围内。

2)实测项目(表 3-27,其中 L 为跨径)

悬臂拼装梁实测项目　　　　　　　　　　　　　　　表 3-27

项 次	检 查 项 目	规定值或允许偏差		检查方法和频率	权 值
1Δ	合龙段混凝土强度(MPa)	在合格标准内		按本学习情境3.9节(混凝土部分)规定检查	3
2Δ	轴线偏位(mm)	$L \leqslant 100$m	10	全站仪或经纬仪:每个节段检查2处	2
		$L > 100$m	$L/10\,000$		
3	顶面高程(mm)	$L \leqslant 100$m	±20	水准仪:每个节段检查2处	2
		$L > 100$m	$±L/5\,000$		
		相邻节段高差	10	尺量:检查3~5处	
4	同跨对称点高差(mm)	$L \leqslant 100$m	20	水准仪:每跨检查5~7处	1
		$L > 100$m	$L/5\,000$		

注:"Δ"标识为关键项目(涉及结构安全和使用功能的重要实测项目);L为跨径。

3)外观鉴定

(1)线形平顺,梁顶面平整,各孔无明显折变。不符合要求时,减1~3分。

(2)相邻块件颜色一致,接缝平整密实,无明显错台。每孔出现2处及以上明显错台(≥3mm)时,减2分。

(3)混凝土不得出现蜂窝、麻面,如出现必须修整,并减1~3分。

(4)混凝土表面出现非受力裂缝,减1~3分;裂缝宽度超过设计规定或设计未规定,超过0.15mm时必须处理。

(5)梁体内外不应遗留建筑垃圾、杂物、临时预埋件等。不符合要求时,减1~2分,并应清理干净。

6.5 顶推施工法

预应力混凝土连续梁桥顶推法施工是沿桥纵轴方向,在桥台后设置预制场浇筑梁段,达到设计强度后,施加预应力,向前顶推,空出底座继续浇筑梁段,随后施加预应力与先一段梁联结,直至将整座桥梁梁段浇筑并顶推完毕,最后进行体系转换而形成连续梁桥。其工艺流程见图3-53。

预应力混凝土连续梁顶推法施工具有以下特点:梁段集中在桥台后机械化程度较高的小型预制场内制作,占用场地小,不受气候影响,施工质量易保证;用现浇法制作梁段时,非预应力钢筋连续通过接缝,结构整体性好;顶推设备简单,不需要大型起重机械就能无支架建造大跨径连续梁桥,桥越长经济效益越好;施工平稳、安全、无噪声,需用劳动力少,劳动强度小;施工周期性重复作业,操作技术易于熟练掌握,施工管理方便,工程进度易于控制。但不适应多跨变高梁,曲率变化的曲线桥和竖向曲率大的桥梁受顶推悬臂弯矩的限制,顶推跨径大于70~80m不经济,顶推过程中的反复应力,使梁高取值大,临时束多,张拉工序烦琐,随着桥长的增大,施工进度较慢。

顶推法施工的基本工序为:在桥台后面的引道上或在刚性好的临时支架上设置预制场(图3-54),集中制作(现浇或预制装配)一般为等高度的箱形梁段(约10~30m为一段),待完成 2~3 段后,在上、下翼板内施加能承受施工中变号内力的预应力,然后用水平千斤顶等顶推设备将支承在四氟塑料板与不锈钢板滑道上的箱梁向前推移,推出一段再接长一段,这样周期性地反复操作直至最终位置,进而调整预应力(通常是卸除支点区段底部和跨中区段顶部的部分预应力筋,并且增加和张拉一部分支点区段顶部和跨中区段底部的预应力筋),使满足后加恒载和可变作用的需要,最后,将滑道支承移置成永久支座,至此施工完毕。

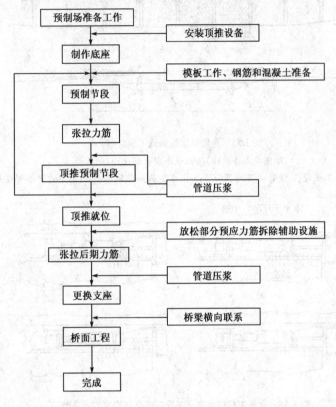

图 3-53 顶推法施工工艺流程

由于四氟板与不锈钢板间的摩擦系数约为 0.02~0.05,故对于梁重即使达 100 000kN,也只需 5 000kN 以下的力即可推出。

6.5.1 顶推施工方法

顶推法施工可分为单向顶推和双向顶推以及单点顶推和多点顶推等方法。

1)单点顶推

单点顶推又可分为单向单点顶推和双向单点顶推两种方式。只在一岸桥台处设置制作场地和顶推设备的为单向单点顶推,如图 3-55a)所示;为了加快施工进度,也可在河两岸的桥台处设置制

图 3-54 台后引道上设置的预制场

作场地和顶推设备,从两岸向河中顶推,这样的方法称为双向单点顶推,如图 3-55c)所示。

在顶推中为了减少悬臂梁的负弯矩,一般要在梁的前端安装长度约为顶推跨径 0.6~0.7 倍的钢导梁,导梁应自重轻且刚度大。顶推装置由水平千斤顶和竖直千斤顶组合而成,可以联

合作用,其工序为:顶升梁→向前推移→落下竖直千斤顶→收回水平千斤顶,如图 3-56 所示。

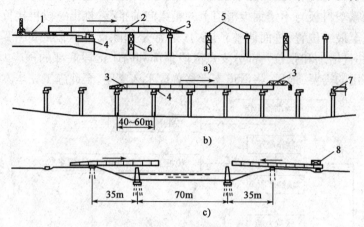

图 3-55 连续梁顶推法施工示意图
a)单向单点顶推;b)按每联多点顶推;c)双向顶推
1-预制场;2-梁段;3-导梁;4-千斤顶装置;5-滑道支承;6-临时墩;7-已架完的梁;8-平衡重

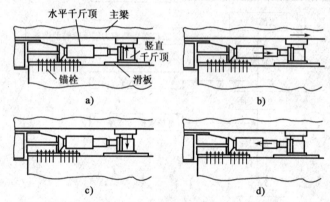

图 3-56 水平千斤顶与竖直千斤顶联合顶推过程示意图
a)顶升;b)滑行;c)落下;d)复原

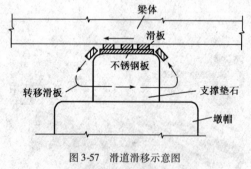

图 3-57 滑道滑移示意图

在顶推的过程中,各个桥墩墩顶均需布设由混凝土滑台、不锈钢板和滑板组成的滑道装置。其中滑板由上层氯丁橡胶板和下层聚四氟乙烯板镶制而成。橡胶板与梁体接触使摩擦力增大,而四氟板与不锈钢板接触使摩擦力减至最小,借此就可使梁前进。如图 3-57 所示是滑板从后一侧滑移到前一侧,落下后再转运到后侧供继续喂入的示意图。

每个节段的顶推周期约为 6~8d,全梁顶推完毕后,便可解除临时预应力筋,调整、张拉和锚固后期预应力筋,再进行灌浆、封端,并安装永久性支座,至此主体结构即告完成。

2)多点顶推

多点顶推是在每个墩台上设置一对小吨位的水平千斤顶,将集中的顶推力分散到各墩上,如图 3-55b)所示。采用多点顶推时,可利用水平千斤顶传给墩台的反力来平衡梁体滑移时在桥墩上产生的摩阻力,从而使桥墩在顶推过程中只承受较小的水平力,因此,这种顶推施工方法在柔性墩上较多采用。

多点顶推多采用拉杆式顶推方案,如图3-58a)所示。其顶推工艺为:水平千斤顶通过传力架固定在桥墩(台)靠近主梁的外侧,装配式的拉杆用连接器接长后与埋固在箱梁腹板上的锚固器相连接,驱动水平千斤顶后活塞杆拉动拉杆,使梁借助梁底滑板装置向前滑移。水平千斤顶走完一个行程后,就卸下一节拉杆,然后水平千斤顶回油使活塞杆退回,再连接拉杆进行下一顶推循环。国内多点顶推梁体施工一般采用图3-58b)所示的拉杆式顶推方案。该方案采用包括穿芯式水平千斤顶的顶推装置拉梁前进,拉杆的一端固定在梁的锚固器上,另一端穿过穿芯式水平千斤顶后用夹具锚固在活塞杆尾端,穿芯式水平千斤顶走完一个行程,松开夹具,活塞杆退回,然后重新用夹具锚固拉杆进行下一顶推循环。

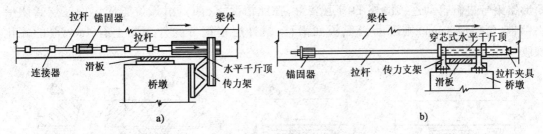

图3-58 拉杆式顶推装置

6.5.2 主要设备

顶推施工中采用的主要设备是千斤顶和滑道。

1)顶推装置

根据不同的传力方式,顶推工艺又有拉杆式或推头式两种。图3-58所示为拉杆式顶推装置,其顶推工艺如上所述。图3-59表示推头式顶推装置。图3-59a)是设置在桥台上进行顶推的布置形式,利用竖向千斤顶将梁顶起后,启动水平千斤顶推动竖顶(推头),由于推头与梁底间橡胶垫板(或粗齿垫板)的摩擦力显著大于推头与桥台间滑板的摩擦力,这样就能将梁向前移动。一个行程推完后,降下竖顶使梁落在支承垫板上,水平千斤顶退回,然后又重复以上循环将梁推进。图3-59b)为多点顶推时安装在桥墩上的顶推装置。顶推时梁体压紧在推头上,水平顶拉动推头使其沿钢板滑移,这样就将梁推动前进。水平顶走完一个行程后,用竖顶将梁顶起,水平顶活塞杆带动推头退回原处,再落梁并重复将梁推进。推头式顶推工艺的主要特点是,在顶推循环中必须有竖向千斤顶顶起和放落的工序。

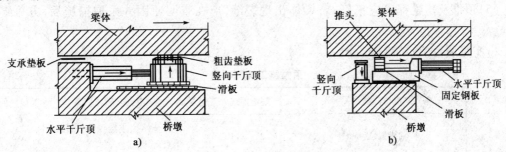

图3-59 推头式顶推装置

采用拉杆式顶推装置的主要优点是,在顶推过程中不需要用竖顶做反复顶梁和落梁的工序,简化了操作并加快了推进速度。

必须注意,在顶推过程中要严格控制梁体两侧千斤顶同步运行。为了防止梁体在平面内发生偏移(特别在单点顶推的场合),通常在墩顶及梁体旁边可设置横向导向装置。

2)滑道

图3-60a)、b)示出顶推法常用的滑道装置,它由设置在墩顶的混凝土滑台、铬钢板和滑板组成。滑板则由上层氯丁橡胶板和下层聚四氟乙烯板镶制而成,橡胶板与梁体接触使摩擦力增大,而四氟板与铬钢板接触使摩擦力减至最小,借此就可使梁体滑移前进。根据图3-60a)的构造,当滑板从铬钢板的一侧滑移到另一侧时,必须停止前进,而用竖顶将梁顶起,将滑板移至原来位置,然后再使竖顶回油将梁落在滑板上,再重复顶推过程。国内常用图3-60b)所示的利用接下和喂入滑板的方式使梁连续滑移,这样可节省竖顶的操作工序,加快顶进速度,但应注意滑板进出口处要做成顺畅的弧面,不然容易损坏昂贵的滑板。图3-60c)示出利用封闭形铬钢带进行自动连续滑移的滑道装置,在此情况下,四氟滑板位置固定而三层封闭形铬钢带(每层厚1mm)则不断沿氟板面滑移,最外层铬钢带的外表面上有4mm厚的硫化橡胶。

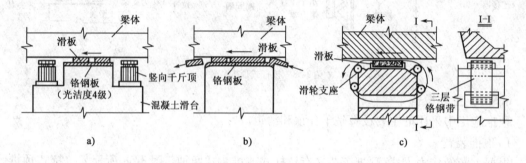

图3-60 滑道装置

6.5.3 顶推施工法的质量检验评定

1)基本要求

(1)台座和滑道组的中线必须在桥轴线或其延长线上。

(2)导梁应在地面试装后,再在台座上安装,导梁与梁身必须牢固连接。

(3)千斤顶及其他顶推设备在施工前应仔细检查校正,多点顶推必须确保同步。

(4)顶推过程中,要设专人观测墩台沉降、墩台位移、梁的偏位、导梁和梁挠度等,并提供观测数据。

(5)顶推及落梁程序应正确;若梁体出现裂缝,应在查明原因并采取措施后,方可继续顶推。

2)实测项目(表3-28)

顶推施工实测项目 表3-28

项 次	检查项目	规定值或允许偏差	检查方法和频率	权 值
1	轴线偏位(mm)	10	全站仪或经纬仪:每段检查2处	2
2△	落梁反力	符合设计规定;设计未规定时,不大于1.1倍的设计反力	用千斤顶油压计算;检查全部	3

续上表

项 次	检查项目	规定值或允许偏差	检查方法和频率	权 值
3Δ	支点高差(mm)	相邻纵向支点	符合设计规定;设计未规定时,不大于5	水准仪;检查全部	3
		同墩两侧支点	符合设计规定;设计未规定时,不大于2		

注:"Δ"标识为关键项目(涉及结构安全和使用功能的重要实测项目)。

3)外观鉴定

各梁段连接线形平顺,接缝平整、密实,颜色一致。不符合要求时,减1~3分。

6.6 装配式拱桥施工

预制安装法就是把混凝土主拱圈结构划分成若干节段,先放在现场的地面或场外工厂进行预制,然后运送到桥孔的下面,利用起吊设备提升就位,进行拼接,逐渐加长直至成拱。每拼完一个节段,必须借助辅助设备临时固定悬臂段。混凝土主拱圈预制安装常用缆索吊装和伸臂式起重机吊装两种施工方法。下面主要介绍缆索吊装施工。

采用缆索吊装进行装配式钢筋混凝土肋拱桥施工的工序为:在预制场预制拱肋(箱)和拱上结构;将预制拱肋和拱上结构通过平车等运输设备移运至缆索吊装位置;将分段预制的拱肋吊运至安装位置,利用扣索对分段拱肋进行临时固定;吊运合龙段拱肋,对各段拱肋进行轴线调整,主拱圈合龙;进行拱上建筑施工。图3-61为缆索吊装布置示意图,图3-62为缆索吊装拱肋施工照片。

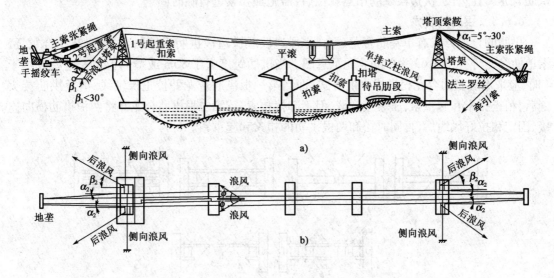

图3-61 缆索吊装布置示意图

6.6.1 拱肋的分段预制

拱肋的预制方法分立式预制和卧式预制两种。立式预制的特点是:起吊安全、方便;底模可采用土牛拱胎,节省木料;当采用密排浇筑时,占用场地较少。卧式预制的特点是:可节省木料;拱肋的形状及尺寸较易控制;浇筑混凝土时操作方便;但拱肋起吊时要经历由卧式转为立

式的阶段,容易损坏;卧式预制又可分为单片预制和多片叠制两种。

6.6.2 拱肋的安装

在合理安排拱肋的吊装顺序方面,需考虑按下列原则进行:

(1)单孔桥跨常由拱肋合龙的横向稳定方案决定吊装拱肋顺序。

(2)多孔桥跨,应尽可能在每孔内多合龙几片拱肋后再推进,一般不少于两片拱肋。但合龙的拱肋片数不能超过桥墩强度和稳定性所允许的单向推力。

图 3-62 缆索吊装拱肋施工照片

(3)对于高桥墩,还应以桥墩的墩顶位移值控制单向推力,位移值应小于 $\left(\frac{1}{600} \sim \frac{1}{400}\right)L$($L$ 为跨径)。

(4)在设有制动墩的桥跨,可以以制动墩为界分孔吊装,先合龙的拱肋可提前进行拱肋接头、横系梁等的安装工作。

(5)采用缆索吊装时,为便于拱肋的起吊,对拱肋起吊位置的桥孔,一般安排在最后吊装;必要时,该孔最后几根拱肋可在两肋之间用"穿孔"的方法起吊。用缆索吊装时,为减少主索的横向移动次数,可将每个主索位置下的拱肋全部吊装完毕后再移动主索。

(6)为减少扣索往返拖拉次数,可按吊装推进方向,顺序地进行吊装。

拱肋安装的一般顺序为:边段拱肋吊装及悬挂;次边段拱肋吊装及悬挂;中段拱肋吊装及拱肋合龙。在边段、次边段拱肋吊运就位后,需施加扣索进行临时固定。

6.6.3 拱肋的合龙

拱肋的合龙方式有单基肋合龙、悬挂多段边段或次边段拱肋后单肋合龙、双基肋合龙、留索单肋合龙等。图 3-63 为单肋合龙示意图。当拱肋跨度大于 80m 或横向稳定安全系数小于 4 时,应采用双基肋合龙松索成拱的方式,即当第一根拱肋合龙并校正拱轴线,楔紧拱肋接头缝后,稍松扣索和起重索,压紧接头缝,但不卸掉扣索,待第二根拱肋合龙并将两根拱肋横向连接、固定和拉好风缆后,再同时松卸两根拱肋的扣索和起重索。

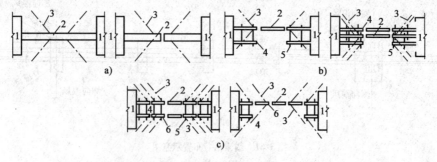

图 3-63 拱肋合龙示意图

1-墩台;2-基肋;3-风缆;4-拱脚段;5-横尖木;6-次拱脚段

拱肋合龙后的松索过程必须注意下列事项:

(1)松索前应校正拱轴线及各接头高程,使之符合要求。

(2)每次松索均应采用仪器观测,控制各接头高程,防止拱肋各接头高程发生非对称变形而导致拱肋失稳或开裂。

(3)松索应按照拱脚段扣索、次段扣索、起重索的先后顺序进行,并按比例定长、对称、均匀松卸。

(4)每次松索量宜小,各接头高程变化不宜超过10mm。松索至扣索和起重索基本不受力时,用钢板嵌塞接头缝隙,压紧接头缝,拧紧接头螺栓,同时,用风缆调整拱肋轴线。调整拱肋轴线时,除应观测各接头高程外,还应兼测拱顶及1/8跨点处的高程,使其在允许偏差之内。

(5)接头处部件电焊后,方可松索成拱。

6.6.4 拱肋稳定措施

在缆索吊装施工的过程中,为保证拱肋有足够的纵、横向稳定性,除要满足计算要求外,在构造、施工上都必须采取一些措施。

一般的横向稳定措施为设置风缆和在拱肋之间设置横向联系装置。

横向稳定风缆(图3-64),在边段拱肋就位时可用以调整和固定拱肋中线;在拱肋合龙时可用以约束接头的横向偏移;在拱肋成拱后相当于一个弹性支承,可减小拱肋自由长度,增大拱肋的横向稳定;当拱肋在外力作用下产生位移时,也可起到约束作用。

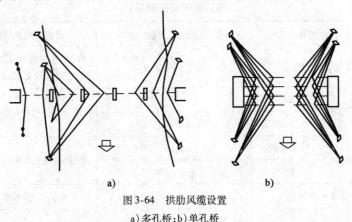

图3-64 拱肋风缆设置
a)多孔桥;b)单孔桥

当设计选择的拱肋宽度小于单肋合龙所需要的最小宽度时,为满足拱肋横向稳定的要求,可采用双基肋合龙或多肋合龙的形式。

对较大跨径的拱桥,宜采用双基肋或多基肋合龙,基肋与基肋之间必须紧随拱肋的拼装以及时联系(或临时连接)。拱肋横向联系方式通常有木夹板、木剪刀撑和钢筋拉杆等。

在拱轴系数过大、拱肋截面尺寸太小、刚度不足等个别情况下,有时需采用加强拱肋纵向稳定的施工措施。如当拱肋接头处可能发生上冒变形时,可在其下方设置下拉索以控制变形;当拱肋截面尺寸太小、刚度不足时,可在拱肋底弧等分点上用钢丝绳进行多点张拉。

6.6.5 拱桥预制安装法的质量检验评定

1)基本要求

(1)拱桥安装必须严格按设计规定的程序进行施工。

(2)拱段接头采用现浇混凝土时,必须确保其强度和质量,并在达到设计规定强度后,方可进行拱上建筑的施工。

(3)安装过程中,如杆件或节点出现开裂,应查明原因,采取措施后方可继续进行。

(4)合龙段两侧高差必须在设计规定的允许范围内。

2)实测项目(表 3-29 和表 3-30)

预制安装的主拱圈实测项目　　　　表 3-29

项次	检查项目		规定值或允许偏差(mm)	检查方法和频率	权值
1Δ	轴线偏位	L≤60m	10	经纬仪:检查 5 处	2
		L>60m	L/6 000,且不超过 40		
2Δ	拱圈高程	L≤60m	±20	水准仪:检查 5~7 点	3
		L>60m	±L/3 000,且不超过 50		
3Δ	两对称接头相对高差	L≤60m	20	水准仪:检查每段	2
		L>60m	±L/3 000,且不超过 40		
4	同跨各拱肋相对高差	L≤60m	20	水准仪:检查 5 处	1
		L>60m	±L/3 000,且不超过 30		
5	同跨各拱肋间距		±30	尺量:检查 5 处	1

注:"Δ"标识为关键项目(涉及结构安全和使用功能的重要实测项目);L 为跨径。

桁架拱安装实测项目　　　　表 3-30

项次	检查项目		规定值或允许偏差(mm)	检查方法和频率	权值
1Δ	节点混凝土强度		在合格标准内	按本学习情境 3.9 节(混凝土部分)规定检查	3
2Δ	轴线偏位	L≤60m	10	经纬仪:每跨检查 5 处	2
		L>60m	L/6 000		
3Δ	拱圈高程	L≤60m	±20	水准仪:每肋每跨检查 5 处	2
		L>60m	±L/3 000		
4	相邻拱片高差		20	水准仪:每跨检查 5 处	1
5Δ	对称点相对高差	L≤60m	20	水准仪:每跨检查 5 处	2
		L>60m	L/3 000		
6	拱片竖直度		1/300 高度,且≤20	吊垂线:每片检查 2 处	1

注:"Δ"标识为关键项目(涉及结构安全和使用功能的重要实测项目);L 为跨径。

3)外观鉴定

(1)接头处无因焊接或局部受力造成的混凝土开裂、缺损或露筋现象。不符合要求时,减 3~5 分,并进行修整。

(2)接头垫塞楔形钢板应均匀合理。不符合要求时,减 1~3 分。

(3)节点应平整,接头两侧的杆件应无错台。不符合要求时,减 1~3 分。

(4)上下弦杆线形顺畅,表面平整。不符合要求时,减 1~3 分。

6.7　拱桥转体施工法

桥梁转体施工是 20 世纪 40 年代以后发展起来的一种架桥工艺。它是在河流的两岸或适当的位置,利用地形或使用简便的支架先将半桥预制完成之后,以桥梁结构本身为转动体,用一些机具设备,分别将两个半桥转体到桥位轴线位置合龙成桥。

转体的方法可分成平面转体、竖向转体或平竖结合转体三种。平面转体又可分为有平衡重转体和无平衡重转体两种。

6.7.1 有平衡重的平面转体施工

有平衡重转体施工的特点是转体质量大。施工关键是转体,要把数百吨重的转动体系顺利、稳妥地转到设计位置,主要靠正确的转体设计、制作灵活可靠的转体装置、布设牵引驱动系统等几项措施来实现。

1)转动体系的构造

由图3-65可知,转动体系主要由底盘、上盘、背墙、桥体上部构造、拉杆(或拉索)组成。底盘和上盘都是桥台基础的一部分。底盘和上盘之间设有能使其互相间灵活转动的转体装置。背墙一般就是桥台的前墙,它不但是转动体系的平衡重,而且还是转体阶段桥体上部拉杆的锚碇反力墙。拉杆一般是拱桥(桁架拱、刚架拱)的上弦杆,或是临时设置的体外拉杆钢筋(或扣索钢丝绳)。

2)转体装置

常用转体装置有两种:第一种是以聚四氟乙烯滑板构成的环道平面承重转体;第二种是以球面转轴支承辅以滚轮的轴心承重转体。

(1)聚四氟乙烯滑板环道

聚四氟乙烯滑板环道是由设在底盘和上转盘间的轴心和环形滑道组成,具体构造如图3-65所示。其中,图3-65a)为环形滑道构造;图3-65b)为轴心构造,其间由扇形板连接。

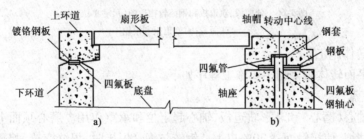

图3-65 聚四氟乙烯滑板环道构造

①环形滑道是一个以轴心为圆心,直径为7~8m的圆环形混凝土滑道,宽为0.5m,上、下滑道高度约为0.5m。下环道混凝土表面要求既平整又粗糙,以利铺放宽为80mm的环形四氟板。上环道底面嵌设宽为100mm的镀铬钢板。

上转盘用扇形预制板把轴帽和上环道连成一体,并浇上转盘混凝土形成。

②转盘轴心由混凝土轴座、钢轴心和轴帽等组成。轴座是一个直径为1.0m左右的C25钢筋混凝土矮墩,它不但对固定钢轴心起着定位作用,而且支承上转盘部分重量。合金钢轴心直径为0.1m,长为0.8m,下端0.6m固定在混凝土轴座内,上端露出0.2m车光镀铬,外套10mm厚的聚四氟乙烯管,然后,在轴座顶面铺四氟板,在四氟板上放置直径为0.5m的不锈钢板,再套上外钢套。钢套顶端封固,下缘与钢板焊牢,浇筑混凝土轴帽,凝固脱模后轴帽即可绕钢轴心旋转自如。

(2)球面铰

球面铰是一种以铰为轴心承重的转动装置。其特点是整个转动体系的重心必须落在轴心铰上,球面铰既起定位作用,又承受全部转体重力,钢滚轮只起稳定保险作用。

球面铰可以分为半球形钢筋混凝土铰、球缺形钢筋混凝土铰、球缺形钢铰。前两种由于直径较大,故能承受较大的转体重力。

各种球面铰和钢滚轮、轨道板的构造如图 3-66 所示。

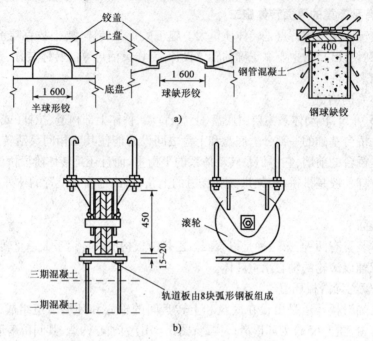

图 3-66 球面铰、轨道板和钢滚轮构造图(尺寸单位:mm)
a)球面铰;b)轨道板和滚轮

3)拱桥的转体施工

有平衡重平面转体拱桥的主要施工程序如下。

(1)制作底盘

底盘设有轴心(磨心)和环形轨道板,轴心起定位和承重作用。磨心顶面上的球缺形钢铰及上盖要加工精细,使接触面达 70% 以上。钢铰与钢管焊接时,焊缝交错间断并辅以降温,防止变形。轴心定位要反复核对,轨道板要求高差为 ±1mm。注意板底与混凝土接触应密实。

(2)制作上转盘

在轨道板上按设计位置放好承重滚轮,滚轮下面垫有 2~3mm 厚的小薄铁片,此铁片当上盘一旦转动后即可取出,这样便可在滚轮与轨道板间形成一个 2~3mm 的间隙。这个间隙是保证转动体系的重量压在磨心上而不压在滚轮上的一个重要措施。它还可用来判断滚轮与轨道板接触的松紧程度,以调整重心。

滚轮通过小木盒保护定位后,可用砂模或木模做底模,在滚轮支架顶板面涂以黄油,在钢球铰上涂以二硫化钼做润滑剂,盖好上铰盖并焊上锚筋,绑扎上盘钢筋,预留灌封上盘混凝土的孔洞,即可浇筑上盘混凝土。

(3)试转上转盘到预定轴线位置

布置牵引系统的锚碇及滑轮,试转上盘要求主牵引索基本在一个平面内。上转盘混凝土强度达到设计要求后,在上转盘前方或后方配临时平衡重,把上盘重心调到轴心处,最后牵引上转盘到预制拼装上部构造的轴线位置。试转一方面可以检查、试验整个转动牵引系统,另一方面也是正式开始上部结构施工前的一道工序。为了使牵引系统能够供正式转体时使用,布置转向轮时应使其连线通过轴心且与轴心距离相等,使正式转体时的牵引力也是一对平行力偶。

(4)浇筑背墙

上转盘试转到上部构造预制轴线位置后即可准备浇筑背墙,背墙往往是一个质量很大的实体,为了使新浇筑的背墙与原来的上转盘形成一个整体,必须有一个坚固的背墙模板支架。

为了保证墙上部截面的抗剪强度(主要指台帽处背墙的横截面),应尽量避免在此处留施工缝;如一定要留,也应使所留斜面往外倾斜。也可另用竖向预应力来确保该截面的抗剪要求。

(5)浇筑主拱圈上部结构

浇筑主拱圈上部结构可利用两岸地形作支架土模,也可采用扣件式钢管作为满堂支架,以节约木材。为防止混凝土收缩和支架不均匀沉降产生的裂缝,浇半跨主拱圈时应按规范留施工缝。主拱圈也可采用简易支架,用预制构件组装的方法形成。

(6)张拉脱架

当主拱圈混凝土达到设计强度后,即可进行安装拉杆钢筋、张拉脱架的工序。为了确定拉杆的安全可靠,要求每根拉杆钢筋都应进行超荷载10%的试拉。正式张拉前应先张拉背墙的竖向预应力筋,再张拉拉杆。在实际操作中,应反复张拉2~3次,使各根钢筋受力均匀。为了防止横向失稳,要求两台千斤顶的张拉合力应在拱桥轴线位置,不得有偏心。

通过张拉,要求把支承在支架、滚轮、支墩上的上部结构与上转盘、背墙全部连接成一个转动体系,最后脱离其支承,形成一个悬空的平衡体系支承在轴心铰上。这是检验转体阶段的设计和施工质量的重要工序。

当拱圈全部脱离支架悬空后,上转盘背墙下的支承钢木模也陆续松脱,根据模子与滚轮的松紧程度加片石调整重心,或以千斤顶辅助拆除全部支承模子,让转动体系悬空静置一天,观测各部变形有无异常,并检查牵引体系等,均确认无误后,即可开始转体。

(7)转体合龙

第一次试转时的牵引绳按相反的方向重新穿索、收紧,即可开始正式转体。为使其平稳转体,控制角速度为0.5(°)/min。当快合龙时,为防止转体超过轴线位置,采用简易的反向收紧绳索系统,用手拉葫芦拉紧后慢慢放松,并在滚轮前以微量松动木楔的方法徐徐就位。

轴线对中以后,接着进行拱顶高程调整,在上下转盘之间用千斤顶能很方便地实现拱顶升降,但应把前后方向的滚轮先拆除,并在上下转盘四周用混凝土预制块楔紧、楔稳,以保证轴线位置不再变化。拱顶最后的合龙高程应该考虑桥面荷载以及混凝土收缩、徐变等因素产生的挠度,留够预拱度。

轴线与高程调整符合要求后,即可先将拱顶钢筋以帮条焊接,以增加稳定性。

(8)封上下盘、封拱顶、松拉杆,实现体系转换

封盘混凝土的坍落度宜选用17~20cm,且各边应宽出20cm,要求灌注的混凝土应从四周溢流,上下盘间密实。封盘后接着浇筑桥台后座,当后座混凝土达到设计要求强度后即可选择夜间气温较低时浇封拱顶接头混凝土,待其达到设计要求后,拆除拉杆,实现桥梁体系的转化,完成主拱圈的施工。主拱圈完成后,即可进行常规的拱上建筑施工和桥面铺装。

6.7.2 无平衡重的转体施工

无平衡重转体施工是把有平衡重转体施工中的拱圈扣索拉力锚在两岸的岩体中,从而节省了庞大的平衡重。但由于锚碇的要求,此施工方法宜在山区地质条件好或跨越深谷急流处

建造大跨桥梁时选用。

1）构造

拱桥无平衡重转体施工具有锚固、转动、位控三大体系。转体构造布置如图3-67所示。

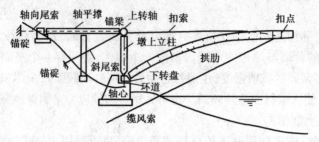

图3-67 无平衡重转体施工构造

(1) 锚固体系

锚固体系由锚碇、尾索、平撑、锚梁（或锚块）及立柱组成。锚碇设在引道或边坡岩石中，锚梁（或锚块）支承于立柱上，两个方向的平撑及尾索形成三角形稳定体，使锚块和上转轴为一确定的固定点。拱箱转至任意角度，由锚固体系平衡拱箱扣索力。

(2) 转动体系

转动体系由上转动构造、下转动构造、拱箱及扣索组成。上转动构造由埋入锚梁（或锚块）中的轴套、转轴和环套组成，索一端与环套连接，另一端与拱箱顶端连接，转轴在轴套与环套间均可转动，如图3-68a)所示。

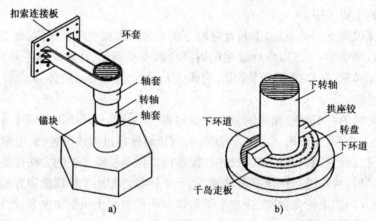

图3-68 转动体系构造
a) 上转轴构造；b) 下转轴构造

下转动构造由下转盘、下环道与下转轴组成。拱箱通过拱座铰支承在转盘上，马蹄形的转盘中部卡套在下转轴上，并支承在下环道上。转盘下安装了许多四氟小板块的千岛走板，转盘的走板可在下环道上沿下转轴作弧形滑动，转盘与转轴的接触面涂有四氟粉黄油，以使拱箱转动，如图3-68b)所示。

扣索常采用φ32mm精轧螺纹钢筋，扣索将拱箱顶部与上转轴连接，从而构成转动体系，在拱箱顶端张拉扣索，拱箱即可离架转动。

(3) 位控体系

位控体系由系在拱箱顶端扣点的缆风索与无级调速自控卷扬机、光电测角装置、控制台组成，用以控制在转动过程中转动体的转动速度和位置。

2)无平衡重转体施工

(1)转动体系施工

①设置下转轴、转盘及环道；

②设置拱座及预制拱箱(或拱肋),预制前需搭设必要的支架、模板；

③设置立柱；

④安装锚梁、上转轴、轴套、环套；

⑤安装扣索。

这一部分的施工主要保证转轴、转盘、轴套、环套的制作安装精度及环道水平高差的精度,并要做好安装完毕到转体前的防护工作。

(2)锚碇系统施工

①制作桥轴线上的开口地锚；

②设置斜向洞锚；

③安装轴向、斜向平撑；

④尾索张拉；

⑤扣索张拉。

其中,锚碇部分的施工应绝对可靠,以确保安全。尾索张拉在锚块端进行,扣索张拉在拱顶段拱箱内进行。张拉时,要按设计张拉力分级、对称、均衡地加力,要密切注意锚碇和拱箱的变形、位移和裂缝,发现异常现象应仔细分析研究,处理后再进行下一工序,直至拱箱张拉脱架。

(3)转体施工

正式转体前应再次对桥体各部分进行系统、全面的检查,检查合格后方可转体。拱箱的转体是靠上、下转轴事先预留偏心值形成的转动力矩来实现的,起动时放松外缆风索,转到距桥轴线约60°时开始收紧内缆风索,索力逐渐增大,但应控制在20kN以下,再转不动则应以千斤顶在桥台上顶推马蹄形下转盘。为了使缆风索受力角度合理,可设置两个转向滑轮。缆风索走速在启动和就位阶段时宜选用0.5~0.6m/min,一般行走时宜选用0.8~1.0m/min。

(4)合龙卸扣施工

转体就位时,拱顶合龙端的高差,通过张紧扣索提升拱顶、放松扣索降低拱顶来调整到设计位置。封拱宜选择低温时进行。先用八对钢楔楔紧拱顶,焊接主筋,预埋铁件,然后先封桥台拱座混凝土,再浇封拱顶接头混凝土。当混凝土达到85%的设计强度后,即可卸扣索,卸索应对称、分级均衡进行。

6.7.3 拱桥竖向转体施工

当桥位处无水或水很少时,可以将拱肋在桥位进行拼装成半跨,然后用扒杆起吊安装。当桥位处水较深时,可以在桥位附近拼装成半跨,浮运至桥轴线位置,再用扒杆起吊安装。以下简要介绍莲沱大桥竖向转体施工的方法。

莲沱大桥全长341.9m,桥面宽18.5m,主桥为跨径48.3m+114m+48.3m的三跨钢管混凝土系杆拱桥。中跨为中承式无铰拱,两边跨为上承式一端固定另一端铰支拱。拱肋断面为哑铃形,由直径为1.2m的上、下钢管和腹板构成,拱肋高为3m。两拱肋之间设有钢管混凝土横斜撑联系。半跨拱肋的拼装就在桥轴线位置立架安装。

1)钢管拱肋竖转扒杆吊装

钢管拱肋竖转扒杆吊装的工作内容为,将中拱分成两个半拱在地面胎架上焊接完成,经过对焊接质量、几何尺寸、拱轴线形等验收合格后,由竖在两个主墩顶部的两副扒杆分别将其拉起,在空中对接合龙,如图3-69所示。

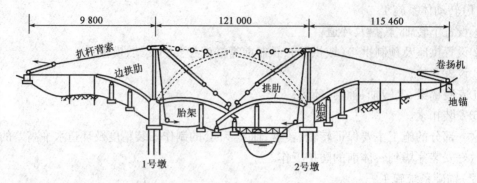

图3-69 扒杆吊装系统布置图(尺寸单位:mm)

由于两边拱处地形较高,故边拱拱肋直接由吊车在胎架上就位拼装。扒杆吊装系统设计的主要工作为:起吊及平衡系统的计算;扒杆的计算;扒杆背索及主地锚的计算;设置拱脚旋转装置等。

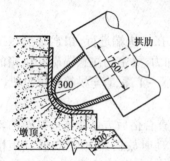

图3-70 拱脚转动装置(尺寸单位:mm)

拱肋在竖转吊装过程中,拱肋需绕拱脚旋转。旋转装置采用厚度为36mm的钢板在工厂进行配对冲压而成,这样使两个弧形钢板较密贴。在两弧形钢板之间涂上黄油,以减小摩擦力。拱脚转动装置如图3-70所示。

2) 钢管拱肋竖转吊装

(1) 竖转吊装的工作顺序

安装拱肋胎架,安装拱脚旋转装置,安装地锚,安装扒杆及背索,拼装钢管拱肋,安装起吊及平衡系统,起吊三斗坪侧半拱、起吊宜昌侧半拱,拱肋合龙,拱肋高程调整,焊接合龙接头,拆除扒杆,封固拱脚。

(2) 扒杆安装

为便于安装,扒杆分段接长,立柱钢管以9m左右为一节,两节之间用法兰连接。安装时先在地面将两根立柱拼装好,用吊车将其底部吊于墩顶扒杆底座上,并用临时轴销锁定,待另一端安装完扒杆顶部横梁后,由吊车抬起扒杆头至一定高度,再改用扒杆背索的卷扬机收紧钢丝绳将扒杆竖起。

(3) 拱肋吊装

起吊采用两台200kN同步慢速卷扬机,待拱肋脱离胎架10cm左右,停机检查各部运转是否正常,并根据对扒杆的受力与变形、钢丝绳的行走、卷扬机的电流变化等情况的观测结果,判断能否正常起吊。当一切正常时,即进行拱肋竖向转体吊装。拱肋吊装完成后,进行拱肋轴线调整和跨中拱肋接头的焊接,完成主拱肋吊装合龙。

6.7.4 转体施工法的质量检验评定

1) 基本要求

(1) 转动设施和锚固体系必须经过严格检查,安全可靠。

(2) 采用双侧对称同步转体施工时,必须设位控体系,严格控制两侧同步,使误差控制在设计允许的范围内。

(3) 上部构造在转体施工中若出现裂缝,应查明原因,采取措施后方可继续进行转体施工。

2)实测项目(表 3-31)

转体施工法的实测项目 表 3-31

项 次	检查项目	规定值或允许偏差	检查方法和频率	权 值
1Δ	封闭转盘和合龙段混凝土强度(MPa)	在合格标准内	按本学习情境 3.9 节(混凝土部分)规定检查	3
2Δ	轴线偏位(mm)	$L/6\,000$,且不超过 30	经纬仪:检查 5 处	2
3Δ	跨中拱顶面高程(mm)	±20	水准仪:检查拱顶 2~4 处	2
4	同一横截面两侧或相邻上部构件高差(mm)	10	水准仪:检查 5 处	2

注:"Δ"标识为关键项目(涉及结构安全和使用功能的重要实测项目);L 为跨径。

3)外观鉴定

合龙段混凝土平整密实,颜色一致,无蜂窝、麻面。不符合要求时,减 1~3 分。

学习情境小结

1. 桥梁常用的模板有:木模板、组合钢模板和覆面胶合板模板;支架按材料分常用的有:木支架、钢支架、钢木混合支架和钢管脚手架。支架按构造可分为支柱式、梁式和梁-柱式支架。掌握模板及支架制作和安装注意事项、模板拆除的要求。

2. 钢筋施工中要注意:钢筋的检验、保存、配料、除锈、调直、弯曲、切断、焊接和安装的施工方法及有关事项;钢筋制作与安装质量检查与质量标准,以及外观鉴定方法。

3. 混凝土施工包括制作前的准备工作、拌制、运输、浇筑、振捣和养护等施工过程。混凝土各施工过程中应注意施工方法和有关事项的要求。混凝土质量检查方法、混凝土的质量标准及达不到合格条件的处理方法。

4. 施加预应力的方法有先张法和后张法。先张法介绍了台座法预制、预应力筋的制备和预应力筋的张拉和放松。后张法介绍了高强钢丝束的制备、钢绞线的制备、孔道形成、穿束、预应力锚具、锚垫板、张拉设备、张拉工艺、孔道压浆和封锚。预应力筋的加工和张拉质量的检验评定。

5. 装配式桥梁的施工工序包括:构件预制、出坑、运输和安装。各施工工序的施工工艺及质量检验评定要求。

6. 悬臂拼装法是通过预制分段梁体,经运输、吊装最后拼装成整体的施工方法。预制块件间接缝的处理分湿接缝、干接缝和半干接缝几种形式。临时固结是采取措施使墩顶的零号块件与桥墩临时固结起来,目的是承受悬臂施工过程中可能出现的不平衡力矩。应掌握悬臂拼装法质量检验评定要求。

7. 顶推施工法是在桥台后设置预制场,制作箱梁后向前推移,推出一段再接长一段,直至最终位置,再调整预应力,之后滑道支承移置成永久支座。应掌握顶推施工法质量检验评定要求。

8. 装配式拱桥施工方法主要采用缆索吊装施工。施工过程主要分为拱肋预制、安装、合龙。应掌握拱肋安装和合龙过程中相关注意事项及采取的稳定措施。

复习思考题

1. 简述钢筋混凝土梁的施工工艺。
2. 简述先张法预应力混凝土梁的施工工艺。
3. 简述后张法预应力混凝土梁的施工工艺。
4. 简述预制构件的运输和安装方法。
5. 简述悬臂拼装法的适用条件和施工要点。
6. 简述悬臂梁临时固结的形式。
7. 简述顶推施工法的适用条件和施工要点。
8. 模板、支架制作和安装的注意事项有哪些?
9. 模板拆除有哪些要求?
10. 混凝土浇筑前应检查哪些原材料,有何要求?
11. 混凝土振捣的注意事项有哪些?施工缝如何处理?
12. 如何进行混凝土的质量检查?
13. 构件起吊卸落、运输和常用的梁板安装方法有哪些?
14. 预制和安装混凝土梁(板)的质量检验评定的基本要求和外观要求有哪些?实测项目有哪些?
15. 顶推施工法的质量检验评定的基本要求和外观要求有哪些?实测项目有哪些?
16. 预制安装拱圈的质量检验评定的基本要求和外观要求有哪些?实测项目有哪些?
17. 转体施工法的质量检验评定的基本要求和外观要求有哪些?实测项目有哪些?
18. 简述有平衡重平面转体拱桥的主要施工程序。
19. 简述顶推法施工的基本工序。
20. 简述装配式拱桥采用缆索吊装施工的主要工序及有关要求。

学习情境 4 现场浇筑施工

【知识目标】
叙述简支梁桥、悬臂体系和连续体系梁桥、拱桥现场浇筑的施工方法及工艺。

【能力目标】
通过本学习情境的学习,学生应掌握简支梁桥、悬臂体系和连续体系梁桥、拱桥现场浇筑的施工方法及工艺;熟悉相关的质量检验评定标准。

任务 1 混凝土简支梁桥施工

当桥墩及基础施工完毕后,为了使简支梁桥跨结构落在设计位置,通常采用两种主要的施工方法,即就地浇筑法和预制安装法。无论采用哪一种施工方法进行施工,对于混凝土简支梁本身来说,都必须经过图4-1所示的基本施工工艺流程才能成型。

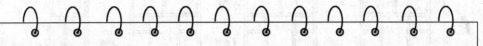

图4-1 混凝土简支梁基本施工工艺流程

1.1 就地浇筑法的主要优缺点

就地浇筑法,即直接以在桥跨下面搭设的支架作为工作平台,然后在其上面制造梁体结构。这种方法适用于两岸桥墩不太高的引桥和城市高架桥,或靠岸边水不太深且无通航要求的小跨径桥梁。其主要优缺点如下。

(1)优点:不需要大型的吊装设备和开辟专门的预制场地,梁体结构中主筋不用中断,故其结构的整体性能好。

(2)缺点:支架需要多次转移,使工期加长,如全桥多跨一次性架立支架,则投入的支架费用又将大大提高。

1.2 就地浇筑法的施工工艺

简支梁桥就地浇筑法的施工工艺就是把基本施工工艺流程搬到工程现场的桥孔处来完成,也就是说,在桥孔下面先搭设好支架,立模浇筑混凝土梁,当混凝土梁施工达到要求后,便可拆除或转移施工支架。模板和支架的类型如图4-2~图4-6所示;模板和支架的制作、安装及拆除的要求详见《公路桥涵施工技术规范》(JTG/T F50—2011),施工工序见图4-7。有关支架、模板、钢筋和混凝土的施工方法参见本书学习情境3。

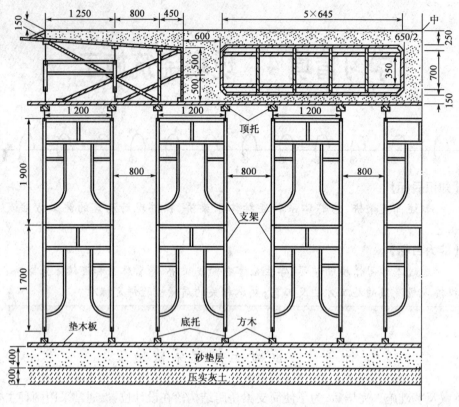

图4-2 箱梁门式支架横断面示意图(尺寸单位:cm)

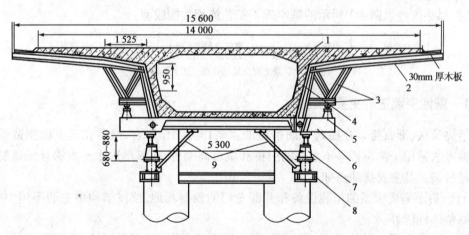

图4-3 箱梁底模、侧模构造图(尺寸单位:mm)

1-预应力混凝土箱梁;2-I12(工字钢);3-I20(工字钢);4-40厚木板与12厚覆面胶合板;5-螺旋千斤顶;6-2×15厚钢板;7-螺旋千斤顶;8-2×I32(工字钢);9-无缝钢管

1.3 就地浇筑梁(板)的质量检验评定

1.3.1 基本要求

(1)所用的水泥、砂、石、水、外加剂及混合材料的质量和规格必须符合有关规范要求,按规定的配合比施工。

（2）支架和模板的强度、刚度、稳定性应满足施工技术规范的要求。

（3）预计的支架变形及地基的下沉量应满足施工后梁体设计高程的要求，必要时应采取对支架预压的措施。

（4）梁（板）体不得出现露筋和空洞现象。

（5）预埋件的设置和固定应满足设计和施工技术规范的规定。

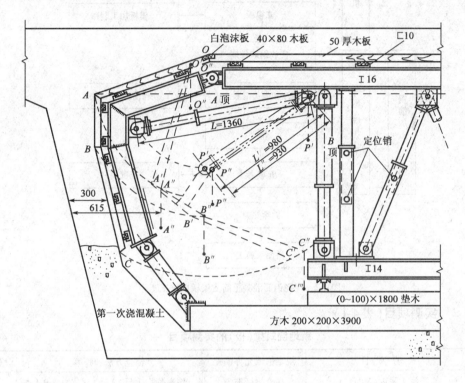

图 4-4　箱梁内模构造图（1/2）（尺寸单位：mm）

注：1. O、A、B、C 等各点为模板安装完成时的位置。

2. O'、A'、B'、C' 等各点为 A 顶收缩后各点的位置。

3. O''、A''、B''、C'' 等各点为 B 顶落下 300mm 后各点的位置，此时内模即可在箱梁内运出，进行下一次安装。

图 4-5　满堂支架现浇法

图 4-6　箱梁内模构造

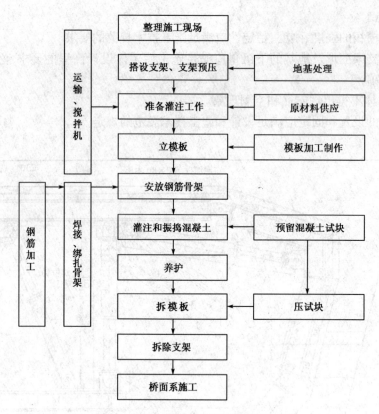

图4-7 现浇钢筋混凝土简支梁桥的施工工序

1.3.2 实测项目(表4-1)

就地浇筑梁(板)的实测项目　　　　　　　　　　　表4-1

项次	检查项目		规定值或允许偏差	检查方法和频率	权值
1△	混凝土强度(MPa)		在合格标准内	按本书学习情境3第3.9节的规定检查	3
2△	轴线偏位(mm)		10	全站仪或经纬仪:测量3处	2
3	梁(板)顶面高程(mm)		±10	水准仪:检查3~5处	1
4△	断面尺寸(mm)	高度	+5,-10	尺量:每跨检查1~3个断面	2
		顶宽	±30		
		箱梁底宽	±20		
		顶、底、腹板或梁肋厚	+10,-0		
5	长度(mm)		+5,-10	尺量:每梁(板)	1
6	横坡(%)		±0.15	水准仪:每跨检查1~3处	1
7	平整度(mm)		8	2m直尺:每侧面每10m梁长测1处	1

注:"△"标识为关键项目(涉及结构安全和使用功能的重要实测项目)。

1.3.3 外观鉴定

(1)混凝土表面平整,颜色一致,无明显施工接缝。不符合要求时,每处减1~3分。

(2)混凝土不得出现蜂窝、麻面,如出现,必须修整,并减1~2分。

(3)混凝土表面出现非受力裂缝,减1~3分;裂缝宽度超过设计规定或设计未规定,超过0.15mm时,必须处理。

(4)封锚混凝土应密实、平整。不符合要求时,减 2~4 分。

(5)梁体内的建筑垃圾、杂物、临时预埋件等应清理干净。不符合要求时,减 1~3 分。

任务 2　悬臂体系和连续体系梁桥施工

悬臂体系和连续体系梁桥的构件质量一般都比简支梁要大,其受力特点也与简支梁有所不同,故其施工方法与简支梁大不相同。目前常用的施工方法主要有下列三类:

(1)逐孔施工法。逐孔施工法又可分为落地支架施工(图 4-5)和移动模架施工(图 4-9)两种方法。

(2)节段施工法。节段施工法是将每一跨结构划分成若干个节段,采用悬臂浇筑或者悬臂拼装(预制节段,参见学习情境 3 的第 6.4 节)两种方法逐段地接长,然后进行体系转换。

(3)顶推施工法。顶推施工法是在桥的一岸或两岸开辟预制场地,分节段地预制梁身,纵向预应力筋将各节段连成整体,然后应用水平液压千斤顶施力,将梁段向对岸推进(参见学习情境 3 的第 6.5 节)。根据顶推施力的方法又可分为单点顶推和多点顶推两类。

2.1　逐孔施工法

2.1.1　落地支架施工

落地支架施工方法与本学习情境任务 1 中简支梁桥的就地浇筑法基本相同。不同之处是悬臂体系和连续体系梁桥在墩台处的截面是连续的,而且承担较大的负弯矩,需要混凝土截面连续通过。因此,悬臂体系和连续体系梁桥必须充分重视以下两个方面的影响。

1)不均匀沉降的影响

桥墩的刚度比临时支架的刚度大得多,加之支架一般支立在未经精心处理的土基上,因此,难以预见的不均匀沉陷往往容易导致主梁在墩台支点截面处开裂。

2)混凝土收缩的影响

由于每次浇筑的梁段较长,混凝土的收缩又受到桥墩、支座摩阻力和先浇部分混凝土的阻碍,也容易引起主梁开裂。

悬臂体系和连续体系梁桥一般采用留工作缝或者分段浇筑的方法来消除不均匀沉降和混凝土收缩的影响。如图 4-8a)所示的连续梁,仅在几个墩台支点处设置工作缝,宽约 0.8~1.0m,待沉降和收缩完成以后,再对接缝截面进行凿毛和清洗,然后浇灌接缝混凝土,即采用简支连续施工方法。当梁的跨径较大时,临时支架也会因受力不均,产生挠曲线;如图 4-8b)所示,悬臂梁中跨的临时桥下过道处,将有明显的挠曲,故在这些部位也应预留工作缝,即采用悬臂-连续施工方法。有时为了避免设置工作缝的麻烦,也可以采用如图 4-8c)所示的分段浇筑方法,其中的 4 段、5 段须待 1 段、2 段、3 段强度达到 2.5MPa 后才能浇筑。

2.1.2　移动模架施工(图 4-9)

移动模架施工是使用移动式的脚手架和装配式的模板,在桥上逐孔进行浇筑施工。移动模架像一座设在桥孔上的活动预制场,随着施工进程不断移动,连续进行现浇施工。如图 4-10 所示是上承式移动模架的一种,由承重梁、导梁、平车、桥墩支承托架和模架等构件组成。图 4-10 中,在箱形梁两侧各设置一根承重梁,用来支承模架和承受施工重力。承重梁的长度要大于桥梁跨径,浇筑混凝土时承重梁支承在桥墩支承托架上。导梁主要用于运送承重梁和活动模架,因此,需要有大于2倍桥梁跨径的长度。当一孔梁的施工完成后,便进行脱模卸架,由前方支承平车和后方悬吊平车在导梁和已完成的桥梁上面,将承重梁和活动模架运送至下一桥孔。承重梁就位后,再将导梁向前移动。

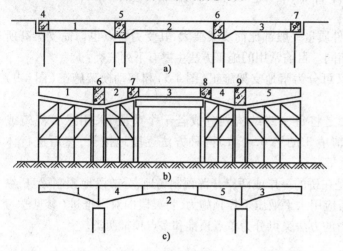

图4-8 浇筑次序和工作缝设置
a)连续梁工作缝的设置;b)悬臂梁工作缝的设置;c)分段浇筑方法

图4-9 移动模架施工

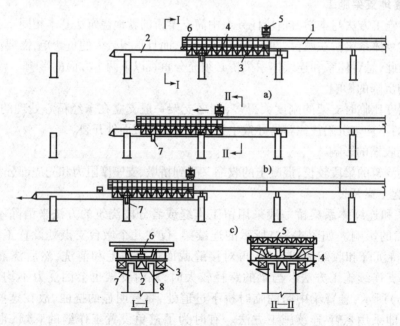

图4-10 上承式移动模架施工
a)浇筑混凝土,施加预应力;b)脱模移动模架梁;c)模架梁就位后移动导梁,浇筑混凝土前准备工作
1-已完成的梁;2-导梁;3-承重梁;4-模架;5-后端横梁和悬吊平车;6-前端横梁和支承平车;7-桥墩支承托架;8-墩台留槽

当采用移动模架施工时,连续梁分段的接头部位应放在弯矩最小的部位,若无详细计算时,可以取离桥墩 $L/5$ 处。

2.1.3 逐孔施工法的质量检验评定

逐孔施工法的质量检验评定同本学习情境任务1的就地浇筑梁(板)质量检验评定。

2.2 节段施工法

2.2.1 悬臂浇筑法(图 4-11)

悬臂浇筑法一般采用移动式挂篮作为主要施工设备。挂篮是一个可移动的(钢)支架,为悬臂浇筑提供了一个用来架设模板、布置钢筋、灌注混凝土、张拉预应力筋等的工作平台,对挂篮的一般要求是构造简单、使用方便、安全可靠、稳定性好、承载力大、拆移灵活等。挂篮的形式较多,构造各异,图 4-12 ~ 图 4-15 是几种常用的挂篮形式。挂篮通常由承重、悬吊模板、锚固装置、行走系统、张拉平台等几部分组成。承重梁是挂篮的主要构件,采用型钢、实腹钢梁、桁架梁等形式,它承受施工设备和新浇梁段混凝土的重量并将其传到已完成的结构上去。挂篮自身所用的材料重量与其所能承受的重量之比,是衡量挂篮设计的主要技术指标;该比值越低,挂篮的使用效率越高,施工荷载相对越小,挂篮与悬浇梁段混凝土的重量比不宜大于 0.5,且挂篮的总重应控制在设计规定的限重内。

图 4-11 悬臂浇筑法

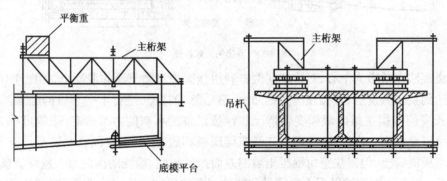

图 4-12 平行桁架式挂篮

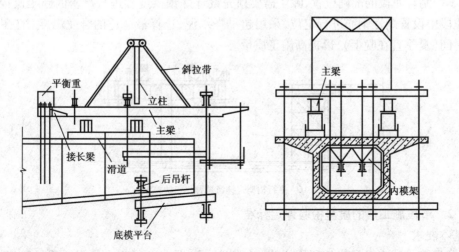

图 4-13 三角组合梁式挂篮

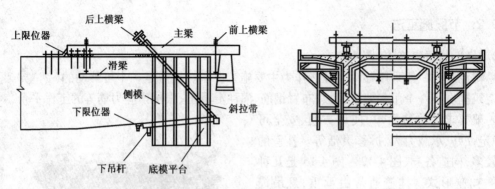

图 4-14　滑动斜拉式挂篮

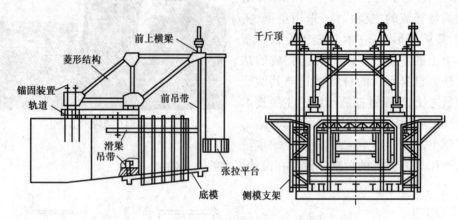

图 4-15　菱形桁架式挂篮

悬臂浇筑法以桥墩为中心,对称地向两岸利用挂篮浇筑梁节段的混凝土,如图4-16所示,待混凝土达到要求强度后,张拉预应力钢筋束,然后移动挂篮,进行下一节段的施工。悬臂浇筑的节段长度应根据主梁的截面变化情况和挂篮设备的承载能力来确定,一般可取 2~8m。每个节段可以全截面一次浇筑,也可以先浇筑梁底板和腹板,再安装顶板钢筋及预应力管道,最后浇筑顶板混凝土,但需注意由混凝土龄期差而产生收缩、徐变的次内力。悬臂浇筑施工周期一般为 6~10d,依据节段混凝土的数量和结构复杂的程度而定。合龙段是悬臂施工的关键部位,为了控制合龙段的准确位置,除了需要预先设计好预拱度和进行严密的施工监控外,还要在合龙段中设置劲性钢筋进行定位,采用超早强水泥,选择最合适的合龙温度(宜在低温)及合龙时间(夏季宜在晚上),以提高施工质量。

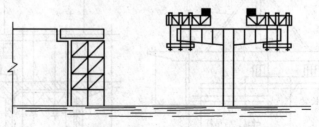

图 4-16　平行桁架式挂篮悬臂浇筑法施工

2.2.2　节段施工法的质量检验评定标准

1)基本要求

(1)悬臂浇筑或合龙段浇筑所用的砂、石、水泥、水、外加剂及混合材料的质量和规格必须符合有关规范要求,按规定的配合比施工。

(2)悬臂浇筑块件前,必须对桥墩根部(0号块件)的高程、桥轴线作详细复核,符合设计要求后,方可进行悬臂浇筑。

(3)节段施工必须对称进行,应对轴线和高程进行施工控制。

(4)在施工过程中,梁体不得出现宽度超过设计和规范规定的受力裂缝。一旦出现裂缝,必须查明原因,经过处理后方可继续施工。

(5)必须确保悬臂浇筑的接头质量,梁段间胶结材料的性能、质量必须符合设计要求,接缝应填充密实。

(6)悬臂合龙时,两侧梁体的高差应在设计允许范围内。

2)实测项目(表4-2)

悬臂浇筑梁实测项目   表4-2

项次	检查项目		规定值或允许偏差	检查方法和频率	权值
1△	混凝土强度(MPa)		在合格标准内	按本书学习情境3第3.9节的规定检查	3
2△	轴线偏位(mm)	$L\leq100$m	10	全站仪或经纬仪:每个节段检查2处	2
		$L>100$m	$L/10\,000$		
3	顶面高程(mm)	$L\leq100$m	±20	水准仪:每个节段检查2处	2
		$L>100$m	$±L/5\,000$		
		相邻节段高差	10	尺量:检查3~5处	1
4△	断面尺寸(mm)	高度	+5,-10	尺量:每个节段检查1个断面	2
		顶宽	±30		
		底宽	±20		
		顶底腹板厚	+10,-0		
5	同跨对称点高差(mm)	$L\leq100$m	20	水准仪:每跨检查5~7处	1
		$L>100$m	$L/5\,000$		
6	横坡(%)		±0.15	水准仪:每节段检查1~2处	1
7	平整度(mm)		8	2m直尺:检查竖直、水平两个方向,每侧面每10m梁长测1处	1

注:"△"标识为关键项目(涉及结构安全和使用功能的重要实测项目),L为跨径。

3)外观鉴定

(1)线形平顺,梁顶面平整,各孔无明显折变。不符合要求时,减1~3分。

(2)相邻块件颜色一致,接缝平整密实,无明显错台;每孔出现两处及以上明显错台(≥3mm)时,减2分。

(3)混凝土不得出现蜂窝、麻面,如出现必须修整,并减1~3分。

(4)混凝土表面出现非受力裂缝,减1~3分;裂缝宽度超过设计规定或设计未规定,超过0.15mm时,必须处理。

(5)梁体内外不应遗留建筑垃圾、杂物、临时预埋件等。不符合要求时,减1~2分,并应清理干净。

任务3 拱桥施工

混凝土拱桥的施工按其主拱圈成形的方法可以分为就地浇筑或砌筑法、预制安装法和转体施工法三大类。

3.1 就地浇筑法

就地浇筑法是把拱桥主拱圈混凝土的基本施工工艺流程(立模板、绑扎钢筋、浇筑混凝土、养护及拆模等)直接在桥孔位置来完成的施工方法。

就地浇筑法按照所使用的设备来划分,包括有支架施工法和悬臂浇筑法两种。

3.1.1 有支架施工法

1)拱架的施工

拱架是用有支架施工法建造拱桥必不可少的辅助结构,在整个施工期间支承全部或部分拱圈和拱上建筑的重量,并保证拱圈的形状符合设计要求。因此,要求拱架具有足够的强度、刚度和稳定性。拱桥的有支架施工法与悬臂体系和连续体系梁桥的落地支架施工法相类似。拱架类型见图4-17和图4-18。拱架的制作、安装及拆除的要求详见《公路桥涵施工技术规范》(JTG/T F50—2011)。

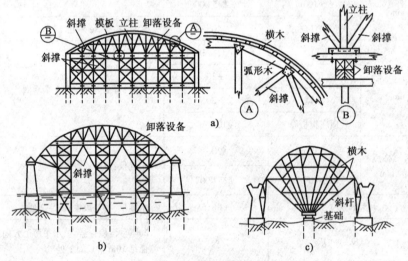

图4-17 常用拱架的一般构造
a)支柱式拱架;b)撑架式拱架;c)扇形拱架

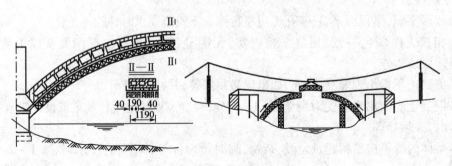

图4-18 钢拱架结构形式(尺寸单位:mm)

2)主拱圈混凝土的施工

在浇筑主拱圈混凝土之前,必须在拱架上立好模板,绑扎或焊接好钢筋骨架。主拱圈一般可根据跨度大小、构造形式等分别采用不同繁简程序的施工方法,以使拱架在浇筑过程中,受力均匀,变形量小,不使已浇筑的混凝土产生裂缝,并且施工过程尽可能简单。在多孔连续拱桥中,当桥墩不是按单向推力墩设计时,应注意相邻孔间对称均匀施工。主拱圈混凝土的施工主要采用如下三种方法。

(1)连续浇筑法。在拱的跨度较小时,可按拱圈的全宽和全厚,自两端拱脚向拱顶对称地连续浇筑,并应在拱脚处混凝土初凝前全部浇筑完成。否则,必须在拱脚处预留隔缝,并最后浇筑隔缝混凝土。

(2)分段浇筑法。一般当拱的跨度大于16m时,为避免因拱架不均匀变形而导致拱圈产生裂缝,以及为减小混凝土的收缩应力,应采用分段浇筑法施工。分段的长度约为6.0~15.0m,视浇筑能力、拱架结构和跨度大小而定。分段位置应使拱架受力对称均匀,一般分段点应设在拱架的支点、节点处及拱顶、拱脚处,如图4-19所示。

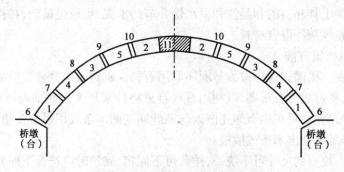

图4-19 分段浇筑法拱圈浇筑顺序

分段点处一般设间隔缝,其宽度为0.5~1m,以利施工操作和钢筋连接。为缩短拱圈合龙和拱架拆除的时间,间隔缝内混凝土可采用比拱圈高一个强度等级的半干硬混凝土。填充间隔缝混凝土应在拱圈分段混凝土强度达到设计强度的85%后进行,且应由两拱脚向拱顶对称进行,最后填充拱顶和两拱脚的间隔缝。封拱合龙温度一般宜接近当地的年平均温度。

(3)分环(层)浇筑法。浇筑大跨径拱圈混凝土时,为减轻拱架的负担,一般采用分段(层)法浇筑。例如,箱形截面拱圈可采用分层、分段的浇筑方法施工。在底板浇筑合龙后,再浇筑上面一环(腹板和顶板,或仅为腹板和隔板),则合龙后的底板可与其共同受力。拱圈分环(层)浇筑法的施工顺序如图4-20所示。

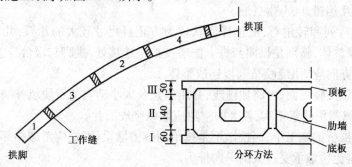

图4-20 拱圈分环(层)浇筑法的施工顺序(尺寸单位:cm)

浇筑大跨径拱圈时,纵向钢筋接头应安排在设计规定最后浇筑的几个间隔缝内,在浇筑这些间隔缝时再连接。

3)石(混凝土砌块)拱桥拱圈砌筑

(1)砌筑材料

①拱圈及拱上建筑可按设计要求,采用粗料石、块石、片石(或乱石)、黏土砖或混凝土预制砌块等。一般可在砌筑时,选择较规则和平整的同类石料稍经加工后作为镶面。如有镶面要求时,应按规定加工镶面石。各种砌块和镶面石的强度要求详见《公路桥涵施工技术规范》(JTG/T F50—2011)的有关规定。

②拱圈砌缝可用砂浆或小石子混凝土砌筑、填塞。

砌筑拱圈用的砂浆,一般宜为水泥砂浆。小桥涵拱圈可使用水泥石灰砂浆。砂浆强度等级应符合设计规定。

小石子混凝土的配合比设计、材料规格和质量检验标准,应符合《公路桥涵施工技术规范》(JTG/T F50—2011)的有关规定。小石子混凝土拌和料应具有良好的和易性和保水性。为改善小石子混凝土拌和料的和易性和保水性并节约水泥,可通过试验,在拌和料中掺入一定数量的减水剂或粉煤灰等混合材料。

(2)拱圈基本砌筑方法

①粗料石拱圈。拱圈砌筑应按编号顺序取用石料。砌筑时砌缝砂浆应铺填饱满。对于较平的砌缝,应先坐浆再放拱石挤砌,以利用石料自重将砂浆压实。侧面砌缝可填塞砂浆,用插刀捣实。当砌缝较陡时,可在拱石间先嵌入与砌缝同宽的木条或用撬棍拨垫,然后分层填塞砂浆捣实,填塞完毕后再抽出木条或撬棍。

②块石拱圈。块石的尺寸可不统一,排数可不固定,砌筑时应符合下列要求:

a.应分排砌筑,每排中拱石内口窝度应尽量一致;

b.竖缝应成辐射形,相邻两排间砌缝应互相错开;

c.石块应平砌,每层石料高度应大致相等。

③浆砌片石拱圈。浆砌片石拱圈的砌筑应符合下列要求:

a.石块宜竖向放置,小头向上;大面朝向拱轴。如石块厚度不小于拱圈厚度或石块较整齐、可错缝搭接时,也可横向放置。

b.较大的石块应使用于下层,砌筑时应选用形状及尺寸较为合适的石块,尖锐凸出部分应敲除。竖缝较宽时,应在砂浆中塞以小石块,但不得在片石下面用高于砂浆砌缝的小石片支垫。

c.片石应分层砌筑,宜以2~3层砌块组成一个工作层,每一工作层的水平缝应大致找平。各工作层竖缝应互相错开、不得贯通。

d.外圈定位行列和转角石,应选择形状较为方正且尺寸较大的片石,并长短相间地与里层砌块咬接,连成整体,特别是拱圈与拱上侧墙及护拱连接处、拱脚与墩台身连接处、拱圈上下层间及垂直路线方向应"错缝咬马",以连成整体。

e.片石拱圈靠拱腹一面,可略加锤改,并用砂浆及大小适宜的石块填补缺口。

f.拱石的空隙要用砂浆填实,较大的空隙应塞以坚硬石片。

在多孔连续拱桥的施工中,当桥墩不是按单向推力墩设计时,应考虑相邻孔拱圈施工的对称均衡问题,以避免桥墩承受过大的单向推力。

(3)砌筑程序

砌筑拱圈时,为了保证在整个施工过程中拱架受力均匀、变形最小,使拱圈的砌筑质量符合设计要求,必须选择适当的砌筑方法和砌筑顺序。一般根据拱圈跨径大小、构造形式(矢高、拱圈厚度)、拱架种类等分别采用下列不同的施工方法和顺序。砌筑时,必须随时注意观测拱架的变形情况,必要时,对砌筑顺序进行调整以控制拱圈的变形。

①拱圈按顺序对称连续砌筑。跨径13m以下的拱圈,当用满布式拱架砌筑时,可按拱圈的全宽和全厚,由两拱脚同时按顺序对称均衡地向拱顶砌筑,最后砌拱顶石合龙。跨径10m以下的拱圈,当采用拱式拱架时,应在砌筑拱脚的同时,预压拱顶及拱跨1/4部位。

②拱圈分段、分环、分阶段砌筑。

a.分段砌筑。跨径在13～25m的拱圈、采用满布式拱架砌筑以及跨径在10～25m的拱圈,采用拱式拱架砌筑时,可采取每半跨分成三段的分段对称砌筑方法。分段位置一般在跨径1/4点及拱顶(3/8点)附近,每段长度不宜超过6m。砌筑顺序如图4-21所示,先对称地砌Ⅰ段和Ⅱ段,后砌Ⅲ段,或各段同时向拱顶方向对称地砌筑,最后砌筑拱顶石合龙。

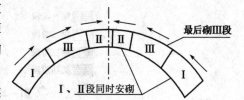

跨径大于25m的拱圈,应按跨径大小及拱架类型等情况,在两半跨各分成若干段,均匀对称地砌筑。每段长度一般不超过8m。具体分段方法应按设计规定,无设计规定时,应通过验算确定。

图4-21 跨径小于25m的拱圈分段砌筑顺序

拱圈分段砌筑时,各段间应预留空缝,以防止拱圈因拱架变形而开裂,并起部分预压作用。

b.分环分段砌筑。跨径较大的石拱桥(或混凝土预制砌块拱桥),当拱圈厚度较大、由三层以上拱石组成时,全部拱圈厚度分成几环砌筑,每一环可分成若干段对称、均衡地砌筑,砌一环合龙一环。环砌筑完并养护数日后,砌缝砂浆达到一定强度时,再砌筑上一环。

分环砌筑时各环的分段方法、砌筑顺序及空缝的设置等,与一次砌筑(不分环、只分段)相同,但上、下环间应以犬牙状相接。

c.分阶段砌筑。砌筑拱圈时,为争取时间和使拱架荷载均匀对称、拱架变形正常,有时在砌筑完一段或一圈后的养护期间,砌筑工作不间歇,而是根据拱架荷载平衡的需要,紧接着将下一拱段或环层砌筑一部分。此种前后拱段和上下环层分阶段交叉进行的砌筑方法,称为分阶段砌。图4-22为分阶段砌筑拱圈示意图。

不分环砌筑拱圈的分阶段方法:通常先砌拱脚,然后同时砌筑拱顶、拱脚及跨径1/4点等拱段。上述三个拱段砌到一定程度后,再均匀地砌筑其余拱段。

分环砌筑的拱圈,可先将拱脚各环砌筑几排,然后分段分环砌筑其余环层。在砌完一环后,在养护期间,砌筑次一环拱脚段,然后砌筑其余环段。

③拱圈合龙。

a.拱顶石合龙。砌筑拱圈时,常在拱顶预留一缺口,在各拱段砌筑完成后,安砌拱顶石完成拱圈合龙。分段较多的拱圈以及分环砌筑的拱圈,为使拱架受力对称、均匀,可在拱圈两半跨的1/4或在几处同时完成拱圈合龙。

为防止拱圈因温度变化产生过大的附加应力,拱圈合龙应按设计规定的温度和时间进行。如设计无规定,则拱圈合龙宜选择在当日最低气温且温度场较为稳定的时段进行。

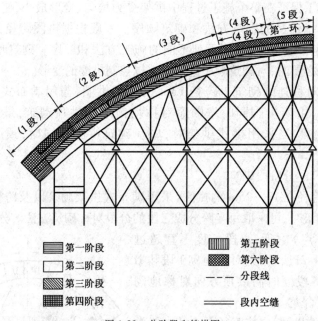

图 4-22 分阶段砌筑拱圈

b. 刹尖封拱。对于小跨径拱圈,为提高拱圈应力和有利于拱架的卸落,可采用刹尖封顶完成拱圈合龙。此法是:在砌筑拱顶石前,先在拱顶缺口中打入若干组木楔,使拱圈挤紧、拱起,然后嵌入拱顶石合龙。刹尖木楔需用硬木制作,每组木楔由三块硬木组成,两侧木块宽约10cm,中间木块宽 15~30cm。

刹尖时,与拱顶石邻近的二三排拱石受振动较大,其砌缝可暂时只用铁条垫隔,待刹尖后再用稠砂浆填封。其他拱段的空缝,宜在刹尖前填封。刹尖封顶应在拱圈砌缝砂浆达到设计强度的85%后方可进行。

c. 预施压力封顶。用千斤顶施加压力来调整拱圈应力,然后进行拱圈合龙,此法应严格按照设计规定进行,如设计文件中无此要求时,不得采用预施压力封顶来完成拱圈合龙。

(4) 砌体养护

拱圈砌筑完成后应立即用草帘或麻袋覆盖,并于4h后(砂浆初凝后)经常洒水,使砌体保持湿润。养护时每天洒水的次数以及养护天数,应视水泥品种和气温情况而定,一般为7~14d。最初三昼夜应勤洒水,拱上建筑的浆砌砌体可采用上述养护方法。

4) 拱上建筑浇筑

主拱圈以上的结构物称为拱上建筑,主要包括:横墙座、横墙、横墙帽或立柱座、立柱、盖梁、腹拱圈或梁(板)、侧墙、拱上结构伸缩缝及变形缝、护拱、拱上防水层、拱腔填料、泄水管、桥面铺装、栏杆系等。

(1) 伸缩缝及变形缝的施工

伸缩缝缝宽 1.5~2cm,要求笔直,两侧对应贯通。如为圬工砌体,缝壁要清凿到粗料石规格,外露照口要挂线砌筑;如为现浇混凝土侧墙,须预先安设塑料泡沫板,将侧墙与缝内采用锯末沥青,按1:1(质量比)配合制成填料填塞。

变形缝不留缝宽,设缝处可以干砌或用低强度等级砂浆砌筑,现浇混凝土时用油毛毡隔开,以适应主拱圈变形。

当护拱、缘石、人行道、栏杆和混凝土桥面跨越伸缩缝或变形缝时,在相应位置要设置贯通桥面的伸缩缝或变形缝(栏杆扶手一端做成活动的)。

(2)拱上防水设施

①拱圈混凝土防水。采用优良品质的粗、细集料和优质粉煤灰或硅灰制作高耐久性的混凝土;同时严格控制施工工艺。

②拱背防水层。小跨径拱桥可采用石灰土防水层。对于具有腹拱的拱腔防水,可采用砂浆或小石子混凝土防水层。大型拱桥及冰冻地区的砖石拱桥一般设沥青油毛毡防水层,其做法常为三油两毡或二油一毡。

当防水层经过拱上结构物伸缩缝或变形缝时,要做特殊处理。一般采用"U"形防腐白铁皮过缝,或"U"形防水土工布过缝,或橡胶止水带过缝。泄水管处的防水层,要紧贴泄水管漏斗之下铺设,防止漏水。在拱腔填料填充前,要在防水层上填筑一层砂性细粒土,以保证防水层完好。

③拱圈排水处理。拱桥的台后要设排水设施,集中于盲沟或暗沟排出路基外。拱桥的桥面纵向、横向均设坡,以利顺畅排水,桥面两侧与护轮带交接处每隔15~20m设泄水管。拱桥除桥面和台后应设排水设施外,对渗入到拱腹内的水应通过防水层汇积于预埋在拱腹内的泄水管排出。泄水管可用铸铁管、混凝土管或陶管。泄水管内径一般为6~10cm,严寒地区须适当增大,但不宜大于15cm。宜尽量避免采用长管和弯管。泄水管进口处周围防水层应做积水坡度,并以大块做成倒滤层,以防堵塞。

④拱背填充。拱背填充应采用透水性强和安息角较大的材料,一般可用天然砂砾、片石、碎石夹砂混合及矿渣等材料。填充时应按拱上建筑的顺序和时间,对称而均匀地分层填充并碾压密实,防止损坏防水层、排水管和变形缝。

3.1.2 悬臂浇筑法

国外在拱桥就地浇筑施工中,多采用悬臂浇筑法。图4-23是采用悬臂浇筑法浇筑箱形截面主拱圈的示意图。图中把主拱圈划分成若干个节段,并用专门设计的钢桁托架结构作为现浇混凝土的工作平台。托架的后端铰接在已完成的悬臂结构上,其前端则用刚性组合斜拉杆经过临时支柱和塔架,再由尾索锚固在岸边。由于钢桁托架本身较重,故它的转移必须借助起重量大的浮吊船,而钢筋骨架和混凝土的运输则借助缆索吊装设备完成。

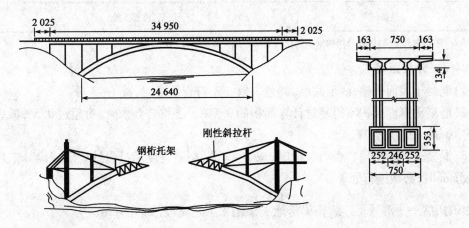

图4-23 悬臂浇筑法浇筑箱形截面主拱图(尺寸单位:cm)

3.2 就地浇筑法的质量检验评定

3.2.1 基本要求

(1)混凝土所用的水泥、砂、石、水和外加剂的质量和规格必须符合有关规范的要求,按规定的配合比施工。

(2)支架式拱架必须严格按照施工技术规范的要求进行制作,并保证牢固稳定。

(3)严格按照设计规定的施工顺序浇筑拱圈混凝土。

(4)拱架的卸落必须按照设计和有关规范规定的卸架顺序进行。

(5)拱圈混凝土不得出现露筋和空洞现象。

3.2.2 实测项目(表4-3)

就地浇筑法的实测项目　　　　　　　　　表4-3

项次	检查项目		规定值或允许偏差(mm)	检查方法和频率	权值
1△	混凝土强度(MPa)		在合格标准内	按本书学习情境3第3.9节的规定检查	3
2	轴线偏位	板拱	10	经纬仪:测量5处	1
		肋拱	5		
3△	内弧线偏离设计弧线	$L \leq 30m$	±20	水准仪:检查5处	2
		$L > 30m$	±L/1 500		
4△	断面尺寸	高度	±5	尺量:拱脚、L/4、拱顶共5个断面	2
		顶、底、腹厚	+10,-0		
5	拱宽	板拱和箱形拱	±20	尺量:拱脚、L/4、拱顶共5个断面	1
		肋拱	±10		
6	拱肋间距		±5	尺量:检查5处	1

注:"△"标识为关键项目(涉及结构安全和使用功能的重要实测项目),L为跨径。

3.2.3 外观鉴定

(1)混凝土表面平整,线形圆顺,颜色一致。不符合要求时,减1~3分。

(2)混凝土麻面面积不得超过计算面积的0.5%。不符合要求时,每超过0.5%减3分,深度超过10mm的必须处理。

(3)混凝土表面出现非受力裂缝时,减1~3分;裂缝宽度超过设计规定或设计未规定,超过0.15mm时,必须进行处理。

知识拓展——混凝土连续箱梁落地支架施工工艺流程,如图4-24所示。

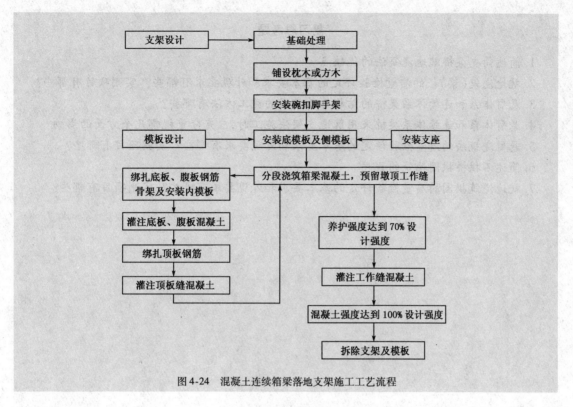

图 4-24 混凝土连续箱梁落地支架施工工艺流程

学习情境小结

1. 混凝土桥梁的基本施工工艺流程是：立模板→绑扎或焊接钢筋骨架→浇筑和养护混凝土→拆除模板和支架。这一流程无论对简支梁桥还是悬臂体系或连续体系梁来说，都是相同的。

2. 混凝土桥梁主要的施工方法有两种：其一是现场浇筑法，即把基本施工工艺流程内容放到桥孔位置去做，这需要在桥孔处搭设脚手架或者采用移动式支架，完工以后再将它们拆除；其二是预制安装法（见本书学习情境3）。

3. 悬臂体系和连续体系梁桥的施工方法，依其结构受力特点，主要有三类：逐孔施工法、节段施工法和顶推施工法（见本书学习情境3）。

逐孔施工法实质上也是就地浇筑法，当采用落地支架时，必须在梁的若干个截面预留工作缝，等待一定时间后，再对工作缝进行处理和浇筑混凝土，以防止支架发生不均匀沉降和混凝土收缩使构件产生裂缝。当采用移动模架进行逐孔施工时，连续梁分段时的接缝位置应放在弯矩最小的截面处。

节段施工法主要有悬臂浇筑法和悬臂拼装法（见本书学习情境3）两种。悬臂浇筑法一般采用移动式挂篮作为主要施工设备，对称地利用挂篮浇筑梁节段的混凝土。悬臂拼装法是将预制好的梁段，用驳船运到桥下，然后通过悬臂梁上的一对起吊机械，对称吊装梁段。

4. 混凝土拱桥的施工按其主拱圈成型的方法可以分为三大类：就地浇筑法、预制安装法和转体施工法（见本书学习情境3）。

5. 就地浇筑法就是把拱桥主拱圈混凝土的基本施工工艺流程（立模板、绑扎钢筋、浇筑混凝土、养护及拆模等）直接在桥孔位置来完成的施工方法，分为有支架施工法和悬臂浇筑法两种。

复习思考题

1. 简述简支梁桥就地浇筑法的优缺点。
2. 就地浇筑(梁)板的质量检验评定的基本要求和外观要求有哪些？实测项目有哪些？
3. 悬臂体系和连续体系梁桥的结构目前常用的施工方法有哪些？
4. 悬臂体系和连续体系梁桥采用落地支架法施工时，应充分重视哪几个方面的影响？
5. 悬臂浇筑法的质量检验评定的基本要求和外观要求有哪些？实测项目有哪些？
6. 简述石拱桥拱圈砌筑的程序。
7. 就地浇筑拱圈的质量检验评定的基本要求和外观要求有哪些？实测项目有哪些？

学习情境 5　桥面系施工

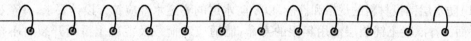

【知识目标】
　　叙述桥梁的桥面系组成。讲述桥面防水和铺装、伸缩装置、栏杆及护栏的常规施工及安装方法。
【能力目标】
　　通过本学习情境的学习,学生应熟悉桥面铺装的施工要点;掌握常用桥梁伸缩装置的安装方法;熟悉常用栏杆与护栏的施工要点。

任务1　桥面防水层和铺装层施工

1.1　桥面防水层施工

1.1.1　卷材防水层施工

防水层施工前应保持桥面板平整、干燥、清洁,并在桥面板上预先洒布黏层沥青或涂刷冷底子油,使桥面板与防水层紧密相连。

卷材铺贴前,应保持干燥,并应将表面的云母、滑石粉等清除。铺贴沥青卷材时,应采用沥青胶将卷材与基面密贴,并用滚筒碾平压实。沥青胶厚度一般为1.5~2.5mm,不得超过3mm。应沿水流(桥面坡度)方向用上层卷材压住下层卷材,上下层的搭接缝应错开半幅,纵缝搭接长度应为80~100mm,横缝搭接不应少于100mm。

粘贴卷材应展平压实,卷材与基层和各层卷材间必须黏结紧密,并将多铺的沥青胶挤出。搭接缝必须封缝严密,防止出现水路。粘贴完最后一层卷材后,表面应再涂一层厚为1~1.5mm的热沥青胶结材料。

卷材防水层铺贴的气温不应低于5℃,沥青胶工作温度不低于150℃。

1.1.2　涂料防水层施工

涂料防水层是涂刷各种高分子聚合物防水涂料而形成的防水层。

涂料防水层施工前的基层表面必须平整、密实、洁净。防水涂料的配合比应按照设计规定或涂料说明书确定,配制时应搅拌均匀。

防水涂料可用手工涂刷或喷涂,要求厚度应均匀一致。第一层涂料涂刷完毕,必须干燥后方可涂刷下一层,一般涂刷2~3层。涂刷第一层时必须与混凝土密实结合,不得夹有空隙。

如涂料防水层中夹有各类纤维布时,应在涂刷一遍涂料后,逐条紧贴纤维布,并要求使涂料吃透布料,不得出现起鼓、翘边、皱折现象。

1.1.3 水泥砂浆防水层

水泥砂浆防水层的材料及配合比必须按要求严格控制。

底层表面要求平整、粗糙、干净、湿润,不得有积水。水泥砂浆应分层铺设,每层厚度5~10mm,前层初凝后再铺设后一层,总厚度不小于20mm。铺抹的最后一层,应将表面压光。

1.2 桥面防水层的质量检验评定

1.2.1 基本要求

(1)防水层铺设材料的规格和性能,以及防水层的不透水性应符合设计要求,并至少应不低于桥面沥青混凝土铺装层使用年限的寿命,能适应动荷载及混凝土桥面开裂时不损坏的特点。

(2)防水层施工前,混凝土表面应清除垃圾、杂物、油污与浮浆,并保持干净和干燥。

(3)应严格按规定的工艺施工。

(4)预计涂料表面在干燥前会下雨,则不应施工。施工过程中,严禁踩踏未干的防水层。防水层养护结束后、桥面铺装完成前,行驶车辆不得在其上急转弯或紧急制动。

1.2.2 实测项目(表5-1)

防水层实测项目 表5-1

项次	检查项目	规定值或允许偏差	检查方法和频率	权值
1△	防水涂膜厚度(mm)	符合设计规定,设计未规定时,±0.1	测厚仪:每200m² 测4点或按材料用量推算	1
2△	黏结强度(MPa)	不小于设计要求,且≥0.3(常温),≥0.2(气温≥35℃)	拉拔仪:每200m² 测4点(拉拔速率:10mm/min)	1
3△	抗剪强度(MPa)	不小于设计要求,且≥0.4(常温),≥0.3(气温≥35℃)	剪切仪:1组3个(剪切速率:10mm/min)	1
4△	剥离强度(N/mm)	不小于设计要求,且≥0.3(常温),≥0.2(气温≥35℃)	90°剥离仪:1组3个(剥离速率:100mm/min)	1

注:①"△"标识为关键项目(涉及结构安全和使用功能的重要实测项目);
②剥离强度仅适用于卷材类或加胎体涂膜类防水层。

1.2.3 外观鉴定

(1)防水涂料应覆盖整个混凝土表面,如有遗漏,必须进行处理,并减1~3分。

(2)防水层应表面平整,无空鼓、脱落、翘边等缺陷。不符合要求时,必须进行处理,并减3~5分。

1.3 桥面铺装层施工

1.3.1 水泥混凝土桥面铺装层(图5-1)

水泥混凝土桥面铺装层的施工工艺为:施工准备工作→安装模板→桥面钢筋绑扎→混凝土制备→混凝土运输→桥面混凝土浇筑→接缝施工→表面修整→养护。下面介绍其中部分施工工艺的施工要点。

1)施工准备工作

桥面混凝土铺装必须在横向连接钢板焊接工作完成后

图5-1 水泥混凝土桥面铺装层

方可进行,以免后焊的钢板胀缩引起桥面混凝土在接缝处出现裂纹。

浇筑铺装层之前,应复测梁(板)面高程,如是预应力混凝土梁,则每跨至少复测跨中和支点处的中线和边线高程。

2)桥面钢筋绑扎

桥面钢筋应根据设计要求和相关规定绑扎。正交桥必须注意放正钢筋;斜交桥桥面钢筋应按图样规定方向放置。所有钢筋均应正确留设保护层厚度;采用双层钢筋网时,两层钢筋之间应有足够数量的定位撑筋,以保证两层钢筋的位置正确。

3)桥面混凝土制备、运输和浇筑

桥面混凝土施工方法有人工配合小型机具施工和机械施工两种,可根据具体情况酌情采用;一般以采用人工配合小型机具施工为主。

混凝土的运输宜采用混凝土搅拌车。混凝土运至施工场地后,均匀卸成若干堆,铲运时采用"扣锹法",禁止抛甩,以减少混凝土出现离析的可能性。

混凝土振捣时,先用插入式振捣器沿模板边角均匀插捣,然后用平板振捣器对中间部分混凝土进行振捣,直至混凝土不再下沉;最后用振动梁进行粗平。水泥混凝土桥面施工可采用真空脱水工艺,脱水后还应进行表面平整和提浆。如不采用真空脱水工艺,应采用抹子反复抹面直至表面平整、无泌水为止。

浇筑铺装层时,为防止钢筋变位,不得在钢筋上搁置重物,并不得让运料小车在钢筋网上推运或人员在钢筋网上行走践踏而使钢筋变位。如必须通行,可搭设支架架空走道。在浇筑过程中,应随时注意纠正钢筋位置。

浇筑混凝土时,宜从下坡向上坡进行。路拱必须符合设计规定,面层必须平整、粗糙。由于桥面纵坡较大,因此必须采取防滑措施。第二次抹平后,应沿横坡方向拉毛或采用机具压槽,拉毛和压槽深度应为1~2mm,浇筑完后待表面有一定硬度时即可开始养生。常用的养生方法为覆盖草麻袋、草帘、塑料薄膜、土工布并洒水。

1.3.2 沥青混凝土桥面铺装层

沥青混凝土桥面铺装层的施工工艺为:制备、运输沥青混合料→摊铺沥青混合料→碾压沥青混合料→养生等。施工中必须注意控制好沥青混合料各阶段的温度、碾压的压实度、面层的平整度和抗滑性等关键技术指标。

沥青面层宜采用高温稳定性好的中粒式热拌热铺沥青混凝土铺筑。沥青混凝土铺装前应检查桥面是否平整、粗糙、干燥、整洁。桥面横坡应符合设计要求,不符合时应予以处理。铺筑前应洒布黏层沥青。

沥青混凝土摊铺对应环境温度控制在10℃以上,混合料各阶段温度控制在规范允许范围内。铺筑沥青混凝土面层应采用摊铺机摊铺。摊铺宜从下坡向上坡进行,摊铺后要及时碾压。碾压分初压、复压、终压三阶段进行。压路机行驶速度要缓慢、均匀,在纵坡较大的地方不允许急转和制动。碾压至面层无明显轮迹为止。

碾压成形后,必须待沥青温度降至50℃以下方可开放交通。

1.4 桥面铺装层的质量检验评定

1.4.1 基本要求

(1)水泥混凝土桥面的基本要求同水泥混凝土路面,沥青混凝土桥面的基本要求同沥青混凝土路面。

(2)桥面泄水孔进水口的布置应有利于桥面和渗入水的排除,其数量不得少于设计要求,出水口不得使水直接冲刷桥体。

1.4.2 实测项目(表5-2)

桥面铺装层的实测项目　　　　　　表5-2

项次	检查项目			规定值或允许偏差		检查方法和频率	权值
1△	混凝土强度(MPa)			在合格标准内		按本书学习情境3第3.9节的规定检查	3
	压实度(沥青混凝土)(%)			符合设计要求		以《沥青路面施工技术规范》(JTG F40—2004)规定为准	
2△	厚度(mm)			沥青混凝土	水泥混凝土	以同梁体产生相同下挠变形的点为基准点,测量桥面浇筑前后相对高差;每100m测5处	2
				+10,-5	+20,-5		
3△	平整度	高速、一级公路	指标	沥青混凝土	水泥混凝土	平整度仪:全桥每车道连续检测,每100m计算IRI或σ	2
			IRI(m/km)	2.5	3.0		
			σ(mm)	1.5	1.8		
		其他公路	IRI(m/km)	4.2			
			σ(mm)	2.5			
		最大间隙 h(mm)		5		3m直尺:每100m测3处×3尺	
4	横坡(%)	水泥混凝土面层		±0.15		水准仪:每100m检查3个断面	1
		沥青混凝土面层		±0.3			
5	抗滑构造深度			符合设计要求		砂铺法:每200m查3处	1

注:①"△"标识为关键项目(涉及结构安全和使用功能的重要实测项目)。
②桥长不足100m者,按100m处理。
③对高速公路、一级公路上的小桥(中桥视情况)可并入路面进行评定。

1.4.3 外观鉴定

桥面排水良好。不符合要求时,减3～5分。

任务2　桥梁伸缩装置施工

桥梁伸缩装置施工在桥梁施工中是一项重要的工作,其施工工艺与施工质量的好坏将直接影响伸缩装置的行驶性能和使用寿命。

伸缩装置施工是一项整体性非常强的工作,它贯穿于桥梁施工的全过程,如桥梁施工期准备、梁与墩台预埋件的设置、梁架设时预留间隙、混凝土铺装层浇筑时预留缝区、沥青面层摊铺时缝区的平整度等,都必须符合伸缩装置施工的技术要求。后期的每一道施工工序的质量问题都会影响伸缩装置的整体施工质量。在伸缩装置的施工中,必须着手前期准备工作,注重后期安装质量,才能真正确保其整体施工质量。

2.1 桥梁伸缩装置施工的常规方法

伸缩装置施工时一般采用后装法,即先进行桥面铺装层施工,然后开槽安装伸缩缝装置。安装伸缩装置的预留槽,由施工单位用砂或碎石填平,最好采用低强度等级混凝土浇筑,最后进行伸缩装置位置的桥面铺装施工,其平整度应与整体混凝土铺装层一致,并在相应位置做伸缩装置安装范围标记。

2.1.1 切缝开槽

根据伸缩装置施工图的要求进行放样,用切缝机开槽,为防止锯缝产生的石粉污染路面,锯缝线以外的路面应使用塑料布覆盖。

2.1.2 清理槽口

切缝后槽内松动的沥青混凝土、水泥混凝土应清理凿除干净,然后用强力风机或高压水枪清除槽内的杂尘。然后清理施工基面,理顺和修复槽内预埋筋。

2.1.3 调节伸缩装置定位尺寸

根据安装时的气温,调节出安装工程师确定的伸缩装置定位尺寸"J"值,调整好后,安装固定专业夹具。

2.1.4 伸缩装置就位

将伸缩装置安放在槽内,使其纵向中心线与桥缝中心线相结合,先作临时的固定,即每隔2~3个锚固装置与槽内预埋钢筋焊接,注意应两侧对称焊接,然后将预埋钢筋和伸缩装置锚固件焊接牢固,再横穿12mm以上水平钢筋,用铁丝扎紧或焊实,使之成为一体。就位结束后应立即拆除伸缩装置定位压板,錾去定位螺钉,并用角向砂轮磨去焊疤,补上油漆。

2.1.5 设置梁端模板

用泡沫塑料板或薄铁皮嵌入梁端间隙内,其上部与伸缩装置钢梁内侧密合,并尽量达到密封,以防止浇筑混凝土时出现漏浆、空洞等现象。

2.1.6 浇筑混凝土

采用C40环氧树脂混凝土、C50钢纤维混凝土或C50级以上混凝土进行浇筑,伸缩装置四周混凝土要充分振捣密实,在安装模数式伸缩装置时更应注意混凝土要振捣密实。

待混凝土凝固后即可进行路面铺装,铺装面应与伸缩装置顶面平齐。

2.2 板(梁)式橡胶伸缩装置施工

2.2.1 施工步骤

板(梁)式橡胶伸缩装置(图5-2)施工的方法多种多样,大致步骤如下。

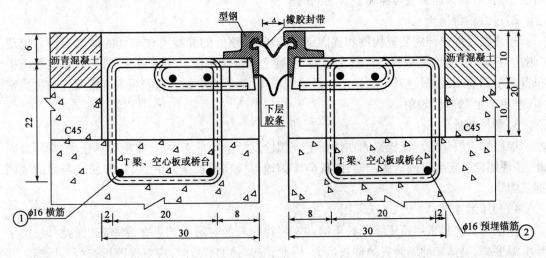

图5-2 板(梁)式橡胶伸缩装置(尺寸单位:cm)

1）安装准备

检查梁端缝隙及预埋件情况，清理梁端、顶面。梁端不平齐处应予以修整，以便设置两端模板。梁体顶面用水冲洗干净。

2）立两端模板、样板

两端模板中间用硬质泡沫塑料板挤紧，其顶部与安置橡胶板的设计底面高程平行，严格检查有无漏浆的缝隙，并及时进行处理填补，以保证伸缩缝隙内无混凝土灌入，防止影响梁体的水平位移。样板按算定的安装定位值制作，并在两侧螺栓中心处钻孔，将M18锚固螺栓放入样板孔内固定，根据设计要求，样板孔与预埋钢筋点焊定位。螺栓之间的位置偏差应小于1mm，并不得有累积偏差出现，样板面高程应与桥面设计高程一致，同时焊接好加强角钢等结构件，全部校准后，方可焊实。

3）浇筑混凝土

浇筑伸缩装置底部的混凝土，同时浇筑两侧500mm范围内的混凝土过渡段，混凝土强度等级不应低于C40，浇筑时需振捣密实，以防结构中有空洞和夹灰现象，影响伸缩装置的使用寿命。

4）拆除样板及两端模板

待混凝土初凝后，将样板取出，再将两端模板中间的硬质泡沫塑料板凿除，用强度等级较高的砂浆找平，安装橡胶板部位。

5）安装橡胶板

待混凝土干燥后，再安装平面涂布防水密封胶，并按定位值将橡胶板进行预压缩，螺孔对准预埋螺栓就位。逐个拧紧螺母，注意在螺栓上垫放腰圆垫圈与弹簧垫圈，然后在螺栓孔内注入适量防水胶，最后加螺母盖与橡胶板平齐。

相邻各块橡胶板之间企口处用密封胶涂布，并在逐块安装时咬合紧密，可以增强伸缩装置的防水性能。

2.2.2 注意事项

1）平整性

橡胶板的平整性直接影响行车的舒适度和伸缩装置的耐久性，施工中要准确立模定位，严格控制高程，确保铺装层与伸缩装置之间的平整。

2）过渡段混凝土

过渡段是埋设伸缩装置构件和锚固钢筋的场所，该处的混凝土在车辆的冲击下极易出现"啃边"破坏。为此，必须提高混凝土强度，混凝土强度等级应大于或等于C40，并在混凝土中布置两层钢筋网或加设型钢，如采用钢纤维混凝土，则效果更好。橡胶板底部混凝土要振捣密实，避免产生"蜂窝"现象。

3）预埋螺栓

橡胶板主要靠预埋螺栓锚固在桥面上。螺栓反复承受车辆冲击，非常容易松动、损坏。因此，预埋螺栓一定要牢固。施工时，螺栓应牢固地焊接在通长钢筋上，通长钢筋应与梁的锚固钢筋焊牢。

4）预压缩工艺

预压缩工艺是采用预压缩工具压缩并安装橡胶板的一种工艺。在夏季施工的桥梁，由于环境温度高，梁体和伸缩装置的伸长量大，因此，安装伸缩装置时，应对橡胶板进行预压缩。其他季节安装橡胶板应尽量避免使用预压缩工艺，以简化施工。

2.3 模数式伸缩装置施工

目前模数式伸缩装置种类很多,但施工方法类似。下面将以较常用的 GQF—C 型伸缩装置的施工方法为例进行介绍。其他模数式伸缩装置的安装可以此为参考或咨询生产厂商。

2.3.1 施工步骤

GQF—C 型伸缩装置在工厂制造并组装,若整条伸缩缝超长而不能运输或工程需分段施工,应在现场焊接一体后,再组装橡胶密封条。

(1)伸缩缝预留槽口。在浇筑拟安装伸缩缝的梁体、桥台时,应在端部预留符合安装尺寸的槽口。

(2)预埋钢筋设置。在浇筑梁体或桥台时,应设置预埋钢筋。预埋深度不应小于500mm,并与梁体、桥台内的结构钢筋连成一体,间距尺寸为 200mm,其位置应和伸缩缝锚固件保持一致。

(3)梁端间隙应不小于梁体伸长量,在预制、现浇或吊装时,由设计工程师根据当地气温确定。

(4)伸缩缝定位尺寸"J"值,应根据安装时的气温计算正确,调节后,锁紧定位压板。

(5)用泡沫塑料板嵌入梁端间隙内,其上部与伸缩缝钢梁内侧密合,尽量达到密封,以防止浇筑混凝土时出现漏浆、空洞现象。

(6)伸缩装置吊装就位后,应检查其中心线与梁缝中心是否重合,其顶面与路面高程是否一致,并及时进行调整。

(7)将预埋钢筋和伸缩缝锚固件焊接牢固,再横穿 $\phi12$ 或 $\phi16$ 水平钢筋,用铁丝扎紧或焊实,使之成为一体。

(8)立即拆除伸缩缝定位压板,錾去定位螺钉,并用角向砂轮磨去焊疤,补上油漆。

(9)用胶黏纸带或木板封闭伸缩缝顶面缝口,在槽口部位现浇 C50 混凝土,并用插入式振捣棒充分振捣密实。

(10)抹平混凝土过渡段,使其应尽量与路面平顺,并应在做好混凝土养生后方可通车。

GQF—C 型伸缩装置安装构造见图 5-3。

2.3.2 注意事项

(1)工程技术人员在选择 MZL 型、C 型或其他模数式伸缩装置后,为便于工厂加工制造,应向工厂提供下列文件:

①桥梁的横断面图,包括横坡、人行道、安全带、栏杆的位置尺寸等详细设计资料。

②伸缩装置的施工实施时间、安装时的温度及变化幅度。

③用户有特殊要求时,要明确注明。

(2)施工单位一定要按照设计图样提供的尺寸,在梁端之间、梁端与桥台处预留安装伸缩缝装置的预留槽,并按图样要求预埋好锚固钢筋。

(3)工厂组装好的模数式伸缩装置一般由工厂用专车运往工地。伸缩装置在运输过程中受运输长度限制,或因其他原因需要在工地拼接时,应在生产厂家指导下施工。当伸缩装置需在工地存放时,应垫离地面至少 300mm 的垫块,并且不得露天存放。

(4)型钢边梁定位是安装的关键,定位要求"一平、二直、三强度保证"。"一平"指型钢组装面要平,定位后与路面纵横向的平整度 <3mm;"二直"指型钢边梁定位后,横向直线偏差 <5mm;"三强度保证"指型钢边梁定位焊接强度符合设计要求,严禁虚焊。

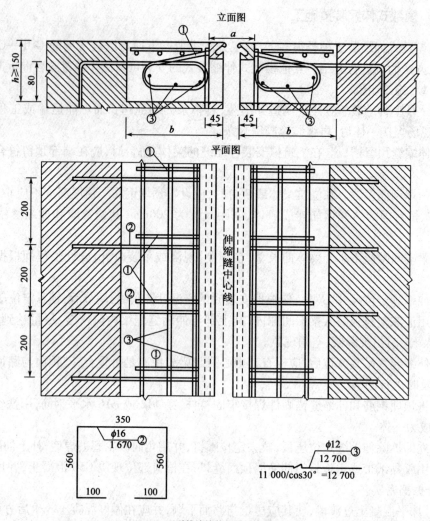

图 5-3 GQF—C 型伸缩装置安装构造图(尺寸单位:mm)

2.4 改性沥青弹塑体伸缩装置施工

改性沥青弹塑体伸缩装置的施工程序如下。

2.4.1 开槽

(1)标出要开挖沟槽的边线,用切割机沿边线整齐切割。

(2)凿除边线范围内铺装层。若开挖的是旧伸缩缝且基础表面混凝土已严重损坏,应将其清除,重新浇筑高强度等级的混凝土,并养护至规定强度。

(3)清除沟槽四周及接缝处的砂石、淤泥等杂物,并用压缩空气喷吹,清除松动部分及接缝内的细小杂物;用喷火器烘干沟槽的水汽,使之充分干燥。

2.4.2 黏结料加热

铺设伸缩缝前约2h,应将黏结料投入加热容器中进行加热,温度控制为180~200℃。待其熔化后,按一定比例加入石英砂。

2.4.3 安装跨缝钢板

(1)将背面刷好防锈油漆的T形钢板平稳置于接缝上,并将各片钢板首尾焊接、形成整体,以增强其稳定性。连成整体后的钢板端头应留有5mm左右的伸缩空间,避免灌入高温黏结料时钢板受热上拱。

(2)安置好钢板后,应将钢板两侧缝隙塞住,防止黏结料外漏。

2.4.4 涂底层油

在安装好钢板的沟槽表面均匀地涂一层熔化的黏结料。在涂材料时,操作要娴熟、迅速,并应在其凝固前涂刷完毕。

2.4.5 铺装混合料

(1)将粗集料烘干,加热到180~200℃。将熔化的黏结料倒入搅拌机与粗集料一起拌和约5min。黏结料与粗集料拌和体积比例为1:(2~3)。

(2)用拌好的粗混合料摊铺底层,直至其表面距沟槽顶10mm左右为止。

(3)用熔化的黏结料及时(底层混合料温度不低于100℃)灌注底层,使底层的粗混合料空隙充满黏结料。

(4)细集料烘干加热至180~200℃。将熔化的黏结料倒入搅拌机与细集料一起拌和约5min,黏结料与细集料拌和体积比例为1:(3.5~4.5)。

(5)用拌好的细混合料摊铺上层,上层的表面应与桥面平齐。

(6)在热混合料上面铺一层米石作为磨耗层,压实、冷却后,可开放交通。

该伸缩装置的使用性能受混合料的配合比和施工影响很大,要保证其质量,必须采用专业施工队伍施工。

2.5 伸缩装置施工的质量检验评定标准

2.5.1 基本要求

(1)伸缩缝必须满足设计和有关技术规范的要求,伸缩装置必须有合格证,并经验收合格后方可安装。

(2)伸缩装置必须锚固牢靠,伸缩性能必须有效。

(3)伸缩缝两侧混凝土的类型和强度,必须符合设计要求。

(4)大型伸缩缝与钢梁连接处的焊缝应做超声检测,检测结果必须合格。

(5)伸缩缝处不得积水。

2.5.2 实测项目(表5-3)

伸缩装置施工的实测项目　　　　　表5-3

项次	检查项目	规定值或允许偏差	检查方法和频率	权值
1	长度(mm)	符合设计要求	尺量:每道	2
2△	缝宽(mm)	符合设计要求	尺量:每道2处	3
3△	与桥面高差(mm)	2	尺量:每侧3~7处	3

续上表

项次	检查项目	规定值或允许偏差		检查方法和频率	权值
4	纵坡(%)	一般	±0.5	水准仪:测量纵向锚固混凝土端部3处	2
		大型	±0.2	水准仪:纵向测伸缩缝两侧3处	
5	横向平整度(mm)	3		3m直尺:每道	1

注:①"△"标识为关键项目(涉及结构安全和使用功能的重要实测项目)。
②项次2应按安装时气温折算。

2.5.3 外观鉴定

伸缩缝无阻塞、渗漏、变形、开裂现象。不符合要求时,必须进行修整,并减1~3分。

【案例分析】 模数式伸缩装置安装示例

1. 工程概况

某高速公路采用毛勒型钢伸缩装置(模数式伸缩装置),全线共有472道(单幅,包括互通匝道桥在内),计5 179.83m。伸缩装置型号有40~80型、160型、240型等,其设计预留间隙分别为0~80mm、0~160mm、0~240mm。全线路基共分13个标段,伸缩装置产品的厂家有中国路桥(集团)新津筑路机械厂、上海彭浦橡胶制品股份有限公司、四川新路桥实业有限公司、河北衡水中铁建工程橡胶有限公司、成都新津机械筑路有限公司5家。

2. 伸缩装置安装与施工

(1)做好施工前准备工作。熟悉图样和安装操作规程,并进行施工操作规程培训;对伸缩缝的位置编号进行检查,对伸缩缝进行顺直度、平整度、扭向及间距等的检查验收工作;机械设备配备齐全,小型机具应全部到位,以保证施工顺利进行;合理选择拌和站及混凝土的运输方式,混凝土采用C50钢纤维高强度混凝土,长距离运输容易出现离析,应尽量保证拌和站的位置使运输距离最短;配备彩条布、土工布、钢板或帆布,以防止路面污染;做好施工警示标志,加强交通管制,确保施工质量。

(2)切缝。要求在切割伸缩缝之前必须对沥青面层平整度进行检测,根据实际平整度情况考虑是否适当扩大切割面的宽度(要求一边最多比设计要求加宽300mm),如果加宽切割路面平整度仍达不到伸缩装置安装要求,应对路面进行返工处理,再进行伸缩装置施工,以避免因沥青面层不平整而影响伸缩装置的施工质量;如果路面平整度没问题,就根据施工图样要求确定开槽宽度,准确放样,用切割机割缝,锯缝线以外的沥青混凝土路面,可贴胶带纸或加盖塑料布进行保护,以防止锯缝时产生的石粉污染路面。锯缝应整齐、顺直。切缝后应立即用清水将石粉清除干净,如果切缝直接用干切,即没添加水进行割缝,则应立即用鼓风机将石粉吹干净,以防止造成路面污染。

(3)开槽。可用风镐开槽,开槽深度不小于120mm,伸缩缝开槽后应将槽内所有杂物清除干净,同时应在旁边放好彩条布或钢板,将开槽产生的杂物统一放在彩条布或钢板上。如发现梁与梁之间间隙不符合要求(即大于或小于规定范围),应采取措施加以处理。应理顺、理直槽内的预埋筋及锚固筋,对预埋筋应进行除锈处理,同时,如果检查发现原来梁板预埋钢筋不足,应及时补打数量足够的膨胀螺栓,以确保型钢的安装质量。开槽后应禁止车辆通行,禁止施工人员及其他人员在槽两侧边缘踩踏。

(4)型钢安装。安装以前检验槽内杂物是否清理干净,特别是桥梁支座间的杂物必须用高压水枪冲洗干净。在型钢定位之前对型钢进行平直度的检查,虽然产品在出厂前已进行过平直度的校正检查,但是不应排除运输途中或装卸对产品平直度的影响。为确保质量,要求在整个型钢安装过程中经常进行顺直度及平整度检测,型钢的顺直度应控制在3mm以内,平整度应控制在2mm以内(用3m直尺检查),型钢顶面与路面高差应控制在2mm以内(用3m直尺检查),发现问题及时进行处理,避免型钢安装完成后因平整度或顺直度不符合要求而造成返工。型钢定位后,采用分段点焊加固的方法,以免型钢过热产生变形。焊接采用高质量的焊条,逐条焊接,先焊接顶面,再焊接侧面,最后焊接底面,并应确保焊接质量。整个安装过程中应严格按操作工艺执行,安装技术负责人在现场进行技术指导并及时调整施工工艺,同时,监理人员全过程旁站,及时进行抽检,一发现问题,及时要求施工人员进行整改,把质量隐患消灭于萌芽状态。

(5)混凝土浇筑。型钢定位锚固和布设路面层钢筋后,二次清理槽内垃圾并用水冲洗,经监理验收合格后,方可浇筑钢纤维混凝土。浇筑前需检查混凝土配合比是否按经监理批复的设计配合比进行,是否掺入外加剂。同时,应对混凝土坍落度进行检查,混凝土坍落度控制在3mm以内,以确保混凝土质量。混凝土必须浇筑密实、平整且无蜂窝,并一次浇筑,保证整体性。混凝土振捣应采用两侧同步振捣的方法,应振捣至出浆并不再有气泡为止,确保振捣密实,特别是对一些死角的地方,更应注意混凝土的振捣密实性。振捣密实后,用刮板将混凝土表面刮平,平整度一般应控制为低于路面高程2mm(不要超过2mm)。在混凝土施工过程中,要求监理、项目部技术人员实行全过程旁站,要求施工队按照施工配合比写好标示牌,并在拌和现场准备一台磅秤,以备监理人员随时抽检配合比,在拌和过程中督促施工队做好混凝土抗压、抗折试件,并由驻地办试验室不定期对混凝土进行抽检。

(6)养生。混凝土初凝后,应在其表面洒水并覆盖麻袋或土工布,养护时间应不小于7d。养生期间应由专人进行交通管制,做好防护或封闭措施,如,在离桥头两侧50m处拉挂彩旗的绳子以封闭交通,并设立指示、警示标志,严禁车辆及行人通行,确保混凝土养护质量。

(7)安装橡胶条。经过养生,(钢纤维)混凝土达到设计强度的50%以后,方可安装橡胶条。安装前应将缝内的泡沫板、纤维板全部掏干净,以免杂物夹在缝内,影响伸缩性。橡胶止水条安装应平整、长度适当,并做到整洁,外表美观、顺畅。可在每日最低气温时安装,安装时型钢间隙的确定既与安装温度有关(表5-4),同时又与桥梁实际伸缩量和设计伸缩量的差值有关,当实际伸缩量比设计伸缩量小时,可考虑适当调小型钢间隙;反之,可考虑适当加大型钢间隙。

安装温度与型钢间隙的关系(型号:80型)　　　　　　　　　　　　　　表5-4

安装温度(℃)	>40	40	35	30	25	20	15	10	0	−5
型钢间隙(m)	10	15	20	25	30	35	40	50	60	70

任务3　栏杆与护栏施工

3.1　栏杆施工

桥梁栏杆形式多样,取材广泛,施工方法各异,具体方法可参照设计图样,按图施工。栏杆块件预制或现浇时,应严格控制混凝土质量,表面尽量光洁、平整,不允许出现影响美观的蜂窝、麻面现象。

栏杆块件必须在人行道板铺设完毕后方可安装。安装立柱时必须全桥对直、校平(弯桥、坡桥要求平顺)后,用水泥砂浆填缝固定。

采用钢管作为栏杆或扶手时,钢管应在工厂内进行除锈处理。拼装焊接后应补涂防锈底漆再统一涂刷面漆。

3.2 护栏施工

3.2.1 波形梁护栏施工

波形梁护栏立柱可用预留孔插入或用地脚螺栓和桥面板连接的方法安装。波形梁通过拼接螺栓相互拼接,并由连接螺栓固定于立柱或防阻块上。拼接时,应先利用长圆螺栓孔把线形调整平顺后,再最终拧紧螺栓。

3.2.2 组合式防撞护栏施工

组合式防撞护栏由钢筋混凝土护栏、栏杆柱和扶手组成。钢筋混凝土护栏施工可采用现浇法也可采用预制件拼装,实际使用中主要采用现浇法。栏杆柱和扶手由金属制成。组合式防撞护栏的常规施工程序如下:

(1)在浇筑桥面板或人行道板时,准确地设置预埋拉结钢筋,以便与防撞护栏的钢筋骨架拉结。

(2)绑扎混凝土护栏钢筋骨架,与桥面板拉结筋做好连接。

(3)搭设混凝土护栏模板和工作平台,如图5-4所示,并设置预埋件以便安装上部栏杆柱。顶部预埋钢板和螺栓的位置必须准确。

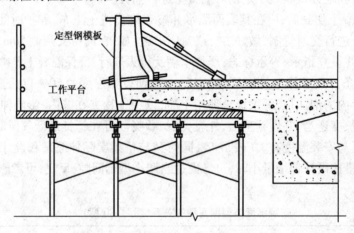

图5-4 防撞护栏模板、支架安装示意图

(4)浇筑护栏混凝土。同时制作栏杆、扶手等构件。

(5)安装栏杆柱、扶手等构件。安装时注意控制螺栓的扭矩,初始不宜拧得过紧,以便安装过程中进行调整,使扶手线形平顺,最后拧紧螺栓。注意钢管扶手在护栏伸缩缝处必须断开。外露钢构件必须经防腐处理,再上面漆。

3.3 栏杆、护栏施工的质量检验评定标准

3.3.1 栏杆施工的质量检验评定标准

1)基本要求

(1)栏杆杆件不得有弯曲或断裂现象。

(2)栏杆必须在人行道板铺完后方可安装。

(3)栏杆安装必须牢固,其杆件连接处的填缝料必须饱满平整,强度应满足设计要求。

2)实测项目(表5-5)

护栏、栏杆安装实测项目　　　　　　　　　　　表5-5

项次	检查项目	规定值或允许偏差	检查方法和频率	权值
1	护栏、栏杆平面偏位(mm)	4	经纬仪、钢直尺拉线检查:每30m检查1处	3
2	扶手高度(mm)	±10	水准仪:抽查20%	3
3	栏杆柱顶面高差(mm)	4		
4	相邻栏杆扶手高差及护栏接缝两侧高差(mm)	3	尺量:抽查20%	2
5	护栏、栏杆柱纵、横向竖直度(mm)	4	吊垂线:抽查20%	2

3)外观鉴定

(1)栏杆安装应顺直美观。不符合要求时,减1~3分。

(2)杆件接缝处应无开裂现象。不符合要求时,减1~3分。

3.3.2 护栏施工的质量检验评定标准(以混凝土防撞护栏为例)

1)基本要求

(1)所用的水泥、砂、石、水和外掺剂的质量和规格必须符合有关规范要求,按规定的配合比施工。

(2)不得出现露筋和空洞现象。

(3)防撞护栏上的钢构件应焊接牢固,焊缝应满足设计和有关规范的要求,并按设计要求进行防护。

2)实测项目(表5-6)

混凝土防撞护栏施工实测项目　　　　　　　　　　　表5-6

项次	检查项目	规定值或允许偏差	检查方法和频率	权值
1△	混凝土强度(MPa)	在合格标准内	按本书学习情境3第3.9节的规定检查	3
2	平面偏位(mm)	4	经纬仪、钢直尺拉线检查:每100m检查3处	2
3△	断面尺寸(mm)	±5	尺量:每100m每侧检查3处	2
4	竖直度(mm)	4	吊垂线:每100m每侧检查3处	1
5	预埋件位置(mm)	5	尺量:每件	1

注:"△"标识为关键项目(涉及结构安全和使用功能的重要实测项目)。

3)外观鉴定

(1)防撞护栏线形顺直美观。不符合要求时,减1~3分。

(2)混凝土表面应平整,不应出现蜂窝、麻面;如出现必须修整完好,并减1~4分。

(3)防撞护栏浇筑节段间应平滑顺接。不符合要求时,减1~3分。

学习情境小结

1.常用的桥面铺装形式有水泥混凝土桥面和沥青混凝土桥面。水泥混凝土桥面铺装的施工工艺为:施工准备工作→安装模板→桥面钢筋绑扎→混凝土制备→混凝土运输→桥面混凝土浇筑→接缝施工→表面修整→养护。沥青混凝土桥面铺装的施工工艺为:沥青混合料的制备、运输→沥青混合料摊铺→沥青混合料碾压→桥面养生。

2. 桥梁伸缩装置安装的常规方法是:预留伸缩缝槽口、预埋钢筋→切缝开槽、清理槽口→伸缩装置就位、固定→设置梁端模板→浇筑混凝土。

3. 栏杆与护栏的施工方法根据所用材料和构造确定,有安装和现浇两种常规方法。

<h2 style="text-align:center">复习思考题</h2>

1. 常用的防水层有哪几种?各自的施工要点是什么?
2. 常用的桥面铺装有哪两种?各自的施工流程是怎样的?
3. 桥梁伸缩装置安装的常规方法是什么?
4. 组合式防撞护栏的常规施工程序是什么?

学习情境6 其他类型桥梁施工

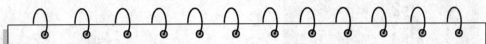

【知识目标】
　　了解斜拉桥、悬索桥的组成,掌握斜拉桥、悬索桥各部分施工方法及施工要点。熟悉斜拉桥、悬索桥各部分施工质量检测要点。
【能力目标】
　　能够参与斜拉桥、悬索桥的各部分施工,能对各部分进行质量检测。

任务1　斜拉桥施工

斜拉桥由主梁、索塔和斜拉索组成。

1.1　塔的施工

索塔的材料可用钢、钢筋混凝土或预应力混凝土建造。索塔的构造远比一般桥墩复杂,塔柱可以是倾斜的,塔柱之间可能有横梁,塔内须设置管道以备斜拉索穿过锚固,塔顶有塔冠并须设置航空标志灯及避雷器,沿塔壁须设置检修攀登步梯,塔内还可能建设观光电梯。因此,塔的施工必须根据施工、构造的要求统筹兼顾。

1.1.1　主塔施工方法

钢索塔施工一般为预制吊装,混凝土索塔施工大体上可分为搭架现浇、预制安装、滑升模板浇筑等几种方法,分述如下。

1)搭架现浇(图6-1)

这种方法工艺成熟,无需专用的施工设备,能适应较复杂的断面形式,对锚固区的预留孔道和预埋件的处理也较方便,但是比较费工、费料、速度慢。跨度200m左右的斜拉桥,一般塔高(指桥面以上部分)在40m左右,搭架现浇比较适合。广西红水河桥、上海柳港桥、济南黄河桥的桥塔都是采用这种方法。跨度更大的斜拉桥,塔柱可以分为几段,各段的尺寸、倾角都不相同,往往采用不同的方法。下列桥梁的索塔比较适合于搭架现浇,例如上海南浦大桥、杨浦大桥、徐浦大桥、武汉长江二桥,跨度都在400m以上,塔高在350m以上,下塔柱都采用传统的脚手架翻模工艺,缺点是施工周期较长。

2)预制安装(图6-2)

这种方法要求有较强的起重能力和专用的起重设备,当桥塔不是太高时,可以加快施工进度,减轻高空作业的难度和劳动强度。东营黄河桥塔高69.7m,桥面以上56.4m,采用钢箱与

143

混凝土结合的结构,预制安装。国外的钢斜拉桥桥塔基本上都是采用预制安装方法施工。我国混凝土斜拉桥用预制安装方法的不多,只有1981年建成的四川省金川县曾达桥,塔高24.5m,采用卧式预制而成,用绞车和滑轮组从地面上扳起,由锚于对岸山壁上的钢丝绳和滑轮提供吊装力。

图6-1 鄂黄长江大桥现浇主塔塔架

图6-2 南京长江三桥钢塔吊装

3)滑模、爬模施工(图6-3)

图6-3 香港汀九桥主塔滑模施工

滑模、爬模施工的最大优点是施工进度快,适用于高塔的施工。塔柱无论是竖直的或是倾斜的,都可以用这个方法。但对斜拉索锚固区预留孔道和预埋件的处理要困难些。实际工程中采用滑模、提升模和爬模等进行塔柱施工。

辽宁长兴岛斜拉桥塔高43m,为适应高塔施工,专门制作了一种提升支架,不但可用于液压千斤顶提升的滑模,亦可用于分段浇筑的提升模。索塔下节11.7m的斜腿段采用一般的搭架模板浇筑,竖直的上节塔柱则采用滑模或提升模。先施工的2号索塔采用滑模法,由于冬季寒冷不宜使用滑模,后改用提升模施工。1号索塔采用提升模法施工,混凝土蒸汽养生,解决了−20℃冬季施工的问题。

两塔柱间的横梁利用支架的下层操作平台就地浇筑。上海南浦大桥塔高150m,下塔柱斜率1:5.72,净高29m,采用传统的脚手架翻模工艺,施工周期较长,平均每天0.56m;中塔柱斜率1:8.5,高55.0m,采用国内首创的斜爬模施工,施工速度提高到每天1.14m;上塔柱同样采用爬模施工。

1.1.2 质量要求

1)基本要求

(1)混凝土所用的水泥、砂、石、水、外掺剂及混合材料的质量和规格必须符合有关规范的要求,按规定的配合比施工。

(2)索塔的索道孔、锚箱位置及锚固面与水平面的交角均应控制准确,锚垫板与孔道必须互相垂直。

(3)分段浇筑时段与段间不得有错台。
(4)不得出现露筋和空洞现象。
(5)横梁施工中,不得因支架变形、温度或预应力而出现裂缝,横梁与塔柱紧密连成整体。

2)实测项目

塔柱实测项目见表6-1,横梁实测项目见表6-2。

斜拉桥塔柱段实测项目   表6-1

项次	检查项目		规定值或允许偏差	检查方法和频率	权值
1	混凝土强度(MPa)		在合格标准内	按本书学习情境3第3.9节的规定检查	3
2	塔柱底偏位(mm)		10	经纬仪或全站仪:纵横各检查2点	1
3	倾斜度(mm)	总体	1/3 000塔高,且不大于30或设计要求	经纬仪或全站仪:纵横各检查2点	2
		节段高的1/1 000,且不大于8			
4	外轮廓尺寸(mm)		±20	尺量:每段检查3个断面	1
5	壁厚(mm)		±5	尺量:每段每侧面检查1处	1
6	拉索锚固点高程(mm)		±10	水准仪或全站仪:每锚固点	1
7	预埋索管孔道位置(mm)		10,且两端同向	尺量:每孔道	2
8	预埋件位置(mm)		5	尺量:每件	1

横梁实测项目   表6-2

项次	检查项目	规定值或允许偏差	检查方法和频率	权值
1	混凝土强度(MPa)	在合格标准内	按本书学习情境3第3.9节的规定检查	3
2	轴线偏位(mm)	10	经纬仪:每梁检查5处	1
3	外轮廓尺寸(mm)	±10	尺量:检查3~5断面	1
4	壁厚(mm)	5	尺量:每侧面检查1处,检查3~5个断面	1
5	顶面高程(mm)	±10	水准仪:检查5处	1

3)外观鉴定

(1)混凝土表面平整,色泽一致,轮廓线顺直。不符合要求时,减1~3分。
(2)混凝土表面不得出现蜂窝、麻面,如出现,必须修整完好,并减1~4分。
(3)混凝土表面出现非受力裂缝时,减1~3分。裂缝宽度超过设计规定或设计未规定时,超过0.15mm必须处理。
(4)施工临时预埋件或其他临时设施未清除处理时,减1~2分。

1.2 主梁施工

一般来说,混凝土梁式桥施工中的任一种合适的方法,如支架上拼装或现浇、悬臂拼装或浇筑、顶推法和平转法等,都有可能在混凝土斜拉桥上部结构的施工中采用。由于斜拉桥梁体尺寸较小,各节间有拉索,还可以利用索塔来架设辅助钢索,因此更适合采用各种无支架施工法。其中悬臂施工法是混凝土斜拉桥施工中普遍采用的方法。究竟采用哪种方法,这是设计者首先要研究决定的问题。决定时需要考虑的问题,主要有须跨越障碍的情况、斜拉桥本身的结构与构造等。

1.2.1 主梁施工方法

1)在支架上施工

当所跨越的河流通航要求不高或无通航要求、且容许设置临时支墩时,可以直接在脚手架上拼装或浇筑主梁,也可以在临时支墩上设置便梁,在便梁上拼装或浇筑。如果有条件的话,这种方法总是最便宜、最简单的。

例如贝尔格莱德萨瓦河双线铁路桥,是一座钢斜拉桥,1977年建成,中跨254m,桥宽16.5m。由于萨瓦河无通航要求,故整个桥跨都是在施工脚手架上安装的。因此,主梁、塔柱和斜拉索的安装都能分开进行。主梁和塔柱安装完毕后,用设在支架上的千斤顶将梁顶升,然后安装斜拉索,安装就位的斜拉索借助于放松千斤顶使主梁下降而拉紧,这样斜拉索的安装就不需要大吨位千斤顶。

我国天津永和桥也是在临时支架上安装的一个典型。永和桥是预应力混凝土斜拉桥,中跨260m,1987年建成。由于主梁较弱,为避免超应力,预制梁段经由河中满铺的便桥运送,运送就位的预制梁支承于四个临时支点上,后经穿纵向预应力粗钢筋、胶拼、挂斜拉索完成节段拼装。安装顺序是以塔柱为中心,两侧对称同时进行,每一节段包括四块长5.8m的预制梁段,八根斜拉索,时间约需7~15d。

2) 顶推法

当桥下不允许设置过多临时支架(如跨越道路、铁路)时,可以考虑采用顶推法。斜拉桥首次采用顶推法架设的是前联邦德国杜塞尔多夫市区内的一座公路高架桥,称为尤利西大街桥(图6-4)。此桥于1963年建成,中跨98.7m,安装过程如图6-4所示。在西桥台后先拼装东半跨,临时支点为I~VI。顶推过程中,斜拉桥的自重通过钢箱中的横隔板传递至纵向箱梁,因此,拉索只是部分受拉。在塔顶鞍座上设有顶升机械来消除顶推节段最外缘的悬臂挠度。当桥梁最外缘顶推至永久墩VIII时,用千斤顶将支座顶起约10cm,使永久墩VII上的支承压力消除。桥梁更向前推进时,墩VIII上的支承压力将增加,当最外缘超过临时墩IX约7.3m时,这个支承压力达到允许值。这时,将墩VIII上的支座回复到原来位置,继续顶推至达到其最终位置,拆除临时墩IV、X。

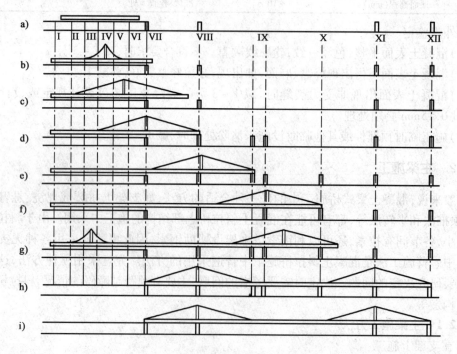

图6-4 尤利西大街桥安装过程图

3) 转体施工

转体施工在斜拉桥施工中采用不多,1988年比利时建成的跨越默兹河的邦纳安桥,独塔,其左岸3×42m和右岸168m共294m的梁体均在平行于河流的岸边制造。在安装和调整后,将整个主塔-主梁-拉索结构以塔轴为中心转体就位,并与右岸就地浇筑的一孔42m桥跨相接。

四川金川县曾达桥是我国第一座转体施工斜拉桥,1981年建成。该桥为独塔,孔跨布置为41m+70m,桥面宽5.5m,墩、塔、梁固结。主梁为钢筋混凝土三室箱梁。桥址附近河滩平整且墩身较矮,适合于平转法施工。施工顺序为:先在河滩上搭设低支架浇筑梁身,索塔则卧地预制。将索塔扳起,与梁固结并安装斜拉索后,平衡转体施工就位。转体装置为混凝土球铰和钢滚轮,短跨内配有平衡重。

北京五环路转体斜拉桥为45m+65m+95m+40m四跨连续独塔单索面的预应力混凝土部分斜拉桥(图6-5、图6-6),单侧桥面净宽12.25m,采用塔、梁、墩固结体系,索塔高度与中跨的比例为0.389,主梁主跨的跨高比为1/38。全桥位于平曲线半径为1900m、竖曲线半径为16000m的曲线上,线形比较复杂。该桥以49°的斜角度跨过石景山南站咽喉区,现有电气化铁路7股道,远期规划为11股道,铁路线间距小,行车密度大。为了减小施工对桥下铁路交通的影响,大桥采用单铰平转转体施工,转体梁部长度168m,转体质量14000t,创造了曲线桥梁单铰转体质量的新世界纪录。

图6-5 北京五环路转体斜拉桥转体准备就绪

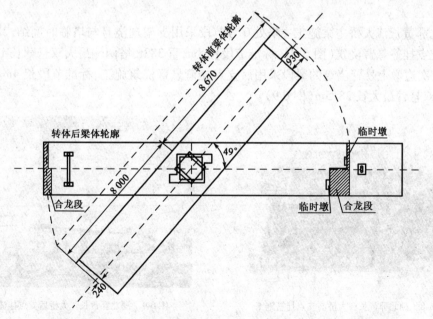

图6-6 北京五环路转体斜拉桥转体部分主梁布置图(尺寸单位:mm)

4) 悬臂拼装(图6-7)

国外早期建造的钢斜拉桥,大多数是用悬臂拼装而成。东营黄河桥是我国在1987年建成的一座钢斜拉桥,中跨288m,边跨136.5m,边跨在支架上拼装,主跨悬臂拼装。上海南浦大

图6-7 南京长江三桥悬臂拼装施工

桥、杨浦大桥、徐浦大桥主跨都是钢与钢筋混凝土板结合梁桥,它们也都是悬臂拼装。

对混凝土斜拉桥也可采用悬臂拼装施工,主梁在预制场分段预制,混凝土龄期较长,收缩、徐变变形小,且梁段的断面尺寸和混凝土质量容易得到保证。我国上海泖港桥(1982)、安康汉水桥(1979)、郧阳汉江桥(1994)等都是采用悬臂拼装法。

5)悬臂浇筑

悬臂浇筑施工法是在桥墩两侧对称逐段就地浇筑混凝土,待混凝土达到一定强度后,张拉预应力筋,移动机具、模板继续施工。悬臂施工法不需大量施工支架和临时设备,不影响桥下通航、通车,施工不受季节、河道水位的影响,并能在大跨径桥上采用,因此,得到广泛的使用。悬臂浇筑的施工方法是大跨连续梁桥的主要施工方法。

斜拉桥特别适合于悬臂浇筑。我国在20世纪70~80年代悬臂浇筑的大部分斜拉桥还是沿用一般连续梁常用的挂篮,无论是桁梁式挂篮还是斜拉式挂篮,均系后支点形式,这种形式的挂篮为单悬臂受力,承受负弯矩较大,浇筑节段长度受到了很大的限制,挂篮自重与所浇筑梁段重力之比一般在0.7以上,甚至可能达到1~2。例如,1981年建成的广西红水河铁路斜拉桥,跨径48m+96m+48m,中跨悬臂浇筑,采用桁梁式挂篮,挂篮自重与梁段重力之比为0.77。20世纪80年代后期,我国桥梁工作者根据斜拉桥的特点,开始研制前支点的牵索式挂篮。利用施工节段前端最外侧两根斜拉索,将挂篮前端大部分施工荷载传至桥塔,变悬臂负弯矩受力为简支正弯矩受力。这样,随着受力条件的变化,节段悬臂浇筑长度及承受能力均大大提高。

湖北鄂黄长江大桥主梁施工主塔处0号节段采用支架现浇且与塔临时固结,其余各节段采用前支点挂篮悬臂浇筑(图6-8),标准节段长8m,重383t,塔两侧最大双悬臂长158.5m(图6-9)。在次边墩上悬臂浇筑的梁段采用后支点挂篮悬臂浇筑施工,标准节段长4m,最大节段重340t,双悬臂最大长38.5m(图6-9)。

图6-8 湖北鄂黄长江大桥前支点挂篮施工

图6-9 湖北鄂黄长江大桥后支点挂篮施工

1.2.2 质量要求

1)基本要求

(1)混凝土所用的水泥、砂、石、水、外掺剂及混合材料的质量和规格必须符合有关规范的要求,严格按规定的配合比施工。

(2)千斤顶及油表等斜拉索张拉工具,必须事先经过检查和标定。

(3)穿索前应将锚箱孔道毛刺打平,避免损伤斜拉索。

(4)施工过程中必须对索力、高程及塔柱变形进行观测,并记录当时的温度。

(5)悬臂浇筑施工块件前,必须对0号块件的高程、桥轴线作详细复核,符合设计要求后方可进行悬臂块件的施工。

(6)悬臂浇筑施工必须对称进行,斜拉索张拉的次数、量值和顺序应按设计规定或施工控制要求进行。

(7)悬臂浇筑施工跨中合龙前,应调整超出允许范围的索力值。合龙段两侧的高差,必须在设计允许范围内。

(8)梁体不得出现露筋和空洞现象,不得出现宽度超过设计和规范规定的受力裂缝。若出现时必须查明原因,经过处理后方可继续施工。

(9)施工过程中,当索力和高程超过设计允许偏差时,必须按施工控制的要求进行调整。

(10)接头的形式、位置及其他技术性能必须满足设计要求。

2)实测项目(表6-3和表6-4)

混凝土斜拉桥梁段的悬臂浇筑实测项目　　　　表6-3

项次	检查项目		规定值或允许偏差		检查方法和频率	权值
1	混凝土强度(MPa)		在合格标准内		按本书学习情境3第3.9节的规定检查	3
2	轴线偏位(mm)		$L \leqslant 100\text{m}$	10	经纬仪:每段检查2点	1
			$L > 100\text{m}$	$L/10\,000$,且不大于30		
3	断面尺寸(mm)	高度	+5,-10		尺量:每段检查2个断面	2
		顶宽	±30			
		底宽	±20			
		板厚	+10,-0			
4	索力(kN)		满足设计和施工控制要求		测力仪:测每索拉力	3
5	梁锚固点高程(mm)		$L \leqslant 100\text{m}$	±20	水准仪或全站仪:测量每个锚固点或每梁段中点	2
			$L > 100\text{m}$	$±L/5\,000$		
6	横坡(%)		±0.15		水准仪:检查每梁段	1
7	锚具轴线与孔道轴线偏位(mm)		5		尺量:全部	1
8	预埋件位置(mm)		5		尺量:每件	1
9	平整度(mm)		8		2m直尺:检查竖直、水平两个方向,每侧每10m梁长测1处	

注:①L为跨径。

②合龙段评定时,项次4、7不参与评定。

混凝土斜拉桥梁段的悬臂拼装实测项目　　　　表6-4

项次	检查项目	规定值或允许偏差		检查方法和频率	权值
1	合龙段混凝土强度(MPa)	在合格标准内		按本书学习情境3第3.9节的规定检查	3
2	轴线偏位(mm)	$L \leq 100$m	10	经纬仪：每段检查2点	1
		$L > 100$m	$L/10\,000$，且不大于30		
3	斜拉索索力(kN)	满足设计和施工控制要求		测力仪：测每索拉力	3
4	梁锚固点高程(mm)	$L \leq 100$m	±20	水准仪或全站仪：测量每个锚固点或每梁段中点	2
		$L > 100$m	±$L/5\,000$		

注：①L为跨径。
②合龙段评定时，项次3不参与评定。

3）外观鉴定

(1)线形平顺,梁顶面平整,每段无明显折变。不符合要求时,减1~3分。

(2)相邻块件的接缝平整密实,色泽一致,棱角分明,无明显错台。不符合要求时,减1~3分。

(3)混凝土表面不应出现蜂窝、麻面,如出现必须修整,并减1~4分。

(4)混凝土表面出现非受力裂缝时,减1~3分；裂缝宽度超过设计规定或设计未规定时,超过0.15mm必须处理。

(5)梁体内不应遗留建筑垃圾、杂物、临时预埋件等。不符合要求时,减1~2分,并应清理干净。

1.3 斜拉索的制造与安装

1.3.1 索的组成与防护

斜拉索由两端的锚具、中间的拉索传力件及防护材料三部分组成,称为拉索组装件。拉索的材料有钢丝绳、粗钢筋、高强钢丝、钢绞线等。

拉索技术研究围绕三个方面的目标展开。其一,如何使拉索与锚具的组装件能在斜拉桥整个使用年限内经受得起高幅度的应力变化,即锚具应具备优良的抗疲劳性能。其二,如何保证拉索组装件具有绝对可靠的、永久性的防护。其三,在保证拉索组装件可靠、耐久的前提下,力争施工方便,造价低廉。

1）钢丝绳

早期的斜拉桥曾采用钢丝绳做斜拉索,两端用铅锌合金的热铸锚具,钢丝绳弹性模量小,且热铸锚具的抗疲劳性能较差,合金熔液温度达400℃以上,使锚具附近的钢丝退火,整条索的强度不能充分利用,所以后期的斜拉桥已很少采用。我国仅1975年建成的四川云阳汤溪河桥(35m+76m+35m)使用过钢丝绳作为斜拉索,外面涂漆防护。但是作为人行桥或管道桥的斜拉索可以使用钢丝绳。

2）粗钢筋

冷拉粗钢筋或热处理钢筋,作为斜拉索的材料,原则上也是可以的。它具有较高的弹性模量和稍低于高强钢丝的强度，表面积较小，所以防锈较易解决；张拉也很方便，可以单根张拉，也可以组成强大的拉索一次张拉。较小直径的粗钢筋，可以使用镦头锚具；而直径较大的粗钢筋，则可使用螺栓锚具，或直接将高强粗钢筋加工成精轧螺纹钢，并配上相应的螺母作为锚头。小直径粗钢筋的供货形式通常是盘圆，使用时只需在工地调直与镦头；当直径较大时，则必须用连接套筒来接长。国内生产的大直径粗钢筋长度有限，需用套筒很多，以致未能广泛采用。

我国1975年建成的上海新五桥，斜拉索采用$\phi 12$圆钢筋，镦头锚，预制钢丝网水泥砂浆索套，套内填以水泥砂浆。不久，索套开裂，防锈能力降低。1988年建成的美国达姆斯岬（DamesPoint）桥采用$\phi 32$精轧螺纹钢筋做索材，用套筒接长，逐根穿在钢套管中，配以相应锚具，管中注入水泥浆。但限于当时的钢铁工艺，粗钢筋强度仅达到高强钢丝的50%左右，且此种斜拉索材料用量多，成本较高。

3）平行钢丝索（PWS）

通常采用的高强钢丝直径为5mm或7mm。这种钢丝的优点是强度高（1 570～1 860MPa），弹性模量高（2.0×10^5MPa），可以做成较长的索而无需中间接头，质量可大可小，配用冷铸锚可以有较好的抗疲劳性能。缺点是对防锈的要求较高。我国近30年来制作平行钢丝束的工艺不断改进发展，在斜拉桥中被广泛采用。

20世纪70年代末，我国首批超过200m跨度的上海泖港桥（1982年建成，中孔200m）和济南黄河桥（1982年建成，中孔220m）都采用了平行钢丝索。前者用$\phi 5$mm钢丝机械除锈后，外涂快干的氯化橡胶防锈漆；组索时，钢丝间隙填满防锈油脂，拉索张拉后，高空缠包环氧树脂玻璃钢。后者采用镀锌$\phi 5$mm高强钢丝，拉索张拉后，外部安装铝管并注入水泥浆，两年后，铝管换成镀锌铁皮管。二者均用冷铸锚具。

20世纪80年代后期建成的广东西樵大桥（1981年，125m+110m）、天津永和桥（1987年，中孔260m）、上海恒丰路桥（1987年，76.65m+22.8m）和广东海印桥（1988年，中孔175m）都采用带PE套管的平行钢丝索，管内压注水泥浆。若使拉索全长所有空隙都能充满水泥浆，并与PE管内壁黏着紧密，则此种拉索的防护效果是令人满意的。但若水泥浆配合比控制不严，压浆不慎，管顶浆体未满，又长期处在高应力、高温、潮湿状态下，则无须几年，钢丝会逐渐锈蚀，直至断裂，国内已有此例。且这种钢丝束以半成品运至工地，在工地上的制作须有巨大的制索场和整套专用设备，难度较大。

20世纪90年代初，我国结合冷铸锚、电缆制造技术以及以往斜拉桥施工经验研制成新一代的平行钢丝索，即"成品索"。这种索的技术名称为"挤包护层扭绞型拉索"，采用$\phi 5$mm或$\phi 7$mm低松弛镀锌高强钢丝作为索材，两端用冷铸锚具，定长下料。索体由若干根高强度钢丝并拢经大节距扭绞，缠包高强复合带，然后挤包单护层或双护层而形成。单护层为黑色高密度聚乙烯，简称PE；双层内为黑色高密度聚乙烯，外为聚氨酯，简称PE+PU。

其工艺流程大致为：下料→排丝→扭绞成束（左旋）→缠包高强复合带（右旋）→挤塑护套→精下料→冷铸锚制作→超张拉→上盘→进库。

这种索经工厂化生产，质量可靠，在运输方面比上述半成品平行钢丝索方便得多，运到工地后不再有工地制作要求，因此能越来越多地取代套管压浆的平行钢丝索。它的缺点是PE护套硬度较低，在放索及安装过程中被刮坏划破的事屡见不鲜，轻者1～2mm，重者可见钢丝，故挂索后还须用小缆车检查、修补，若有遗漏，则是一大隐患。

4）平行钢绞线

尽管工厂化生产的平行钢丝热挤PE索套防护的拉索，其可靠性、耐久性都得到了充分的保证,但随着斜拉桥建造跨度和索力的不断增大,拉索越来越长,自重越来越大(如杨浦大桥的拉索已长达324m,重33t;钱江三桥则因索力已逾千吨,索重大增),新的矛盾又相继发生,如绕盘盘径已超出陆上运输允许的界限,拉索的转场、起吊、安装、牵引、张拉都需要大型设备。施工风险、技术难度随之增大。拉索造价则因厂房的扩建、预张拉台座的增长、大型设备的投入和施工难度的增大而大幅度提高。钢绞线拉索的成功使用,解决了上述困难。

钢绞线拉索是几乎与上述热挤PE平行钢丝拉索同时期开展研究的,是20世纪80年代拉索技术发展的另一途径,其技术基础是夹片群锚技术的完全成熟。

拉索的基本技术描述如下:钢绞线逐根穿挂、逐根张拉,以夹片锚固,组合成束后再整体小行程张拉、调整索力,以螺母锚固。夹片的锚固性能必须是优良的,并能在下限为0.45倍绞线破断力、应力变化幅度200MPa条件下经受200万次循环试验。为使拉索组装件的抗疲劳性能得到更可靠的保证,在夹片群锚后端再连接一段适量长度的钢套管,张拉锚固后,在钢套管压注砂浆或环氧砂浆,使锚具得到可靠防护,并借用砂浆与绞线的黏结力减轻夹片直接承受高幅度应力变化的作用。出于对夹片锚固性能的绝对信任,近年来新建的斜拉桥也有在锚具后端接以较短的钢套管,在其内灌注石蜡的,石蜡只封闭绞线端头剥除PE套的部分,起防护作用,全部动荷载仍直接由夹片承受,其施工更为方便。拉索的防护有两个方案:其一是在单根绞线上逐根外包PE护套,然后挂线、张拉,成索后或再外包环氧织物,或不再外包,都有成功的例子;其二是PE管压注水泥浆。

采用防护方案1,绞线应涂防锈漆或其他防锈涂层,挤包PE可用小型挤塑机在现场进行,工艺简单。采用防护方案2时,增加了压浆工序,但绞线内涂层则不再需要,造价相差无几。

这种拉索的优点是拉索制作、穿挂、牵引、张拉全过程均"化整为零",取消了拉索工厂制造的全部繁杂工艺,避免了大型成品索的起重、运输、吊装、穿挂、牵引方面的困难,无需大型施工设备,施工便捷,大幅度降低了拉索造价。

由于优点明显,在欧美各大公司绞线群锚技术成熟以后,各国都竞相研究并付诸实施。国际上著名的瑞士Losenger公司(VSL)、德国Dyckerhoff & Windmann公司(Dywidag体系)、法国Freyssinet公司(Freyssinet体系)等均已研制成功采用各种群锚夹片、各具特征的钢绞线拉索体系,最大单索索力已超千吨,建成了许多著名的斜拉桥,如瑞士的利勃罗地桥(1978年)、意大利第伯河桥(1979年)、沙特阿拉伯的摩拉桥(1983年)、日本颖明馆桥(1984年)、西班牙卢那桥(1984年)、美国的阳光大道桥(1986年)、昆赛桥(1988年)、韩国奥林匹克桥、比利时的胜德尔桥、邦纳安桥、澳门的新澳函桥等。

我国用这种拉索技术建成的第一座斜拉桥是广西柳江四桥,其主桥为2×125m,独塔双索面预应力混凝土斜拉桥,宽32m,桥面为梁板结构。26对拉索呈扇形布置,全桥拉索共104根,用我国自行研制的OVM—200型平行钢绞线索,每根拉索由19~37根$\phi15mm$、1 860MPa低松弛钢绞线构成。采用单根穿索张拉锚固工艺,每根拉索挤包了两层PE护套。主梁采用挂篮悬浇,每一节段施工周期为9d,施工进展顺利。

1997年建成的金华金婺路斜拉桥,跨度100m + 125m + 35m,独塔单索面,桥宽24.7m,9对斜拉索呈竖琴式布置,全桥拉索共18根,每索用109根$7\phi5$钢绞线。单根钢绞线用50kN卷扬机牵引安装就位,用160kN手提便携式千斤顶张拉。109根钢绞线先各自单根张拉到设计吨位的约80%,锚固在一起,然后4×2 500kN千斤顶补拉到100%。

1.3.2 索的安装

斜拉索安装大致分为两步,引架作业和张拉作业。

1)斜拉索的引架作业

斜拉索的引架作业是将斜拉索引架到桥塔锚固点和主梁锚固点之间的位置上,其作业方法一般有如下五种。

(1)在工作索道上引架。这种方法是先在斜拉索的位置下安装一条工作索道,斜拉索沿工作索道引架就位。国外早期的斜拉桥较多采用这种方法,如,1959 年建成的前联邦德国科隆塞弗林桥,1962 年建成的委内瑞拉马拉开波湖桥,1969 年建成的前联邦德国莱茵河上克尼桥等。时至今日,这个方法已很少采用。

(2)由临时钢索及滑轮吊索引架。这种方法是在待引架的斜拉索之上先安装一根临时钢索,称为导向索,斜拉索置于在沿导向索滑动并与牵引索相连接的滑动吊钩上,用绞车引架就位,如,1978 年建成的美国帕斯科—肯尼威克桥就是采用这个方法。

(3)利用吊装天线引架,例如,我国 1981 年建成的广西红水河铁路斜拉桥就是采用这种方法。主索是 $\phi 22mm$ 的钢丝绳,用 $\phi 13mm$ 钢丝绳做拉索,通过单门滑车和吊环与主索系在一起,每个单门滑车上穿入一根 $\phi 19mm$ 的白棕绳,白棕绳的作用是捆绑并提升斜拉索。全桥共设两套天线,位于主梁两侧,大致与斜拉索中心线在同一竖直平面内。

(4)利用卷扬机或吊机直接引架。这个方法最为简捷,也特别适合于密索体系悬臂施工,前面提到的斯特姆松特桥就是用桥上吊机引架斜拉索。当索塔很高时,吊机没有那么高,则可以在浇筑桥塔时,先在塔顶预埋扣件,挂上滑轮组,利用桥面上的卷扬机和牵引索通过转向滑轮和塔顶滑轮将斜拉索起吊,一端塞进箱梁,一端塞进桥塔。这种方法在吊装过程中可能损伤索外防护材料,但只要小心施工,这个问题不难克服。我国 20 世纪 80 年代以后建造的斜拉桥大都采用这个方法。1997 年建成的徐浦大桥斜拉索为双护层的"成品索",出厂前缠绕在特制的索盘上,水运至工地后,由地面水平和垂直运输设备将其运到桥面,再由桥面吊机将索盘搁在特制的放索架上。施工时,由安装在桥面上的 80 ~ 200kN 卷扬机通过塔顶上的索具及滑轮组将斜拉索缓缓抽出,然后用桥面吊机将锚固端锚具在钢主梁中安装就位。此时,塔顶上的滑轮组继续牵引斜拉索,当张拉端锚头(锚头前端还装有"探杆")接近塔柱上的索孔时,将其和张拉千斤顶上伸出的钢绞线连接,开动塔内张拉力 6 000kN 千斤顶将索牵引至所需位置,套上固定螺栓。如此安装就位后即可按施工控制要求张拉。

(5)单根钢绞线安装。1995 年建成的澳大利亚悉尼格莱贝岛桥跨度 140m + 345m + 140m,按照弗雷西奈专利的预应力法即所谓"等拉力法",用轻型的张拉设备每次提升一根钢绞线($7\phi 5$),其承载力为 225kN,一根斜拉索中有 25 ~ 74 根的钢绞线,这样一根根地提升、张拉、锚固,直至一根斜拉索中的全部钢绞线安装完成。

2)斜拉索的张拉作业

斜拉索的张拉作业大致有以下三种:

(1)用千斤顶将塔顶鞍座顶起。每一对索都支承在各自的鞍座上,鞍座先就位在低于其设计高程的位置,当斜拉索引架就位后,将鞍座顶到其预定的高程,使斜拉索张拉达到其承载力。前面提到的前联邦德国莱茵河上的克尼桥和麦克萨莱茵河桥都是采用这个方法。

(2)在支架上将主梁前端向上顶起。引架斜拉索,并使其处于不受力状态,斜拉索引架完成后,放下千斤顶使斜拉索受力。

(3)千斤顶直接张拉。这是最常用也是最方便的方法。

任务2 悬索桥施工

悬索桥是以悬索为主要承重结构的桥梁,由主缆、索塔、加劲梁、吊杆、鞍座、锚碇、基础等组成。现代大跨度悬索桥的施工方法具有典型性,根据结构特点,其施工步骤主要有下列五个部分:

(1)塔、锚碇基础的施工,同时加工制造上部结构施工所需的构件,为上部结构施工做准备。

(2)索塔及锚体施工,其中包括鞍座、锚碇钢框架安装等工程施工。

(3)主缆系统安装架设,其中包括牵引系统、猫道的架设、主缆索股预制和架设、紧缆、上索夹、吊索安装等。

(4)加劲梁节段的吊装架设,包括整体化焊接等。

(5)桥面铺装,主缆缠丝防护,伸缩缝安装,桥面构件安装等。

下面将根据悬索桥的施工顺序介绍有关牵引索及猫道(施工脚手架)、鞍座、主缆、吊索及加劲梁等的施工方法。

图6-10 虎门大桥猫道

2.1 牵引索及猫道(图6-10)

牵引系统作为猫道及主缆架设的动力源,主要承担猫道承重索面网、平行索股牵引等工作。牵引系统的架设施工主要分两大步骤:首先是先期架设施工,即先导索过海,利用先导索架设主、副牵引索,形成牵引动力源,借助主、副牵引索架设好猫道系统;其次在猫道系统完善的情况下,安装猫道门架及滑轮组,猫道滚轮等,使牵引索进入猫道门架上滑轮组内,从而形成完整的牵引系统。猫道是指位于主缆之下(大约1m)沿着主缆设置,作为主缆架设等作业的脚手架。它是由猫道主索、钢丝网面层、扶手绳等组成。猫道宽度不大,为防止被风吹翻,同时也是为上、下游猫道之间能互相连通,一般要在两猫道之间设横向天桥,中跨可设三至五道,边跨设一道。在猫道下方一般需设抗风索,在立面上,抗风索呈向上凸出的曲线形,其两端则扣在索塔和锚碇的下方。在猫道主索和抗风索之间设若干根竖向(或斜向成V形的)细绳,互相绷紧,就形成空间抗风体系。这样设置的抗风索势必侵入航运净空,故必须得到航运部门同意。沿抗风索还须按规定悬挂信号灯,以防船舶将它撞坏。

2.2 鞍座

位于塔顶的有主鞍座;边跨主缆进入锚碇之前可能设副鞍座;在锚碇前沿,主缆散开,需设散索鞍;若主缆散索中不改变其方向,则只需设散索套。在采用空中编缆法制成的主缆中,位于丝股和锚杆之间的中介环节,称为鞍跟。

2.2.1 主鞍座(图6-11)

塔顶主鞍座,设置于主缆越过塔顶之处,将主缆的荷载传给塔。座上设有索槽安设主缆。刚性桥塔上的塔顶主鞍座，一般在上座下设一排辊轴，辊轴下设下座底板，以把辊轴传来的集中荷载更好地分布在塔柱上；而柔性桥塔或摆柱式塔上的塔顶主鞍座，仅设上座，其通过螺栓与塔柱固定。主鞍座按加工方式可分为：整铸式鞍座、铸焊式鞍座、拼装式鞍座。

整铸式鞍座是其整体或半体采用普通铸造方法（铸钢）浇铸而成，它能较为简便地解决鞍座外形复杂、质量较大的问题。特别是鞍座槽道为系列同心阶梯圆弧曲面，一般需铸造成型后再进行精加工。

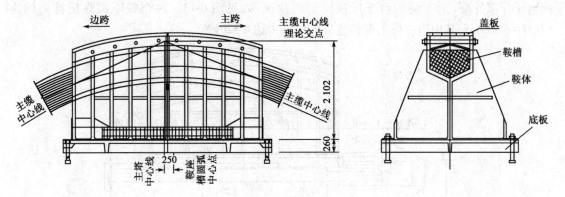

图 6-11　汕头海湾大桥主鞍座（尺寸单位：mm）

铸焊式鞍座是槽道部分铸造而成，下底板及结构加强肋则用厚钢板制造，彼此对位后焊接。这种鞍座由于采用了分体铸造方法，使铸造工作相对简单一些，铸造缺陷有所减少且较易发现和处理，其主要技术问题是厚板焊接技术及焊后无损检测问题。许多迹象表明，由于焊接工艺及设备的不断发展，对于像鞍座这类大型单件结构采用铸焊结构将会越来越经济，其发展潜力很大。

拼装式鞍座各部分分体铸造，经机械加工后，采用螺栓连接成整体。当采用铸焊式结构的技术条件不具备时，此法不失为一种简便的处理方法，且无焊接变形及焊后热处理问题。但此法对其分体各部分之结合面的加工精度和装配质量要求较高，整体性能对此较为敏感，其自重较同规格整铸式鞍座为重。比较典型的拼装式鞍座如图 6-12 所示。图 6-12a）中鞍座整体或半体以侧壁某一位置分成上下两部分分别铸造，加工其结合面后栓接；图 6-12b）为单独铸出槽道镶块，镶入槽底。

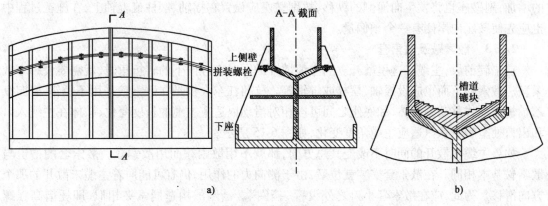

图 6-12　拼装式鞍座示意图

在悬索桥架梁过程中,随着缆力增长,主缆要带着主鞍座向河侧移动,为使塔身所受到的施工应力较小,并为使主鞍座两边的主缆水平分力接近于相等,就需要让主鞍座在施工过程中能有控制地做相对于塔顶的纵向移动。为此,需在鞍座下放置辊轴,或在鞍座底面涂抹石蜡及水平千斤顶。汕头海湾大桥是在鞍座底板上设置纵向油槽,钻有注油孔,同时在上下摩擦面之间满涂特种涂层。先将鞍座向两塔岸侧预偏1 204.3mm,在中跨先期安装的12段梁中,每安装一梁段,向前顶推一次,即分12次顶推鞍座到设计位置。鞍座的纵向顶移是在塔顶鞍座旁靠岸侧设置施顶反力架,在反力架与鞍座间安放两台6 000kN千斤顶水平施顶。每个鞍座的两台千斤顶并联,上下游四台千斤顶同步施顶纵移,见图6-13。每个鞍座实际顶推力约为5 000~6 000kN,其中南主塔上游鞍座最大顶推力达8 520kN。

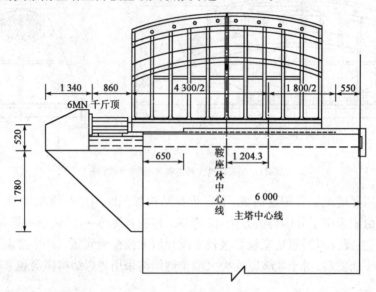

图6-13 汕头海湾大桥主鞍座顶移(尺寸单位:mm)

2.2.2 副鞍座

若边跨较大,致使主缆在边跨靠岸端的坡度平缓,为使主缆对水平线的倾角变陡以便进入锚碇,需在边跨靠岸端设墩(或钢排架),墩顶设置副鞍座。美国三藩市海湾桥、纽波特桥、英国福斯桥(图6-14)均设有副鞍座。主缆在副鞍座处的转角一般不大,其施于副鞍座的压力也较小,使副鞍座的制造比较容易。从副鞍座到锚块混凝土前锚面还有相当大的距离,随着缆力的增加,副鞍座也将发生向河侧的纵移,故副鞍座应设置在摇轴、摆柱或辊轴上,在施工过程中也应先使鞍座向岸侧有一个预偏量。

2.2.3 散索鞍及散索套

在锚碇前段,主缆在这里散开。当主缆散开的同时有一向下的转折角时,就需要设一个散索鞍。散索鞍下面也应设摇轴、摆柱或辊轴等。杭州江东大桥是在散索鞍采用不锈钢-聚四氟乙烯板滑动式移动副鞍体,和底座之间可以相对滑动以适应主缆的长度变化,鞍体在主缆入口和出口处呈喇叭状以适应主缆角度变化,如图6-15所示。

如果主缆在散开的同时不改变其总方向,那就不用散索鞍而用散索套。散索套的槽道与散索鞍基本相同。在散索套安装就位后,由于侧向力的作用,仍有可能向着主缆未散开的那个方向滑移。为此,应在散索套小口之外设置"挡圈"。挡圈的构造同索夹相似,即凭借高强螺栓使挡圈抱紧主缆,由此而产生摩擦力以阻挡散索套的移动。

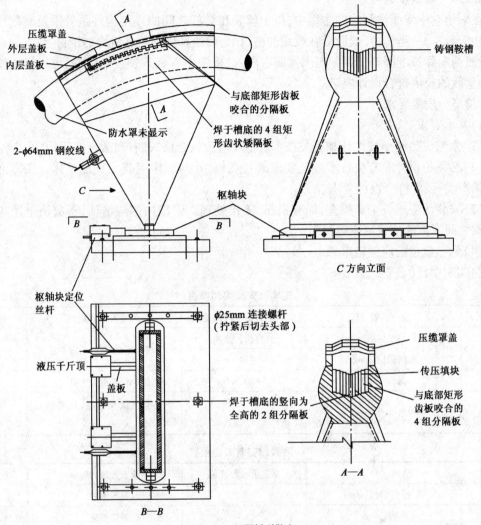

图 6-14 福斯桥副鞍座

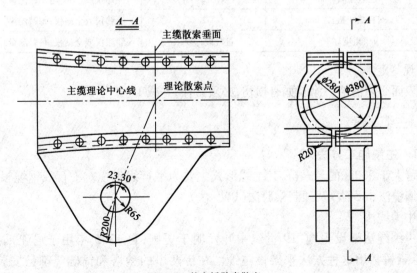

图 6-15 某大桥散索鞍座

2.2.4 靴跟及锚杆

在采用空中编缆法制成的主缆中,位于丝股和锚杆之间的连接构件是靴跟及其附件。靴跟的功能有二:一是传力,丝股套在靴跟的槽道上,而锚杆则连接在靴跟的销钉上;二是调节长度,丝股的实际长度因施工误差等因素而有出入,靴跟中有调节长度的附件,可以纠正施工误差,使丝股的长度符合设计要求。

2.2.5 质量要求

1)基本要求

(1)索鞍成品必须按设计和有关技术规范要求验收合格,并有产品合格证,方可安装。

(2)必须按设计和有关技术规范要求放置底板,并与底座混凝土连成整体。底座混凝土应振捣密实,强度符合设计要求。

(3)安装前应进行全面检查,如有损伤,需作处理。索槽内部应清洁,不应沾上减少缆索和索鞍之间摩擦的油或油漆等材料。

(4)索鞍就位后应锁定牢靠。

2)实测项目(表6-5、表6-6)。

主索鞍安装实测项目　　　　　表6-5

项次	检 查 项 目	规定值或允许偏差	检查方法和频率	权值
1	纵向最终偏差(mm)	符合设计要求	经纬仪或全站仪:每鞍测量	3
	横向偏位(mm)	10		2
2	高程(mm)	+20,-0	全站仪:每鞍测量1处	3
3	四角高差(mm)	2	水准仪或全站仪:每鞍测量四角	2

散索鞍安装实测项目　　　　　表6-6

项次	检 查 项 目	规定值或允许偏	检查方法和频率	权值
1	纵、横向偏位(mm)	5	经纬仪:每鞍测量	3
2	高程(mm)	±5	水准仪:每鞍测量	2
3	底板扭转(mm)	2	经纬仪或全站仪:每鞍测量	2
4	安装基线扭转(mm)	1	经纬仪或全站仪:每鞍测量	1
5	角度(°)	符合设计要求	经纬仪或全站仪:每鞍测量	2

3)外观鉴定

索鞍表面必须清洁。涂装如有损伤,必须修补,并减1~3分。

2.3 主缆架设

2.3.1 主缆施工方法

对主跨大于500m的悬索桥,其主缆形式主要为平行线钢缆。平行线钢缆根据架设方法分为空中编缆法(AS法)及预制索股法(PWS法)。

1)空中编缆法

用空中编缆法架设主缆,19世纪中叶发明于美国,自1855年用于尼亚瓜拉瀑布桥以来,多数悬索桥都用这种方法来架设主缆。在桥两岸的索塔和锚碇等已安装就绪后,沿主缆设计位置,在两岸锚碇之间布置一无端牵引绳,即将牵引绳的端头连接起来,形成从这一岸到那岸的长绳圈。将编缆轮扣牢在这牵引绳上某处,且将缠满钢丝的卷筒放在一岸的锚碇旁,从卷筒中抽出钢丝头,暂时固定在某靴跟(可编号为1)处,称这一钢丝头为"死头"。继续将钢丝向外抽,由死头、编缆轮和卷筒将正在输送的丝形成一个钢丝套圈,用动力机驱动牵引绳,于是编缆轮就带着钢丝送向对岸。在钢丝套圈送到对岸时,就由人工将套圈从编缆轮上取下,套到其对应的靴跟(可编号为1′)上。图6-16为编缆工艺示意图。随着牵引绳的驱动,编缆轮又被带回这岸,取下套圈套在靴跟1上,然后又送向对岸。这样进行上百次,当其套在两岸对应靴跟(例如1及1′)上的丝数达到一丝股钢丝的设计数目时,就将钢丝"活头"剪断,并将该"活头"同上述暂时固定的"死头"用钢丝连接器连起来。这样,一根丝股的空中编制就完成了。

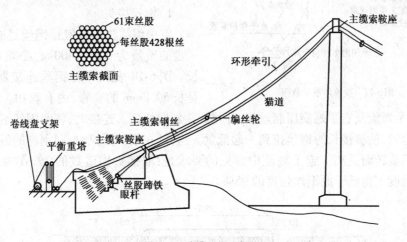

图6-16 编缆工艺示意图

在上述基本原理基础上,可以采取多种提高工效的措施。如果对岸也有卷筒钢丝,可以利用刚才所说的编缆轮在其返程中另带一钢丝套圈到这岸来,从而在另一对编号为2、2′的靴跟之间进行编股。而且,沿无端牵引绳可以设置两个编缆轮,两轮的间距为:当甲轮从这岸驶向对岸时,乙轮正好从对岸驶向这岸,而且两岸都有卷筒钢丝,于是就可以同时在3、3′和4、4′的靴跟之间编制另两丝股。这就是"以四根丝股为一批"的安排。就编缆轮扣牢在牵引绳上的两个点而言,每点可以不只设一轮,例如美国金门桥是设四轮,而且每个编缆轮上的缠丝槽路也可以不只一条。

空中编缆法的主缆每一丝股内的钢丝根数约为300~600根,再将这种丝股配置成六角形或矩形并挤紧成为圆形。它的施工必须设置脚手架(猫道)、配备编缆设备,还须有稳定编缆的配套措施。为使主缆各钢丝均匀受力,必须对钢丝长度和丝股长度分别进行调整(见靴跟及锚杆),还应及时进行紧缆和缠缆。

2)预制索股法

用预制索股法架设主缆,是1965年在美国发展起来的,其目的是使空中架线工作简化。自用于1969年建成的纽波特桥以后,使用逐渐广泛。我国新近建成的汕头海湾大桥、虎门大桥、西陵大桥、江阴长江大桥都是采用这个方法。

预制索股每束61丝、91丝或127丝。两端嵌固热铸锚头,在工厂预制,先配置成六角形,然后挤紧成圆形。架设的过程同空中送线法一样,但在猫道之上要设置导向滚轮以支持索股。

虎门大桥每束127丝,每丝直径5.2mm,每根主缆110束,采用门架式拽拉器牵引索股,如

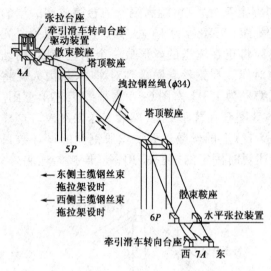

图 6-17 拽拉体系示意图

图 6-17 所示。在猫道上设置若干个猫道门架安装门架导轮组,牵引索通过这些导轮组,牵引索上固接有拽拉器,通过主(副)牵引卷扬机的收(放)索或放(收)索,使牵引索带动拽拉器穿过导轮组做往复运动。索股前端与拽拉器相连,使得索股前段约 30m 长悬在空中运行,而索股后段则支承在导向滚轮上运行。此方式也可用于空中编缆法。

2.3.2 主缆架设注意事项

1) 钢丝接头

空中编缆法用的镀锌钢丝是成盘供应的,一盘的质量为 200~400kg,必须在工地上接长。图 6-18 表示一种钢丝连接器的构造,它是长 50.8mm 的套管,内有丝扣。将钢丝的端头分别按左手螺旋及右手螺旋压制丝扣,并将丝头斜向切断。连接时,将两钢丝端头穿进套管两头,旋转套管,使被接长的钢丝拉到一起抵紧。这样,在钢丝受拉时,两钢丝的斜切面就彼此卡住,不会因旋转而脱离。施工规范中常见的要求是:取接头构造数的 2% 作为试件进行检验,测得的强度不得低于原钢丝强度的 95%。

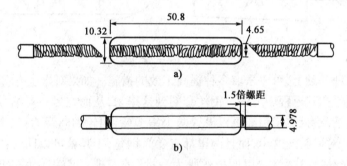

图 6-18 钢丝连接器构造(尺寸单位:mm)

2) 调整长度

无论是空中编缆法或预制索股法,都必须有调整长度的措施,称为调丝或调索股。

主缆在自由悬挂状态下的长度可以根据施工时的温度、边界条件、水平距离等因素计算出来,这些都属于施工控制的内容。需注意的是:主缆内各钢丝由于位置高度不同,其长度是不一样的。按上述长度设置基准丝,它在自由悬挂状态下的垂度也可以计算出来。理论上,实测值应符合计算值,但实际上由于温度、水平距离、边界条件等因素,两者存在着偏离,故需要精密计算并进行校正。

空中编缆法基准丝的数目和位置,应以能适应钢丝的垂度校核为原则。对于每一丝股,在安装时的第一根丝(或头几根丝)应该取为基准丝,随后安装的丝就可以用先前安装的基准丝来校核。校核的原则就是让钢丝处于自由悬挂状态,要求是带色丝,用来检查安装在主缆中的丝股是否扭曲。各主缆架设的第一根丝股称为基准股,它是以后各丝股垂度调整的基准,必须精确测量其垂度。垂度偏差的允许值在汕头海湾大桥(中跨水平距离 450m)为 3cm,若偏差超过允许值,就应在一端锚碇处放松或收紧丝股来调整。测量时应用千斤顶在塔顶鞍座处将丝股顶高少许,使之处在自由悬挂状态。

基准股以外的其他各股称为一般股。一般股采用相对垂度调整法,即测出待调整股与基准股的垂度差,将实测垂度差与理论垂度差比较,得出相对垂度差 Δf,然后根据悬链线弦长与垂度的关系,由 Δf 求得相应的放松(或收紧)Δs。丝股调整好以后,必须在鞍座内及时锁定,它和相邻丝股的关系是似靠非靠,若即若离。

3)主缆挤紧

(1)主缆初整圆。初整圆的目的是为了下一步挤紧做准备,初整圆在气温稳定的夜间进行。首先在主跨 1/4、1/2、3/4、边跨 1/2 处确定钢丝束排列有无差异、钢丝是否平行,若有则及时调整。然后用 $\phi 10mm$ 小钢丝绕两圈,两端用倒链滑车连于猫道横梁上,边收紧倒链边用木槌敲打。初整圆后,用钢带打包捆扎,捆扎间距开始较大,例如汕头海湾大桥开始是 60m,然后用二分法加密,直到 5m 一道。初整圆后主缆表面基本平顺,无凹凸不平现象,但空隙率尚未达到设计要求。

(2)主缆挤紧。紧缆机包含一个安装在主缆外面的环状刚性钢架,内有 6 个(或 8 个,乃至 12 个)置于径向的千斤顶上,千斤顶可以是液压式或螺旋式,在各千斤顶的活塞顶端装有按大缆最终直径制造的圆弧状靴块,千斤顶的另一端则是抵紧在上述环状钢架上,如图 6-19 所示。主缆的挤紧作业一般需配备四台紧缆机,首先从两主塔向中跨跨中挤紧,然后再从主塔分别向两边跨挤紧,挤紧间距为 1m。挤紧后在挤紧压块前后各用钢带捆扎一道,间距约 0.5m。挤紧前应拆除丝股的定形包扎带和初整圆的捆扎带。开机后应控制千斤顶的顶压力,每一千斤顶的顶压力一般是 700~1 000kN。但维拉扎诺桥及博斯普鲁斯二桥的顶压力曾高达 2 720kN 和 3 000kN。紧缆机能够沿着主缆移动。汕头海湾大桥采用千斤顶的顶压力和主缆直径双控标准,只要达到其中一个标准即自动停机。在紧缆机离开 5m 之后,测量主缆的竖向及横向直径,算出空隙率。海湾大桥挤紧后,空隙率的目标值为平均 20%。考虑到挤紧捆扎后的主缆直径回弹增大,在挤紧时适当调小缆径,控制在 18% 左右,实测得主缆横径为 57.5~58cm,竖径为 54.6~55.4cm,横竖直径差为 3cm,呈椭圆形断面,空隙率为 17.8%,满足设计要求。

图 6-19 虎门大桥主缆挤紧

2.3.3 质量要求

1)基本要求

(1)索股成品应有合格证,必须按设计和有关技术规范要求验收合格方可架设。

(2)索股入鞍、入锚位置必须符合设计要求,架设时严禁索股弯折,扭转和散开。

(3)索股锚固应与锚板正交,锚头锁定装置应牢固。
2)实测项目(表6-7)

主缆架设实测项目 表6-7

项次	检查项目		规定值或允许偏差	检查方法和频率	权值
1	索股高程(mm)	基准索股	中跨跨中±L/20 000	全站仪:测量跨中	3
			边跨跨中±L/10 000		
			上、下游高差10		
		一般索股	−5,+10	全站仪或专用卡尺:测跨中	2
2	锚跨索股力偏差		符合设计要求	测力计:每索股检查	2
3	主缆空隙率(%)		−0,+3	量直径和周长后计算:测索夹处和两索夹间	2
4	主缆直径圆度(%)		5	紧缆后横竖直径之差,与设计直径相比测两索夹间	1

注:L为中跨跨径。

3)外观鉴定

(1)架设后索股钢丝平行、顺直、无鼓丝,不重叠。不符合要求时,应处理,并减1~3分。

(2)索股顺直、不交叉,否则应进行处理。如有扭转现象,每处减3~5分。

(3)索股钢丝镀锌层保护完好,表面清净。不符合要求时,减1~3分。

2.3.4 缠缆

缠缆工作应在大部分恒载作用之后进行,此时主缆截面因拉应力作用而稍稍收缩,且索夹均已安装到位,故缠丝机应有越过索夹的功能。缠丝机主要部件包含一个可以开闭的钢环,钢环隔着圆弧形衬板骑在主缆之上。缠在环上的软钢丝被迅速旋转的飞轮抽出,紧紧缠在主缆之外。缠丝之前要在主缆钢丝表面涂以铅丹膏;在缠丝过程中,当铅丹膏被挤出时,应随时将其刮去,不让铅丹膏结硬在缠丝表面,随后再在缠丝之外涂油漆。缠丝机只能在索夹之间工作,缠丝的头要锚焊于索夹边缘。对于缠丝和索夹之间的缝隙,需要用铅毛(极细的小段铅丝)嵌塞,但位于主缆下面的缝隙都不必嵌塞,以使侵入主缆内部的水分可以从这里泄出。

2.3.5 质量要求

1)基本要求

(1)防护前必须清除主缆钢丝表面的灰尘、油污和水分,保持干燥、干净。涂膏应均匀地填满主缆外侧钢丝与缠丝之间的间隙,涂膏性能必须符合设计要求。

(2)缠丝前应对缠丝机进行标定。

(3)缠绕钢丝应嵌进索夹端部留出的凹槽内不少于3圈,绕丝端部必须牢固地嵌入索夹端部槽内并予焊接固定,不得松动。

(4)主缆防护的缆套安装,其各处密封性能必须良好。

2)实测项目(表6-8)

主缆防护实测项目 表6-8

项次	检查项目	规定值或允许偏差	检查方法和频率	权值
1	缠丝间距(mm)	1	插板:每两索夹间随机量测1m长	1
2	缠丝张力(kN)	符合设计要求,设计未规定时宜为2	标定检测:每盘抽查1处	2
3	防护涂层厚度(μm)	符合设计要求	测厚仪:每200m测1点	3

3) 外观鉴定

(1) 缠丝腻子应填满,并去除残留在裹覆层处的多余涂膏。不符合要求时,减 1~3 分。
(2) 缠丝不重叠交叉。不符合要求时,应进行处理,并减 1~3 分。
(3) 涂层应平滑,无凹凸不平,无破损和气孔,无流挂和漏涂等现象,保护完好。不符合要求时,减 1~3 分。

2.4 索夹及吊索

2.4.1 索夹构造形式

索夹有两种构造形式。一种是用竖缝分成两半,吊索骑跨在索夹上,如图 6-20 所示,用高强螺栓将两半拉紧,使索夹内壁压紧主缆,从而产生摩擦力以防止索夹滑动。在索夹两半之间应保留适当的缝隙,借以确保螺杆拉力能用于产生索夹对主缆的压力。高强螺杆位置尽可能向内靠近,一则使螺杆拉力对索夹壁的偏心较小,再则可以使螺杆较长,有利于螺杆吸收更多的应变能以防拉裂和减少应力损失。

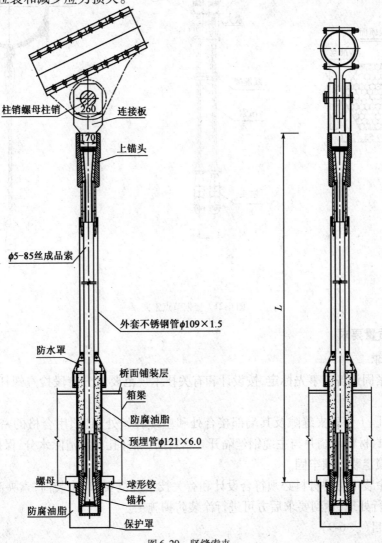

图 6-20 竖缝索夹

另一种索夹构造是在索夹下方铸成竖向节点板,在板上钻制孔眼,吊索端头的锚杯凭借销钉与此孔眼相连。其索夹较常见的是分成上、下两半。图 6-21 是英国塞文桥的索夹构造,用矩形齿状水平缝(其实是沿主缆轴线的缝)分成两半,高强螺杆与缝的方向垂直,斜吊索上端的锚杯借销钉连接在与索夹下半部铸在一起的节点板上,这种构造也可以将索夹分成左右两半,如丹麦的小贝尔特桥,两半的下部均铸有节点板,安装后并在一起。

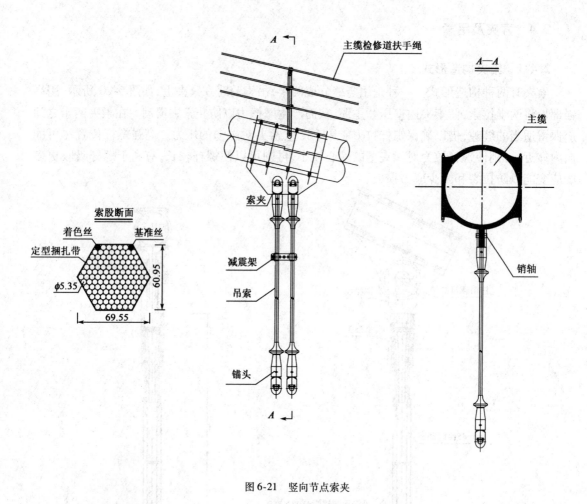

图 6-21 竖向节点索夹

2.4.2 质量要求

1) 基本要求

(1) 螺栓紧固设备应事先标定,按设计和有关技术规范要求分阶段检查螺杆中的拉力,并予补紧。

(2) 螺杆孔、上下索夹缝隙及其端部接合处和主缆缠丝处,必须用合格的密封材料填实,确保螺杆被密封材料环绕并与主缆钢丝隔开。密封前,螺杆孔里须清除水分,保持干燥。

(3) 锚头锁定装置须牢固。

(4) 工地涂装用防护材料必须符合设计和有关技术规范要求,涂装前,索夹和锚头表面应按设计要求进行处理,达到要求后方可进行涂装防护施工。

2) 实测项目(表 6-9)

索夹和吊索安装实测项目　　　　　　　　　　　　　表6-9

项次	检查项目		规定值或允许偏差	检查方法和频率	权值
1	索夹偏位（mm）	纵向	10	全站仪和钢尺：每个	2
		横向	3	全站仪：每个	2
2	上、下游吊点高差(mm)		20	水准仪：每个	3
3	螺杆紧固力(kN)		符合设计要求	压力表读数：每个	3

3）外观鉴定

（1）索夹密封良好。不符合要求时，应进行处理，并减1~3分。

（2）索夹螺栓端头长度均匀，螺牙保护完好。不符合要求时，减1~2分。

（3）吊索顺直、无扭转现象。不符合要求时，减3~5分。

（4）吊索及索夹的防护完好，无划伤、擦痕、断裂、裂纹等缺陷。不符合要求时，减1~3分，必要时应修补。

2.5 加劲梁架设

加劲梁架设的主要工具是缆载起重机。架设顺序可以从主跨跨中开始，向桥塔方向逐段吊装；也可以从桥塔开始，向主跨跨中及边跨岸边前进。

2.5.1 架设方式

以往加劲梁多用钢桁架，其架设方式也像钢桁架桥那样，从桥塔开始，向桥塔两侧逐段吊装。在每一梁段拼好以后，立即将其与对应的吊索相连，使其自重由吊索传给主缆。对于三跨悬索桥而言，一般需要四台缆载起重机，分别从两塔各向两个方向前进。由于各桥边跨和主跨的跨径比不同，为了使塔顶纵向位移尽可能小，应仔细推算索塔两侧加劲梁段的吊装次序，得出合理的施工方案。

从桥塔开始吊装的优点是施工比较方便，缺点是桥塔两侧的索夹首先夹紧，此时主缆形状与最终几何线形差别最大，因而主缆中的次应力较大。汕头海湾大桥就是采用这种方式。如图6-22所示海湾大桥混凝土加劲箱梁主跨有73段，边跨各24段，首先将预制梁段从预制场纵、横移下海，用铁驳船浮运到各跨主缆下定位，用锚固在主缆索夹上的1 800kN缆载吊机垂直起吊安装。每安装一梁段之后，吊机向前移6m，锚固到下一对索夹上，做下一梁段的吊装准备。吊装时，采用四点吊装法。

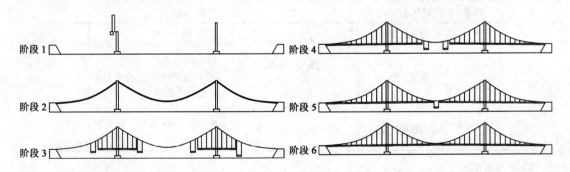

图6-22 从桥塔开始架设加劲梁吊装示意图

当加劲梁的重力逐渐作用到主缆上，主缆将产生较大的位移，从而改变原来悬链线的形状。所以，在吊装过程中，加劲梁上缘一般都顶紧而下缘张开，直至全部吊装完毕下缘才闭合。

如果强制使其下缘过早闭合,结构或其连接件有可能因强度不够而破坏。合理的做法应该是:在架设的开始阶段,使各梁段在上缘铰接,而使下缘张开。这些上缘铰接的梁段应具备整体横向抵抗侧向风荷载的能力。待到一部分梁段业已到位,主缆线形也比较接近最终线形时,再将这一部分梁段下缘强制闭合。当然必须通过施工控制,确认此时闭合使结构和其连接件都能满足设计要求。

英国于1966年建成的塞文桥梁段吊装是从跨中开始,向桥塔方向前进。如果边跨较长,为避免塔顶产生过大的纵向位移,应从两岸向桥塔方向同时吊装边跨梁段,如图6-23所示。这种吊装次序的优点是:在架设桥塔附近的加劲梁段时,主缆线形已非常接近其最终几何形状,此时将桥塔附近的索夹夹紧,主缆的永久性角变位最小。虎门大桥(边跨无加劲梁)全跨39梁段,其吊装次序就是先吊跨中段,再从跨中对称向两桥塔前进,直至合龙。

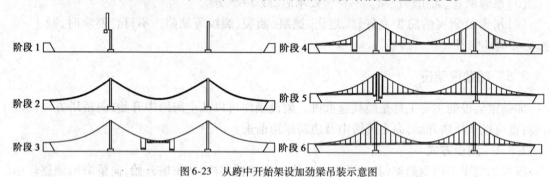

图6-23 从跨中开始架设加劲梁吊装示意图

2.5.2 质量要求

1)基本要求

所使用的焊接材料和紧固件必须符合设计和技术规范的要求,并须按设计规定的阶段,将主索鞍顶推至规定位置。

2)实测项目(表6-10)

钢加劲梁安装实测项目   表6-10

项次	检查项目		规定值或允许偏差	检查方法和频率	权值
1	吊点偏位(mm)		20	全站仪:检查每吊点	1
2	梁顶面高程在两吊索处的高差(mm)		20	水准仪:检查每吊点处	1
3	相邻节段匹配高差(mm)		2	尺量:每段	2
4	连接	焊缝尺寸	符合设计要求	量规:检查全部	2
		焊缝探伤		超声:检查全部;射线:按设计规定,设计无规定时按10%抽查	3
		高强螺栓扭矩	高强螺栓扭矩±5%	测力扳手:检查5%,且不少于2个	

3)外观鉴定

(1)线形平顺,无明显折变。不符合要求时,减1~3分。

(2)焊缝均应平滑,无裂纹、未溶合、夹渣、未填满弧坑、焊瘤等外观缺陷。发现不合格时,每处减0.5~2分,并须处理。

学习情境小结

1. 混凝土斜拉桥主塔施工方法有搭架施工、预制安装、滑模、爬模施工。
2. 斜拉桥主梁的施工方法有支架法、顶推法、平转法施工和悬臂拼装、浇筑法施工。
3. 斜拉索材料通常有钢丝绳、粗钢筋、平行钢丝索、平行钢绞线。
4. 斜拉索安装大致分为两步，引架作业和张拉作业。
5. 悬索桥是以悬索为主要承重结构的桥梁，由主缆、索塔、加劲梁、吊杆、鞍座、锚碇、基础等组成。
6. 悬索桥施工的重点是主缆和加劲梁的架设。悬索桥主缆架设一般采用空中编缆法和预制索股法。加劲梁架设通常采用梁段提升法。

复习思考题

1. 斜拉桥索塔的施工可分为哪几种？简述各施工方法的特点。
2. 斜拉桥主梁支架施工的条件是什么？
3. 请叙述斜拉桥主梁顶推施工过程。
4. 斜拉桥主梁悬臂拼装施工的特点是什么？
5. 斜拉桥主梁悬臂浇筑施工的优点是什么？
6. 目前斜拉索技术主要研究哪些方面？
7. 斜拉索安装过程可分为几步？
8. 斜拉索的张拉可分为几种？分别是怎样的？
9. 猫道是什么？其由哪些部分组成？
10. 悬索桥上可能使用的鞍座有哪几种？其作用分别是什么？
11. 悬索桥施工的重点是什么？它们都常用什么方法？
12. 悬索桥主缆施工方法有哪两种？
13. 悬索桥主缆建设注意事项有哪些？
14. 索夹可分为哪几种？
15. 加劲梁的架设有哪几种？各自的优缺点是什么？

学习情境 7　桥梁上部施工管理

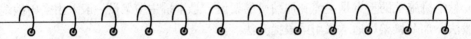

【知识目标】
　　了解施工管理对于提高项目管理效益、控制工程进度和保证工程质量起着重要的作用。了解桥梁施工的进度管理内容；了解桥梁施工的质量管理内容；了解桥梁施工的成本管理内容；了解桥梁施工的合同管理内容；了解桥梁施工的安全管理内容。
【能力目标】
　　能够对桥梁施工进行相关管理，做到使施工工作进行得又快、又好、又省、又安全。

　　施工管理对于提高项目管理效益、控制工程进度和保证工程质量起着重要的作用。现代工程正朝着大型化、规模化、现代化的方向发展，工程的复杂程度较以前呈指数级倍增，在建设投资力度不断增加的情况下，施工过程中的进度、质量、成本要通过严格的控制和管理才能得到保证。施工管理的目的就是要保证工程按设计要求的质量、计划规定的进度和低于设计预算或合同承包价的成本，安全、顺利地完成，也就是使施工工作进行得又快、又好、又省、又安全。它对于工程建设的顺利实施、保证工程质量、降低工程成本及提高施工企业效益具有重要的意义，同时施工管理也是施工过程中一项十分复杂的工作。

　　土建工程，特别是桥梁工程，系露天作业，受自然条件的影响较大，其生产特点是产品的位置固定不动，而制造产品所需要的劳动力、机具、材料则是流动的；产品的生产周期长，而且多数产品是一次性的；生产程序和生产工艺因具体情况的不同，需要不断地调整和改变。因而施工管理工作比工厂生产管理工作要复杂、困难得多，这就要求从事施工的人员给予足够的重视，必须在施工中随时掌握工程进展的实际情况和存在的问题，采用科学的管理方法，进行切实有效的施工管理，才能达到预期的目的。

任务 1　桥梁施工的进度管理

　　一个工程项目能否在预定的时间内交付使用，直接关系到投资效益的发挥。工程建设进度管理的目标，是保证工程在设计预定的工期内完工。因此，对桥梁工程施工进度进行有效的管理，使其顺利达到预定的目标，是桥梁施工项目管理过程中的一项必不可少的重要环节。

1.1 桥梁施工进度管理的内容

桥梁施工的进度管理是一个不断进行的动态管理,也是一个循环进行的过程。它是指在限定的工期内,编制出最佳的施工进度计划,并将该计划付诸实施。在执行该计划的施工过程中,经常检查实际施工进度是否按计划进行,若出现偏差,便及时分析产生的原因和对工期的影响程度,采取必要的补救措施和调整、修改原计划,不断地如此循环,直到工程竣工验收。桥梁施工进度管理的主要内容如下:

(1)对施工进度计划编制中的管理。

(2)对施工进度计划实施中的管理。

(3)施工进度计划实施中的检查与调整。

1.2 影响桥梁施工进度的因素和产生的原因

1.2.1 影响工程施工进度的因素

由于桥梁工程建设项目具有庞大、复杂、周期长及相关单位多等特点,故影响桥梁工程施工进度的因素有很多,主要是来源于工程建设相关单位的影响。

(1)政府及上级建设主管部门、建设单位(业主)及业主代表的(监理单位)影响。例如,当业主或业主代表(监理单位)下发了开工令后,施工场地还未能完全交给施工单位施工,或属于业主责任应完而未完的前期工作(比如"四通一平")。

(2)供货单位的影响。施工过程需要的材料、构配件、机具和设备等不能按期运抵施工现场,或运抵后发现不符合有关标准的要求,都会影响施工进度。

(3)资金的影响。工程的顺利施工必须有足够的资金作保障。通常,资金的影响来自业主,例如,由于没有及时给足工程预付款,或由于拖欠工程进度款,都会影响工程进度。

(4)设计单位的影响。由于原设计有问题需要修改,或由于业主提出了新的要求,特别是所谓的"三边工程",即:边设计、边施工、边投入使用的工程,在施工过程中出现设计变更是在所难免的。

(5)施工条件的影响。在施工过程中遇到工程地质、天气及周边环境等方面的不利因素,或由于要处理地下障碍物,从而必然影响施工进度。

(6)各种风险因素的影响。风险因素包括政治、经济、技术及自然等方面的各种可预见或不可预见的因素,政治方面的有战争、内乱、罢工、拒付债务、制裁等;经济方面的有延迟付款、汇率浮动、换汇控制、通货膨胀、分包单位违约等;技术方面的有工程事故、试验失败、标准变化等;自然方面的有地震、洪水等,这些因素都会对施工进度产生较大的影响。

(7)承包单位本身管理水平的影响。施工现场的情况千变万化,若承包单位的施工方案不恰当、计划不周详、管理不完善、解决问题不及时等,都会影响工程项目的施工进度。

1.2.2 影响施工进度的原因

将上述影响工程施工进度的因素归纳起来,有以下几个原因:

(1)在估计工程特点及工程实现的条件时,过高地估计了有利因素和过低地估计了不利因素。

(2)在工程实施过程中出现工作方面上的失误。

(3)不可预见事件的发生。

1.3 桥梁工程施工进度的检查方式和检查方法

正是由于各种因素的影响,经常会打乱原计划的安排并出现进度偏差。不变是相对的,变化是绝对的,所谓"计划赶不上变化",从而使施工阶段的进度控制显得非常必要。因此,应及时了解和掌握工程实际进展情况,分析和检查影响进度偏差的原因,为工程施工进度的调整和控制提供信息依据。

1.3.1 工程施工进度的检查方式

在工程进度计划实施后,应及时跟进并收集工程实际进展情况,包括工作的开始时间、完成时间、持续时间、逻辑关系、实物工程量和工作量,以及工作时差的利用情况等,从中了解施工过程中影响进度的潜在问题,以便及时采取相应的措施加以预防和纠正偏差。

1.3.2 工程施工进度的检查方法

施工进度的检查方法主要是对比法,也有利用横道图比较法、S形曲线比较法、香蕉形曲线比较法、前锋线比较法、列表比较法等,将经过整理的实际进度数据与计划进度数据进行比较,从而发现是否出现偏差和偏差的大小。若偏差较小,可在分析其产生原因的基础上采取有效的措施,使矛盾得以解决,继续执行原计划;若偏差较大,经过努力不能按原计划实现时,则要考虑对原计划进行必要的调整,即适当延长工期或改变施工速度。

1.4 工程施工进度的调整

工程进度的调整一般是不需要并且应尽量避免的,但如果发现原有的进度计划已落后,不适应实际情况时,为确保工期,实现进度控制的目标,就必须对原有的计划进行调整,形成新的进度计划,并作为进度控制的新依据。调整工程进度计划的主要方法有以下两种。

1.4.1 压缩关键工作的持续时间

不改变工作之间的顺序关系,而是通过缩短网络计划中关键线路上的持续时间来缩短已被延长的工期。具体采取的措施有增加工作面、延长每天的施工时间、增加劳动力及施工机械的数量等组织措施;有改进施工工艺和施工技术以缩短工艺技术间歇时间、采取更先进的施工方法以减少施工过程或时间、采用更先进的施工机械的技术措施;有实行包干奖励、提高资金数额、对所采取的技术措施给予相应补偿的经济措施;还有改善外部配合条件、改善劳动条件等其他配套措施。在采取相应措施调整进度计划的同时,还应考虑费用优化问题,从而选择费用增加较少的关键工作作为压缩对象。

1.4.2 组织搭接作业或平行作业

这种方法的特点是不改变工作的持续时间,而只改变工作的开始时间和完成时间。对于大型的桥梁工程项目,由于其单位工程较多且相互制约比较小,可调整的幅度比较大,所以容易采用平行作业的方法来调整施工进度计划。而对于单位工程项目,由于受工作之间工艺关系的限制,可调整的幅度比较小,所以常采用搭接作业的方法来调整施工进度计划。但不管是搭接作业还是平行作业,工程项目在单位时间内的资源需求量将会增加。

1.4.3 不改变工作的持续时间,而只改变工作的开始时间和完成时间

这种调整情况有:对于大型工程项目,如,小区工程,可调整的幅度较大是由于有多项的单位工程,而它们之间制约比较小,从而可调整的幅度比较大,因此比较容易采用平行作业的方法来调整进度计划;对于单位工程项目,由于受工作之间工艺关系的限制,可调整的幅度较小,通常采用搭接作业的方法来调整施工进度计划。

需要注意的是,无论采取哪种方法进行施工进度调整,都必然会增加工程费用,因此,施工单位在进行施工进度控制时,还应该考虑投资控制的问题。此外,当可调整的幅度受到限制,或工期拖延得太多,或采取某种方法未能达到预期效果时,还可以同时用这两种方法来调整施工进度计划,以满足工期目标的要求。

总之,施工进度管理是技术性要求较强的工作,不仅要求施工管理人员掌握施工组织设计的编制,还要熟悉桥梁施工、桥梁工程劳动定额与工程预算定额、技术方案方面的知识,并具有丰富的专业知识,另外还要求细心收集和整理有关设计变更、现场签证、自然灾害等资料。在工程项目实施过程中,进度管理就是一个需要不断地计划、执行、检查、分析和调整的动态循环。因此,要做好施工进度的计划与衔接,跟踪检查施工进度计划的执行情况,适时进行调整,在保证工程质量的前提下,确保工程建设进度目标的实现。

任务 2 桥梁施工的质量管理

质量管理是企业为了保证和提高产品质量或工程质量,组织全体职工及有关职能部门同心协力,综合运用管理技术、专业技术和科学方法,经济合理地开发、研制、生产并提供给用户满意的产品的管理活动。施工企业进行质量管理的直接目的是:保证和提高施工生产工作质量和工程质量,提供用户满意的产品。

质量管理中质量的含义,主要有以下几方面:

(1)产品质量。即能够满足国家建设和人民需要所具备的自然属性。一般包括适用性、可靠性、安全性、经济性和使用寿命等,也就是产品的使用价值。这种属性区别了产品的不同用途。建筑工程的施工质量,是指建筑物、构筑物或构件是否符合设计文件和现行《建筑安装工程施工质量评价标准》(GB/T 50375—2006)、《公路工程质量检验评定标准》(JTG F80/1—2004)的要求。

(2)工序质量。即生产中人、机器、材料、施工方法和环境等综合因素对产品起作用的过程,并在这个过程所体现出的产品质量。

(3)工作质量。不像产品质量那样直观,工作质量主要体现在施工企业的一切生产经营活动中,并通过经济效果、生产效率、工作效率和产品质量,集中地表现出来。施工企业的经营管理、技术组织、思想政治工作不仅是提高工程质量的保证,也是提高企业经济效益的保证。

产品质量、工序质量和工作质量虽是不同的概念,但三者关系又是紧密相连的。产品质量取决于工序质量,是企业施工的最终成果。工作质量是工序质量和产品质量的基础和重要保证。提高产品质量或工程质量,不能仅抓产品质量,必须通过提高工作质量来保证和提高工序质量,从而达到提高产品或工程质量的目的。提高产品质量的目的,归根到底还是为了提高经济效益,为社会创造更多的财富。

2.1 保证和提高工程质量的重要意义

工程质量是建筑产品使用价值的集中表现,只有符合质量要求的工程才具有使用价值,才能投入生产和交付使用,取得投资效果。工程质量越高,使用价值就越大。质量不合格,就丧失了使用价值,是社会物质资源和人力资源极大的浪费。因此,在施工中必须牢固树立"百年大计、质量第一"的思想,做到"好中求快、快中求省"。

由于工程质量是建筑物和构筑物使用价值的集中体现,因而投资者(建设单位)最关心工程质量的好坏。施工企业要想维持生存,求得发展,不可不重视工程质量。从一定意义上来说,工程质量是施工企业的生命。

就施工企业来说,为提高经济效益,一是加快施工进度,增加产品数量;二是提高产品质量;三是降低成本。而提高产品质量则是国家和社会的根本利益所在,也是施工企业根本利益所在。没有质量就没有效益,就不能形成财富,只会造成社会资源的浪费。社会主义建设中,速度固然重要,但质量是根本。如果不能保证工程质量,达不到设计要求,速度再快也毫无意义,产品再多也只是浪费。工程质量的好坏,不仅关系到施工企业的信誉,更重要的是关系到国民经济的全局,必须把工程质量当作关系现代化建设的大事来抓。

总而言之,保证工程质量,是施工企业求产值、求速度、求成本节约、求企业信誉、求经济效益和社会综合效益的基础。

2.2 质量管理的基本要求

2.2.1 全面质量管理所管的范围是产品质量产生、形成和实现的全过程

产品的全过程包括产品的设计、制造和使用过程,也就是产品质量的产生、形成和实现过程。要保证产品质量,就要把产品全过程的各个环节都结合起来管理,形成一个综合性的质量管理工作体系,也即管理好设计、制造和使用的整个过程。对产品全过程的质量管理要体现预防为主的思想,不设计用户不满意的产品,不制造不合格产品,就是体现了预防为主的思想,同时也体现了为用户服务的思想。企业为了用户,实行全过程的质量管理,就要在全过程的各个环节上树立为用户服务的思想。在企业内部,每道工序都应该把下道工序当作用户,企业各道工序才能目标一致地、协调地生产出用户满意的产品来。

2.2.2 质量管理要求的是全企业的管理

每个企业的质量管理都可以分为上层管理、中层管理和基层管理,其中每一层都有各自质量管理的活动内容,不同层次的内容和侧重点也不一样,但其总目标是一致的,都是在同一个目标系统中进行的全面管理。上层管理侧重于质量决策,主要是制订质量方针、质量目标与质量计划,并统一组织、协调企业各部门、各环节、各类人员的质量管理活动,保证实现企业总的经营管理目标;中层则要实施上层的质量决策、进行质量方针展开、目标分解和质量计划的执行,按照各自的质量职能,进行具体的业务管理;基层则要求实干,严格按照技术标准进行生产,按照规章制度进行具体工作,完成各项任务。因此,全面质量管理必须是全企业的管理。同时,要提高产品质量,就必须将分散在企业部门的质量职能充分地发挥出来,所以各部门的质量管理工作都是不可分割的,要求企业的各有关部门都要参加全面质量管理。

2.2.3 质量管理是要求全员参与的质量管理

全面质量管理要求的是全企业的管理,同时要求企业全体人员都必须参加。只有通过企业的各级领导、管理干部、工程技术人员、技术工人、后勤工人和企业其他各方面人员的共同努力才能实现全面质量管理,才能真正提高产品质量。因为产品质量是企业各个环节、各个部门的各项工作质量的综合反映,企业中任何一个环节,任何一个部门中的任何一个人的工作质量都会不同程度直接地或间接地影响产品的质量。所以,必须把企业的全体人员动员起来,上至经理厂长,下至每个工人,都积极参加全面质量管理,自觉地参加质量管理的各项活动,努力做好本职工作,不断提高个人的技术素质、管理素质和政治素质,牢固地树立质量第一的思想,有强烈的质量意识,从而才能不断地生产出适销对路、质优价廉的产品,产生更高的经济效益和社会效益。

2.2.4 质量管理所应用的管理方法是多种多样的

随着现代科学技术的发展,人们生活水平和社会文明的不断提高,对产品质量提出的要求也越来越高。同时,影响产品质量的因素也越来越多,越来越复杂,既有物的因素,又有人的因素;既有企业内部的因素,又有企业外部的因素;既有技术上的因素,又有组织管理的因素。因此,要做好社会需求、市场动向的分析预测,做好一系列影响产品质量的控制管理工作,必须采用一整套科学的质量管理方法。全面质理管理所应用的方法是多种多样的,其中有排列图、直方图、控制图、回归分析法、抽样检查法、正交试验法等多种常用的数理统计方法,也有大家比较熟悉的 PDCA 循环工作法。还有价值分析法、系统工程和运筹方法等,同时又广泛地运用了科学技术的最新成果,如先进的专业技术、检测手段和应用电子计算机等。由于行业不同、企业条件不同、产品不同,因而要根据具体情况灵活运用各种可行的方法,以发现问题,分析问题和解决问题。从使用成果来看,目前用得最多最有效的还是数理统计方法。随着全面质量管理的推广和深入,它所应用的方法也将会有所发展,有所创新。

2.3 质量管理的基础工作

企业推行全面质量管理,是在具备了一定的基本条件,具有一定的手段和应有的规章制度下进行的。所以,企业要想做好全面质量管理,就必须做好质量教育、标准化、计量、质量责任制和质量信息五项基础工作。为了更好地开展全面质量管理,企业还必须组织各种类型的质量管理小组,以吸引更多的职工参加质量管理活动并为建立、健全质量保证体系打好群众基础。

2.3.1 质量教育工作

1)质量教育的内容

质量教育工作包括两个方面的内容:一是技术教育与培训;二是全面质量管理基本知识的宣传教育。因为产品质量的好坏,归根到底取决于职工队伍的技术水平和管理工作水平。若工人缺乏必要的技术训练,没有掌握好必要的操作技术,就难以加工出来高质量的产品。同样,如果企业领导干部、管理人员和技术人员不能熟练地掌握有关的业务、技术和管理知识,缺乏工作能力与组织能力,也不能生产制造出优质的产品来。所以,企业必须对全体职工不断进行技术教育与培训。当然,只有技术教育与培训还是远远不够的,还必须对全体职工进行经常的、不断深入的质量管理基本知识宣传教育,使全体职工牢固树立质量第一的思想,强化质量意识,掌握全面质量管理的基本理论,熟练运用全面质量管理的各种方法。此外,不同的行业,不同的企业开展质量教育的内容不尽相同,即使对同一企业的不同人员(如领导干部、中层干部、技术干部、一般科室干部和不同岗位的工人)也应该有不同内容、不同深度和不同层次的质量教育。

2)质量教育的任务

质量教育工作的主要任务,就是要不断增强企业全体人员的质量意识,使全体职工牢固地树立质量第一的思想,认识到质量与人民生活息息相关,质量是企业生存和发展的根本所在;认识到提高质量对于我国现代化建设的重要意义,使每个职工认识到自己在提高质量中的责任,自觉地提高业务管理水平和技术操作水平,提高自己的工作质量。因此,质量教育工作是现代化建设的需要,是职工自身的需要,是企业推行全面质量管理的第一项基础工作。

2.3.2 标准化工作

1)标准的内容

标准是指为取得全局的最佳效果,在充分协商的基础上,依据科学技术和实践经验,对经济、技术和管理等活动中具有多样性、相关性特征的重复事物和概念,以特定的程序和形式颁发的统一规定。标准包括技术标准和管理标准两个方面的内容。技术标准是对技术活动中需要统一协调的事物制定的技术准则和法规。它的对象可以是物质的,如产品、零件、材料、工具等,也可以是非物质的,如程序、方法、符号、图形等。技术标准除国际标准和国外先进标准外,在我国一般又分为国家标准、部门标准和企业标准。管理标准是为正确处理生产交换、分配和消费中的相互关系,以及行政和经济管理机构行使其计划、监督、指挥、组织、控制等管理职能而制定的准则,它是组织和管理企业生产经营活动的依据和手段。管理标准包括企业规定的生产经营工作标准、管理业务标准和生产班组管理标准等。例如企业的各项管理活动的工作程序、办事准则、工作规程和规章制度等。

2) 标准化工作的重要性

标准化是指以国家利益为目标,以重复性特征的事物和概念为对象,以管理、技术和科学实验为依据,以制定和贯彻标准为主要内容的一种有组织的活动过程。对施工企业来说,从原材料进场到产品完成的各个环节都要制定相关的标准,要建立一套完整的标准化体系,既要有技术标准,又要有管理标准。没有标准,就无法进行质量管理。随着科学技术的发展和社会需要的扩大,标准化的对象与范围越来越广泛,几乎无所不包,其中大多数标准都同质量管理直接有关。因此可以说,标准是质量管理的基础,质量管理是贯彻执行标准的保证。企业要推行全面质量管理,就必须认真做好标准化这项基础工作。

2.3.3 计量工作

计量工作是工业生产的重要环节,是保证产品质量的重要手段和方法,计量工作的首要任务是统一国家的计量单位制度,组织量值传递,保证量值的统一。没有计量单位制度和量值的统一,执行标准就是一句空话,全面质量管理工作也就无从做起。所以做好计量工作,包括测试、化验、分析、能源计量等工作,是企业开展全面质量管理的一项重要的基础工作。计量工作的要求主要有:配备齐全必要的量具和分析、化验用的仪器,要做到完整无缺;保证量具和仪器的质量稳定,示值准确一致;出现损伤时恢复要及时;此外要选择正确的测定计量方法。

做好计量工作,必须着重抓好以下几个主要环节:

(1) 建立必要的计量组织机构和配备适当的计量人员。
(2) 建立、健全计量管理制度。
(3) 保证计量器具和仪器的正确合理使用。
(4) 定期进行计量器具和仪器的检定。
(5) 及时修理(或报废)计量器具和仪器。
(6) 改进计量工具和计量方法。

2.3.4 质量责任制

只有实行严格的质量责任制,才能建立正常的生产技术工作秩序,才能加强对设备、工具、原材料和技术工作的管理,才能统一工艺操作。建立质量责任制,是工业企业中建立经济责任制的首要环节。实行经济责任制,必须首先实行质量责任制。实行质量责任制不仅能提高与产品质量直接有关的各项工作的质量,还能提高企业各项专业管理的工作质量,把各方面的隐患消灭在萌芽之中,防止产品质量缺陷的产生。

在建立质量责任制时,首先要明确,其实质是责、权、利三者的关系,要分对象,分层次,分专业制订各类人员的质量责任制,同时注意由粗到细,先易后难,先定性后定量,逐步完善。在制订经济责任制时,必须以质量责任为主要内容,进行严格考核和奖励,以确保产品质量。

质量管理责任制的主要内容如下:

(1)建立和健全保证工程质量的各项管理制度,推行质量管理标准化,使企业各级机构、各业务部门、各道环节从上到下都担负起质量管理的职责,从而促进各项质量管理基础工作的巩固和发展。

(2)建立企业各级人员的质量岗位责任制。按照国家的规定,经理、厂长负责本企业的质量管理工作,对产品质量负全面责任。总工程师和主管技术、生产的副经理、副厂长等要解决工程建设中的重大技术问题,组织技术攻关和建设工程创优活动,并协助经理、厂长督促检查各项质量计划的实现,各职能科室、工程队、班组等都要明确质量管理的职责,用提高工作质量来保证工程产品的质量。

(3)执行经济奖惩制度,改变干好干坏一个样的状况。

(4)组织各种形式的质量检查,及时分析工程质量改进情况和存在问题。

(5)建立质量回访制度,做好工程保修工作,及时进行信息反馈。

(6)严肃处理质量事故,认真做到"三不放过"(即事故原因不清不放过,事故责任者和群众没有受到教育不放过,没有改进及防范措施不放过)。

2.3.5 质量信息工作

质量信息是反映企业产供销各个环节工作质量和反映产品质量的各种基本数据、原始记录以至产品使用过程中反映出来的各种资料。它是质量管理的耳目,是实现质量管理的基本前提。企业的质量信息有来自企业外部的,如来自上级主管部门、同行业厂家、外购外协件厂家、市场和用户的质量信息;有来自企业内部的,如各施工工区、班组、检验部门、经营科、维修服务部门的质量信息;有反映产品质量的信息,也有反映工作质量的信息等。总之,凡是涉及产品质量的信息都属于质量信息的范畴。

要提高产品质量,首先要对来自各方面的影响因素有清楚的认识,做到心中有数、决策及时。影响产品质量的因素是多方面的,也是错综复杂的,应尽量减少或避免不利因素,充分发挥有利因素。

质量信息是质量管理不可缺少的重要依据,是改进产品质量、各项工作质量的依据,也是正确认识影响产品质量诸因素变化规律的依据,是企业领导层制订质量决策的依据。因此,企业推行全面质量管理就必须做好质量信息这项基础工作。

2.3.6 开展质量管理小组活动

1)质量管理小组

质量管理小组又称 QC 小组,它是职工参加民主管理活动、改进管理工作、提高管理水平的一个重要环节和组织保证。小组的组建要从实际出发,自愿和行政组织相结合。可在班组和施工队内建立,也可跨班组、跨施工队建立(一般不超过 15 人);小组的组长应由热心质量管理、有一定文化技术水平且能带领全体组员开展活动的人员担任。小组建立并确定课题后,要向所在工程队登记,并由工程队(或车间)汇总报送企业质量管理部门。跨队的小组可直接向企业质量管理部门登记。

2)质量管理小组的活动

小组的活动要根据企业的质量目标展开,从分析本岗位、班组、工程队(车间)的现状着手,围绕提高质量、降低消耗以及文明施工、改善管理、提高小组素质等方面选择课题,企业领导也可根据需要布置课题。小组完成课题后,应选择新的课题,继续开展活动。课题变更,要及时备案。

小组活动要按照"计划、实施、检查、处理"(PDCA)这一工序开展活动,做到目标明确、现状清楚、对策具体、措施落实,并要及时检查、总结。

小组活动要学创结合,讲求实效,注意吸取我国群众性质量管理活动的经验,同时也要学习和借鉴外国的科学管理经验,努力做到专业技术、管理技术和其他科学方法相结合。小组要如实做好活动记录,包括课题、实施情况、现状分析、对策措施、数据处理及出席人员等项目。小组取得成果后,要制订标准化措施,逐步形成制度,予以巩固,并且由企业质量管理部门定期组织经验介绍、成果发布会,以推进小组活动。为了总结经验,表彰先进,应当每年组织一次优秀质量管理小组的评选活动,对企业的优秀质量管理小组和推动小组活动做出贡献的质量管理工作人员,给予一定的奖励。全国和部门地区的优秀质量管理小组由各主管部门颁发奖牌或证书、证章,所在企业将荣誉记入小组成员个人档案,作为晋级和职称评定的依据之一。

任务3 桥梁施工的成本管理

工程成本管理是施工企业为降低工程成本而进行的各项管理工作的总称。其基本任务是降低工程建设成本,提高企业利润,减少投资浪费,为国家提供更多的积累,使企业及其职工获得更大的利益。它对促进施工企业顺利完成施工任务发挥着重要的作用。工程成本管理主要包括成本的计划、控制和分析。

工程成本管理与其他管理工作有着密切的联系。施工企业总的技术水平和经营管理水平的高低,均能直接或间接地反映在成本这个综合指标上。工程成本的降低,表明施工企业在施工过程中活劳动和物化劳动的节约。活劳动的节约说明劳动生产率的提高,物化劳动的节约说明机械设备利用率的提高和建筑材料消耗率的降低。

一般来讲,施工阶段影响工程造价(即工程投资)的可能性只有5%~10%,节约投资的可能性比较小,但是,工程投资却主要发生在这一阶段,浪费投资的可能性则很大。因此,加强对工程成本的管理,不断降低工程造价,具有十分重要的意义。

3.1 工程成本及其分类

3.1.1 工程成本

工程成本是工程价值的一部分。建筑安装工程的价值是由已消耗生产资料的价值(原材料费、燃料费、动力费、设备折旧费等),劳动者必要劳动所创造的价值(工资等)和劳动者剩余劳动所创造的价值(税收、利润等)三部分组成。其中,前两部分加在一起构成建筑安装工程的成本。

3.1.2 工程成本的分类

进行工程成本管理,首先要将成本按照一定的划分标准进行分类,这样才能正确计算工程成本,找到降低成本的途径,满足成本管理和经营决策的需要。

1)按成本控制标准的不同划分

工程成本按控制标准的不同,一般可分为预算成本、实际成本和计划成本。

预算成本是根据一定时期的现行预算定额和规定的取费标准计算的成本,它是衡量实际成本节约还是超支的尺度。

实际成本是根据工程施工过程中发生的实际生产费用所计算的成本,它是按一定的成本核算对象和成本项目汇集的实际耗费。实际成本反映了施工企业在一定时期内实际达到的成本管理水平。

计划成本则是根据计划期平均先进的施工定额编制的施工预算,并考虑降低成本的技术组织措施后确定的成本。计划成本反映了企业在计划期内预计达到的成本水平,是计划期企业在成本方面的努力目标。

2)按计入成本核算对象的方法划分

按计入成本核算对象的方法,一般可将成本分为直接成本和间接成本。

直接成本,对施工企业来说就是工程的直接费,即指可以直接计入每个工程项目中的生产费用,它由人工费、材料费、施工机械使用费和其他直接费以及现场费用等成本项目组成。

间接成本指不能直接计算到每个工程项目中,而与整个企业生产活动有关,需要按一定的标准计入各个成本核算对象上去的费用。例如,为组织施工和经营管理而支出的施工管理费、劳动保险费等就属于间接成本。

3)按成本与产量的关系划分

工程成本按成本与产量的关系,一般可分为变动成本和固定成本。变动成本是指成本总额随产量的变化成比例变化的成本。例如,构成工程实体的主要材料费、机械使用费和施工用水用电等费用均随着主体工程量的增加而成比例增加,属变动成本。但是,单位变动成本则是相对稳定的,基本不受工程量变化的影响。例如,单位主体工程所需的主要材料费不随工程量的增加而增加,是相对稳定的。固定成本是指成本总额不受产量变化的影响,不随产量变化而变化的成本。例如,大部分的施工管理费,在一定的产量范围内,基本上不随产量变化而变化,如工作人员工资、办公费、劳动保险费、固定资产使用费、职工教育经费等均属固定成本。然而,在一定时期内,随着产量的增加,每单位产品分摊的成本数量相应减少,即单位固定成本是变化的,它随着产量的增加而减少。

3.2 成本计划

降低工程成本,不断提高劳动生产率,是社会主义经济发展的客观要求,为了有步骤地降低工程成本,必须做好成本管理工作,而要做好成本管理,就需要有一定的成本计划。编制成本计划是加强成本管理的前提,没有成本计划,就不可能有效地控制成本,也无法进行成本分析工作。编好成本计划,首先应以先进合理的技术经济定额为基础,以施工进度计划、材料供应计划、劳动工资计划和技术组织措施计划等为依据,使成本计划达到先进合理,并能综合反映上述计划预期产生的经济效果。编制成本计划,还要从降低工程成本的角度,对各方面提出增产节约的要求。同时要严格遵守成本开支范围,注意成本计划与成本核算的一致性,正确考核和分析成本计划的完成情况。

施工企业成本计划的内容包括降低成本计划和企业管理费用计划。降低成本计划是综合反映施工企业在计划期内建筑安装工程预算成本、计划成本、成本计划降低额(即预算成本减去计划成本)和成本计划降低率(成本计划降低额/预算成本)的文件,其格式见表7-1。

降低成本计划格式表　　　　表7-1

成本项目	预算成本	计划成本	成本降低额	成本降低率(%)
	(1)	(2)	(3)=(1)-(2)	(4)=(3)/(1)

企业管理费用计划则是根据费用控制指标、施工任务和组织状况,结合所采取的节约措施,由各归口管理部门按企业管理费的明细项目,分别计算各个项目的计划支出数,然后经汇总而成。它反映了企业在计划期管理费的支出水平。

3.3 成本控制

工程成本控制是施工企业在施工过程中按照一定的控制标准,对实际成本支出进行管理和监督,并及时采取有效措施,纠正脱离目标成本的偏差,消除不正常损耗或浪费,使各种费用的实际支出控制在预定的标准范围之内,从而保证企业成本计划的完成和目标成本的实现。

3.3.1 成本控制的三个阶段

成本控制按工程成本发生的时间顺序,可划分为事前控制、过程控制和事后控制三个阶段。

1)成本的事前控制

成本的事前控制是指在施工前应对可能引起成本发生较大变化的因素和条件进行控制,是成本形成前的成本控制。具体做法有:制订成本控制标准,拟订相应的成本计划,实行目标成本管理;建立、健全成本控制责任制,把成本计划指标层层分解落实到各单位、各部门或个人,在保证完成企业降低成本总目标的前提下,制订各责任单位成本控制的具体目标,分清经济责任。

2)成本的过程控制

成本的过程控制是指对项目的实施过程进行控制,主要是对成本的形成和偏离目标成本的差异进行日常控制,其方法如下:

(1)严格按照成本计划和各项消耗定额,对施工费用随时随地进行审核,及时制止不合理开支,把可能导致损失和浪费的苗头消灭在萌芽状态。

(2)建立反映出现成本差异的信息反馈体系,随时把成本形成过程中出现的偏离目标的差异反馈给责任部门和个人,及时采取纠正偏差的具体措施。

3)成本的事后控制

成本的事后控制,即对实际已发生的成本变化进行结算管理的控制。是指在施工全部或部分结束以后,对成本控制情况进行综合分析与考核,并对成本计划的执行情况加以总结,以便采取措施改进日后成本管理工作。成本事后控制的主要内容为成本分析。

3.3.2 成本控制的管理体系

成本控制要根据"统一领导、分级管理"和"业务归口、责权结合"的原则,按成本指标所属范围和指标性质,分别下达给各级单位和各职能部门。为保证整个成本计划的实现,还需要各部门在成本控制中各负其责,明确本部门的成本责任,树立节约成本的思想,从不同角度进行成本控制。

另外,还要建立、健全成本管理信息系统,该系统主要包括指标系统、核算、控制系统和分析、预测系统。指标系统指对计划指标和实际指标的计算、汇总、平衡、分解下达和传递反馈等;核算、控制系统指对各种施工生产经营耗费进行经济核算,并按预定标准进行控制;分析、预测系统指进行各种形式的检查分析,以及预测成本变化趋势和成本降低计划的完成程度。

3.4 成本分析

工程成本分析是成本管理工作的一项重要内容,它的基本任务是通过成本核算、报表及其他有关资料,全面了解和掌握成本的变动情况及其变化规律,系统研究影响成本升降的各种因素及其形成的原因,借以揭示经营中的主要矛盾,挖掘和动员企业的潜力,并提出降低相应成本的具体措施。通过成本分析,可以对成本计划的执行情况有一个清楚的认识,能够更好地对成本进行有效的控制,并对执行结果进行评价,从而为下一阶段的成本控制提供重要依据,以保证成本的不断降低,促进生产的不断发展。

工程成本分析一般包括综合分析和单项分析两种。

3.4.1 工程成本的综合分析

工程成本的综合分析是对企业工程降低成本计划执行情况的概括性分析和总的评价,同时也为下一步成本的单项分析指出了方向。综合分析一般采用如下方法进行:

(1)将实际成本与计划成本进行比较,以检查企业计划成本指标的完成情况,进而检查技术组织措施、计划编制的合理性及实际效果。

(2)将实际成本与预算成本进行比较,以检查企业是否完成降低成本目标以及各个成本项目的节约或超支情况,从而分析工程成本升降的主要原因。

(3)在企业所属施工单位之间进行分析、比较和检查,根据各施工单位成本控制情况,总结降低成本的经验并加以学习借鉴,查找高成本的原因并从中吸取教训。

(4)将本期实际指标与上期或历史先进水平的实际指标进行比较,以便了解企业经营管理发展变化的情况。

3.4.2 工程成本的单项分析

综合分析只是对施工过程中成本控制情况的概括性分析和总的评价,要想进一步掌握成本升降的详细情况及影响成本的具体因素,就必须在工程成本综合分析的基础上,对工程的每一个成本项目进行深入地分析。

1)人工费的分析

影响人工费节约或超支的两个主要因素,是实际耗用工日数与预算工日数之差和实际日平均工资与预算定额的日平均工资之差。当实际耗用工日数小于预算工日数时,或实际日平均工资少于预算定额的日平均工资时,将会节约人工费,反之,则造成人工费超支。根据以上两个因素,可以进一步分析人工费节约或超支的原因,包括定额完成情况、工日利用情况、劳动组织情况、工人平均等级和各种基本工资变动以及工资调整等情况,据此可以寻找节约人工费的途径。

2)材料费的分析

材料费的分析是根据预算材料费与实际材料费的比较来进行的。影响材料费的主要因素是量差与价差。量差是材料实际耗用量与预算定额用量之差;价差是材料实际单价与预算单价之差。通过分析,找出造成量差与价差的原因,并弄清楚哪些是客观原因,哪些是主观原因,从而进一步挖掘节约材料的潜力,降低材料费。材料费在桥梁工程成本中占的比例最大,对材料费用的控制直接关系到成本目标计划的实现,并影响工程造价的最终结果。所以,材料费的分析控制一直是工程造价管理的重要环节。

3)机械使用费的分析

机械使用费的分析是根据预算和实际的机械成本、机械台班产量及台班费用定额进行的。分析要按自有机械使用费和机械租赁费分别进行。影响机械租赁费的主要因素是预算台班数与实际台班数的差异。这一差异是由机械效率和施工组织方面的原因引起的。影响机械使用费变动的主要因素有台班数变动和台班成本的变动。前者是由于机械使用效率的原因引起的,而后者是由于实际台班费用比定额费用节约引起的。根据上述分析,可根据不同情况采取相应的措施,以节约机械使用费的支出。

4)现场经费、间接费的分析

现场经费、间接费的分析是分别把这两项费用的实际发生数与预算收入数或与计划支出数进行比较,详细了解这两项费用的节超原因,并将各费用项目进行比较分析。节约现场经费和间接费的支出,是降低工程成本的重要途径。

现场管理费和企业管理费中的管理人员工资及办公费用是与施工时间成正比的,所以其最大的节约潜力在于缩短施工工期,但必须与加快施工速度所需增加的费用进行工期-费用优化。

任务4 桥梁施工的合同管理

4.1 桥梁施工的合同管理概述

桥梁工程施工合同即桥梁工程承包合同,它是业主与承包人为完成桥梁工程项目的建设任务,明确相互权利和义务关系的协议。

4.1.1 桥梁施工合同的特点

桥梁施工合同有许多类型,既有新建桥梁工程,也有旧桥加固工程等,这些合同既有共性,也具有自己的个性。无论是哪一种施工合同,都应服从国家有关一般桥梁工程建设的条例规定,又要符合有关部门关于具体工程的特殊要求。桥梁施工合同有其自身的特点,既与天文、地理等自然气候条件有关,又与人为因素相关联。

桥梁施工合同具有以下基本特点:
(1)业主和承包人必须具备签订合同的资格和履行合同的能力。
(2)具有很强的计划指导性。
(3)具有严格的法定程序。
(4)合同主体之间具有严密的协作性。
(5)履行期限具有长期性。
(6)接受国家专业银行的监督。

4.1.2 施工合同的类型

(1)按选择承包人的方法划分为任意合同和竞争合同。
(2)按工程规模内容划分为 BOT 项目承包合同、总承包合同和分包合同。
(3)按施工承包合同计价的方式划分为总价合同、单价合同和成本补偿合同。

4.2 施工合同的法律规定和作用

4.2.1 施工合同的法律规定

签订桥梁施工合同,首先应遵守《中华人民共和国合同法》和《中华人民共和国建筑法》,还应遵守国务院颁发的《建筑安装工程承包合同条例》,其合同格式应参照交通运输部颁发的现行《公路工程标准施工招标文件》(2009年版)。

4.2.2 施工合同的作用

(1)明确发包人和承包人在施工过程中的权利和义务。

(2)有利于工程施工过程中的管理。
(3)有利于建筑市场的健康发展。

4.3 施工合同管理

4.3.1 工程转包和分包的管理

施工单位的施工技术力量、人员素质、单位信誉等的好坏,对工程质量、投资和进度控制有直接影响。发包人是经过一系列考察及资格预审、投标和评标等活动后选中承包人,签订合同的。

1)工程转包

工程转包,即不行使承包人的管理职能,不承担技术经济责任,将所承包的工程倒手转给他人承包的行为。属于转包的行为如下:施工单位将承包的工程全部转给其他施工单位;总包单位将工程的主要部分或超过半数以上的群体工程转给其他施工单位;分包单位将承包的工程再次分包给其他施工单位。

我国《建筑安装工程总分包实施办法》明确规定,禁止转包工程。《中华人民共和国建筑法》在第28条中也明确规定:"禁止承包单位将其承包的全部建筑工程转包给他人,禁止承包单位将其承包的全部工程肢解以后以分包的名义分别转包给他人。"《建筑市场管理规定》对此也有明确规定。根据以上法律规定,《建设工程施工合同(示范文本)》在"承包人"的说明解释条款中明确规定"乙方不能将工程转包或者出让"。

2)工程分包

工程分包,即经合同约定或发包人认可,从工程总承包人承包的工程中承包部分工程的行为。总承包人将部分工程分包出去是允许的。《建筑安装工程承包合同条例》第12条规定:"承包单位可将承包的工程,部分分包给其他分包单位,签订分包合同"。

(1)分包合同的签订。根据《中华人民共和国建筑法》、《建筑工程施工合同管理办法》、《建筑市场管理规定》等法律法规的要求,分包工程应先征得发包人同意,并且总承包人必须自行完成桥梁工程项目的主要部分,其非主要部分或专业性较强的工程可分包给资质条件符合该工程技术要求的建筑施工单位。分包合同签订后,业主与分包人之间不存在直接的合同关系。

(2)总包单位职责:
①编制施工组织总设计,全面负责桥梁工程的工程质量、安全生产等管理工作;
②依照合同规定的时间,向分包人提供建筑材料、构配件、施工机具及运输条件;
③统一向发包人领取工程技术文件和施工图纸,按时提供给分包单位;
④按合同规定统筹安排分包单位的生产生活临时设施;
⑤参加分包工程中间检查和竣工验收;
⑥统一组织分包单位工程预算、已完工程产值报表及结算。

(3)分包单位职责:
①保证分包工程的质量,确保分包工程按合同规定工期完成;
②依据施工组织总设计编制分包工程的施工组织计划,参加总包单位的综合协调;
③编制分包工程的预(结)算、施工进度计划表;
④及时向总包单位提供分包工程的技术、质量等有关资料。

(4)分包合同的履行。总包单位(桥梁施工合同的乙方)与分包单位作为分包合同的当事人,都应严格履行分包合同规定的义务。对业主而言,分包合同不能解除乙方任何义务和责任。乙方应在分包场地派驻相应的监督管理人员,以保证合同的履行。分包单位的任何违约,均视为乙方违约。除合同明确规定外,分包合同工程价款由乙方与分包单位结算。分包单位经竣工验收(包括中间交工验收)达到合格标准后,由总包单位和分包单位在验收证书上签字,作为分包单位向总包单位交工的证件。验收不合格者,由分包单位进行返工修理,并负担全部返修费用。

4.3.2 不可抗力、保险和担保的管理

1)不可抗力

根据《建设工程施工合同(示范文本)》第39条:不可抗力是指合同当事人不能预见、不能避免并且不能克服的客观情况。桥梁工程施工中的不可抗力包括因战争、动乱、非承包人原因造成的爆炸、火灾,以及桥梁专用条款约定的风、雨、洪水、地震等自然灾害。由于不可抗力事件发生后,对桥梁施工合同的履行会造成较大的影响,因此,在合同订立时就应当明确规定不可抗力的范围,以避免产生纠纷。

不可抗力事件发生后双方的职责:不可抗力事件发生后,承包人应在力所能及的条件下迅速采取措施,尽可能地减少损失,发包人应协助承包人采取措施。不可抗力事件结束后,承包人应在48h内向工程师通报受害和损失情况,及预计清理和修复的费用。工程师认为应当暂时停工时,承包人应暂时停工。若不可抗力事件持续发生,承包人应每隔7天向工程师报告一次灾害情况,并于不可抗力事件结束后14天内,向工程师提交清理和修复费用的正式报告及有关资料。

在停工期间,承包人需应工程师要求,在施工现场留守必要的管理人员和保卫人员,在此期间产生的费用由发包人承担;工程所需的清理和修复费用,均由发包人承担;所产生的工期延误由双方相应顺延。

2)保险(《建设工程施工合同(示范文本)》第40条)

桥梁工程开工前,必须办理建筑工程一切险和安装工程一切险的投保。发包人和承包人的保险义务如下:

(1)桥梁工程开工前,发包人应当为桥梁工程和施工场地内发包人人员及第三方人员生命财产办理保险并承担保险费用。发包人也可委托承包人办理。

(2)承包人必须为从事危险作业的工作人员办理意外伤害保险,并为施工场地内自由人员的生命和施工机械设备办理保险,承担其保险费用。

(3)运至施工现场用于桥梁施工的材料和待安装设备,均由发包人(可委托承包人)为其办理保险,承担保险费用。

(4)一旦意外事故发生,双方应尽其所能采取必要的抢救措施,尽可能避免或减少损失。

3)担保(《建设工程施工合同(示范文本)》第41条)

在桥梁施工合同中,一般是由信誉较好的第三方(如银行)以出具保函的方式担保施工合同,当事人履行合同。担保的内容、方式和相关责任,发包人和承包人除在专用条款中约定外,被担保方和担保方还应签订担保合同,作为施工合同的附件。提供担保后,对承包人履行合同的约束力增加了。若承包人违反合同约定,发包人可要求银行支付保函中承诺的保证金,银行有向承包人要求赔偿的权利。当合同顺利履行后,履约担保将被退回。

4.3.3 违约责任的管理

由于发包人没能按合同约定支付价款或工程师不能及时给出必要的指令、确认,从而致使

合同无法履行时,应由发包人承担违约责任,支付因违约给承包人带来的直接损失,所延误的工期相应顺延。合同专用条款中应包括发包人赔偿承包人损失的计算方法。

承包人无法按合同约定工期竣工,或桥梁工程质量达不到合同约定的质量标准,或由于承包人单方面原因致使合同无法履行,承包人承担违约责任,支付其违约给发包人带来的损失。合同专用条款中也应包括承包人赔偿发包人损失的计算方法。

4.3.4 施工合同的计价形式和价款确定

我国颁布的《建筑工程施工发包与承包计价办法》规定,合同价可采用固定价、可调价和成本加酬金三种方式。

1)固定价

固定价,是指合同总价或单价,在合同约定的风险范围内不可调整,实施期间不因资源价格等因素的变化而调整的价格。

(1)固定总价。固定总价合同的价格计算是以设计图纸、工程量及规范等为依据,发、承包双方就承包工程协商一个固定的总价,即承包人按投标时发包人接受的合同价格实施工程,一笔包死,无特定情况不作变化。采用这种合同,合同总价只有在设计和工程范围发生变更的情况下才能作相应的变更。采用固定总价合同,承包人要承担合同履行过程中的主要风险。在合同履行过程中,发包人和承包人均不能以工程量、机械设备和材料价格等变动作为理由,提出对施工合同总价调整的要求。因此,承包人可能要为诸多不可预见的因素付出代价,致使这种合同的投标价可能较高。固定总价合同一般适用于以下情况:

①招标时设计深度已达施工图设计要求,工程设计图纸完整齐全,在履行合同期间不会出现较大的设计变更。

②合同工期较短,一般是在一年之内的工程,如旧桥加固工程。

③规模较小,技术要求不太高的小型桥梁工程。承包方一般在报价时可以合理地预见实施过程中可能遇到的各种风险。

(2)固定单价。固定单价又可分为估计工程量单价和纯单价。

2)可调价

可调价,是指合同总价或单价在合同履行期内,可按合同约定随工程量、材料价格等因数的变化,对合同总价或单价进行调整。

3)成本加酬金

成本加酬金合同是将工程项目的实际投资划分为直接成本费用和承包人完成工程后应得酬金两部分。成本加酬金合同又可分为以下几种:

(1)成本加固定百分比酬金。成本加固定百分比酬金合同,是指工程实际成本由发包人实报实销,同时发包人须按照实际成本的固定百分比付给承包人酬金。工程量总价表达式为:

$$C = C_d + C_d P \tag{7-1}$$

式中:C——合同价;

C_d——工程实际发生的成本;

P——合同双方约定的酬金固定百分比。

这种合同计价方式,付给承包人的酬金随工程成本增加而增加,不利于承包人降低成本,正是这种弊病的存在,目前桥梁工程中已经很少采用这种方式。

(2)成本加固定金额酬金。成本加固定金额酬金合同与成本加固定百分比酬金合同类似,酬金一般也是按估算工程成本的一定百分比确定,不同之处在于,在成本上所增加的费用是一笔固定金额的酬金。工程量总价表达式为：
$$C = C_d + F \tag{7-2}$$
式中：F——合同双方约定的酬金具体数额。

其他符号意义同上。

这种合同计价方式，虽然也不利于承包人降低成本，但从尽快获得全部酬金及减少管理投入出发，会有利于缩短桥梁工程的工期。

(3)成本加奖罚。成本加奖罚合同，指在签订合同时，双方事先约定该工程的预期成本以及实际发生成本与预期成本差异的奖罚计算方法。工程量总价表达式为：
$$C = C_d + F \quad (C_d = C_0) \tag{7-3}$$
$$C = C_d + F + \Delta F \quad (C_d < C_0) \tag{7-4}$$
$$C = C_d + F - \Delta F \quad (C_d > C_0) \tag{7-5}$$
式中：C_0——签订合同时双方约定的预期成本；

ΔF——奖罚金额。

其他符号意义同上。

这种合同计价方式，可以促使承包人极力降低成本，缩短工期，而且目标成本可随设计的进展加以调整，发、承包双方都不会承担太大的风险。此种合同计价方式在桥梁工程施工合同中应用较广泛。

(4)最高限额成本加固定最大金额。最高限额成本加固定最大金额合同，首先需确定最高限额成本、报价成本和最低成本。如果实际成本没有超过最低成本时，承包人发生的成本费用和应得酬金都能保证，并与发包人分享节约额；如果实际成本在最低成本和报价成本之间，此时只能保证承包人的成本费用和酬金；如果实际成本超过最高限额成本，发包人不予承担超过部分金额。

4)影响合同计价方式选择的因素

(1)桥梁工程项目的复杂程度。新建桥梁工程，一般规模大且技术复杂，承包风险大，各项费用不易估算准确，不宜采用固定总价合同，可采用单价合同或成本加酬金合同，或有把握的部分采用固定总价合同；估算不准的部分采用单价合同或成本加酬金合同。有时，在同一工程中采用不同的合同形式，是发包人和承包人合理分担工程实施中不确定风险因素的有效办法。

(2)桥梁工程设计工作的深度。桥梁工程招标时所依据的设计深度经常是选择合同计价方式时应主要考虑的因素。

(3)桥梁工程施工的难易程度。我国目前新建的一些桥梁工程，较大部分采用了新技术、新工艺，发包人和承包人对此都没有经验，且国家颁布的标准、规定和定额中都没有涉及此方面，不宜采用固定总价合同，较为保险的做法是采用成本加酬金合同。

(4)桥梁工程进度要求的紧迫程度。在招标过程中，对一些紧急或抢险工程，由于没有施工图纸，只有实施方案，此时采用成本加酬金合同较为合理。

4.3.5 解除桥梁施工合同的管理

桥梁施工合同签订后，当事人应尽其所能履行合同。但在一定的特定环境下，当事人也可以解除合同。

1)可解除合同的情况

(1)双方协商解除合同。

(2)发生不可抗力解除合同。

(3)当事人违约时解除合同。

2)合同一方主张解除合同

合同一方主张解除合同,应向对方发出解除合同的书面通知,并在发出通知的前7天告知对方,通知到达对方时合同解除。对解除合同有争议,按照解除合同争议程序处理。

3)合同解除后的处理

合同解除后,合同双方约定的结算和清理条款仍旧有效。承包人应当按照发包人要求妥善做好已完工程和已购材料、设备的保护和移交工作,将自有施工机械和人员撤离施工场地。发包人应为承包人的撤出提供必要条件,支付以上所发生的费用,并按合同约定支付已完工程的工程款。已订货的材料和设备由订货方负责退款或解除订货合同,订货、解除订货合同所发生的费用和不能退还的货款,均由发包人承担。

任务5 桥梁施工的安全管理

桥梁施工的安全管理指桥梁工程在实施过程中,组织安全生产的全部管理活动。通过对生产因素进行具体的状态控制,使生产过程中不安全的行为和因素减少或消除,避免引发事故,尤其是避免引发人身伤害事故的发生。

近年来,党中央、国务院对安全生产工作高度重视,相继出台了《中华人民共和国建筑法》、《中华人民共和国安全生产法》、《建设工程安全生产管理条例》以及《安全生产许可证条例》等法律法规,对于促进我国桥梁工程施工安全管理工作起到了有力的推动作用。桥梁施工安全生产基本上走上了有法可依、有章可循的轨道,施工的安全管理水平有了大幅度提高,安全管理状况得到了很大程度改善,大大减少了各类安全事故的发生。但是,由于种种原因,对桥梁工程的安全形势也不能过分乐观,桥梁工程重、特大事故仍时有发生,给国家造成了严重的经济损失。目前,我国正在构建和谐社会,做好建筑施工安全管理工作是十分必要的。

5.1 桥梁施工的安全管理规定

施工单位必须按国家规定,建立、健全各级安全管理机构和设立专职安全检查人员。桥梁工程开工前,施工企业必须详细核对设计文件,根据施工现场的水文、地质及气象等资料,在编制施工组织设计的同时,制订相应的安全技术措施。施工现场必须设置足够的消防设备,施工人员熟悉消防设备的性能和使用方法。参加施工的人员必须接受安全技术教育,熟悉安全技术操作规程,定期接受考核,合格者方能上岗操作。从事特殊工种的施工人员,应参加专门培训,获合格证书后方能上岗。操作人员上岗前,必须按规定穿戴防护用品,施工负责人和安全检查人员应随时检查劳动防护用品的穿戴情况,不按规定穿戴防护用品的人员不准上岗。施工所用的机械设备和劳动保护用品,应定期进行检查,以保证其经常处于完好状态,不合格的机械设备和劳动保护用品严禁使用。重要的安全设施必须执行与桥梁工程主体"三同时"的原则,即同时设计、审批,同时施工,同时验收、投入使用。

5.2 桥梁施工准备阶段的安全管理

5.2.1 施工现场

施工现场应具备文明生产、文明施工的条件,并符合防洪、防火等安全要求,以保证生产顺利进行,方便职工生活。施工现场的临时设施,应选在水文地质良好的地段。施工场地内的各种运输道路、生产生活房屋、易燃易爆仓库、材料堆放处、动力通信线路及其他临时设施,应按照有关安全规定合理布置,并应符合防火、防洪、防汛、防爆、防震要求。施工现场还应设置安全标志。易燃易爆仓库发电机房变电所须采取必要的安全防护措施,严禁采用易燃材料修建。炸药库的设置必须符合国家有关安全规定,并且要有专人看护。施工现场较高的建筑、临时设施及重要库房,需安装避雷装置。

5.2.2 施工测量

在密林丛草间进行施工测量时,应遵守护林防火规定,严禁烟火,并预防有害动、植物伤人。在陡坡及危险地段测量时应系安全带,戴安全帽,穿软底轻便鞋。在交通繁忙的道路上测量时,必须有专人警戒,防止交通事故。在高压线附近作业时,必须保持足够距离。

5.2.3 施工机械设备

设备操作人员必须持证上岗,具有较高的设备操作技能。在工作中不得擅自离开工作岗位,不得操作与操作证不相符的机械设备,不得将机械设备交予无本机械操作证的人员操作,必须严格执行作业前的检查制度和作业后的检查保养制度,并在作业过程中密切观察现场情况,防止人为疏忽引发事故。机械驾驶室或操作室禁止存放易燃易爆物品,严禁酒后操作机械设备及机械设备带故障和超负荷运转。机械设备在施工现场停放时,应选择安全的停放地点并按有关规定做好安全防范工作。

5.3 桥梁施工的安全管理

5.3.1 安全生产责任制的落实

层层建立、健全桥梁施工安全生产责任制,明确安全管理人员及其职责,明确参与桥梁施工的有关单位,总包与分包单位以及有关人员的安全生产责任,建立安全生产管理的资料档案。实行安全岗位责任与经济利益挂钩,实施规范化管理,保证施工安全生产的有效实施。

5.3.2 桥梁施工现场的环境管理

桥梁工程庞大复杂,人员设备比较多,施工现场环境的好坏是影响安全生产的重要因素,创造一个良好的施工环境是安全管理的必备条件。在严寒、高温等安全事故发生频率较高的季节以及高空作业时,要充分采取安全措施,使施工人员的生命得到保障。桥梁施工环境要采用合理的色彩,使施工人员在采取施工过程中减轻眼睛疲劳。同时,还要减少噪声、粉尘等对施工人员的不利影响。

5.3.3 施工企业的安全管理

桥梁施工企业是桥梁工程安全生产的责任主体。树立"以人为本,安全第一"的思想,保障劳动者在生产过程中的安全与健康,防止伤亡事故的发生,既是施工企业的神圣责任,也是施工企业安全生产的需要。施工企业应时刻在"安全第一"的思想指导下去提高施工质量,创造社会和经济利益,实现安全施工、文明施工。

1)制订目标,签订责任状

目标管理是一种先进的科学管理方法,安全生产通过对事故控制指标,直观地衡量、检查、考核安全生产工作的好坏。为了使得责任部门的安全工作有针对性、有目的性,桥梁施工企业每年应对控制指标层层分解到各级责任部门,并签订责任状,明确责任部门的安全目标及所需承担的安全责任,贯彻"谁主管,谁负责"的原则,做到职责明确,责任到人,同时实施必要的考核。

2) 安全宣传工作

安全宣传对于顺利实现安全施工起着非常重要的作用,它是桥梁施工企业宣传的重要内容之一,做好安全宣传是施工企业的责任和义务。通过安全宣传,让施工人员对整个工程的安全理念、规章制度耳熟能详、牢记于心,让安全生产成为自觉行为,尤其是对刚入场或入场不久的农民工,更要让其知道安全法规和安全防范的具体措施,牢固树立珍视生命的观点。企业安全宣传教育要跳出就安全宣传安全的旧框框,要借助安全文化特有的影响力、渗透力、扩张力,通过强有力的宣传,引导施工人员逐渐转变观念,树立正确的安全观,使安全生产管理获得广泛的群众基础和丰富的文化内涵。

3) 预防和控制农民工伤亡事故高发的现象

(1) 依法加强对建筑安全生产的管理,建立、健全安全生产责任制,明确农民工在安全生产方面的权利、责任和义务。

(2) 加强宣传工作,在农民工中开展安全生产法律、法规及安全常识的普及工作,增强农民工的安全意识和自我保护意识。

(3) 对新招雇的农民工要进行三级安全教育和岗前教育,未经培训教育合格的,一律不得上岗。特别是特殊工种,一定要经劳动部门培训合格后方可持证上岗。

(4) 不要随意调用农民工从事危险的作业,调换工种时必须先进行新岗位的安全教育。

(5) 根据国家和行业的安全技术规范和标准组织施工,针对施工现场可能发生的事故制订预防措施,设置有效的安全防护装置,确保农民工施工的安全。

(6) 现场管理人员要在工作上、生活上关心农民工,安全管理与安全防护用品发放等方面,应同其他工人享有同等待遇。

(7) 组织农民工学文化、学技术,增强他们的安全意识和自我防护能力。

(8) 建立一套完善的农民工管理制度。

4) 做好安全交底、安全教育工作,统一施工安全资料标准

施工前,进行安全技术措施的交底是施工企业一项必须做的工作,它的目标是使广大员工都知道,在什么时候、什么作业应当采取哪些措施,并说明其重要性。桥梁工程每个单项工程开始前,实行逐级安全技术交底制,开工前由技术负责人向全体员工进行交底,两个以上施工队或工种配合施工时,要按工程进度交叉作业交底的要求,班组长每天要向工人进行施工要求、作业环境的安全交底,在下达施工任务时,必须填写安全技术交底卡。安全技术交底必须以书面形式进行,交底应双方签字认可。开展安全教育,旨在使党和国家安全生产方针政策深入人心,增强全体职工的安全法制观念,提高安全技能,预防安全事故,保障企业安全,推动企业发展,是企业管理者不可推卸的责任。

安全教育的内容主要包括:安全生产思想、知识、技能三方面的教育。安全技术操作规程是安全教育的主要内容。同时还包括:事故教育、安全法制教育、新工人的三级教育、施工人员的进场教育、节假日前后的教育等经常性的安全教育。全面开展学习《中华人民共和国安全生产法》、《建设工程安全生产管理条例》等建筑施工安全生产规范和有关文件,统一标准,强化标准,时刻加强安全教育,增强各方面安全意识,并贯彻落实到每一个施工现场,让每一个人都学安全、懂安全、守安全,切实提高桥梁施工一线人员的安全生产意识和自我防护能力,从而制止和消除违章指挥、违章作业和违反劳动纪律的不安全行为,保障工程建设安全、顺利地实施。

5)做好安全检查和跟踪处理工作

企业坚持"安全第一,预防为主"的方针,定期或不定期到施工现场进行安全检查。在检查中,始终坚持"认真"二字,对施工现场检查发现的事故隐患,绝不放过,对每次整改都一定要有复查、回复。同时定期或不定期召开安全生产例会,研究分析生产中出现的安全问题,把"分析结果"变为"分析原因",把"事故后处理"变为"事故前预防",由"纠正型"、"治理型"变为"预防型"和"强化型"。

6)做好安全工作的持续改进

施工企业应将日常工作遇到的问题——记录在案,并将记录的内容定期分析,定期汇总总结。同时通过多种渠道与广大员工进行广泛、有效的宣传和沟通,如开展"安全生产月咨询日"、"安全热线"等多种形式,实现与广大员工互动,引导全员参与,了解员工的实际需要和解决实际问题,亦可从侧面了解实际工作中存在的问题,使企业形成浓厚的舆论氛围,使员工在参与中逐渐由了解到认知,由认知到认同,由认同到成为自觉的行为,最终达到让员工潜移默化地接受新的安全价值观的目的,并逐渐用以指导自己的行动。

7)加大施工企业安全生产科技进步的投入

依靠先进科学技术来保障安全施工,加大施工企业安全生产科技进步的投入,结合安全生产实际,大力推广安全适用、先进可靠的生产工艺和技术装备,及时淘汰落后的生产工艺和设备。发展信息网络建设,建立施工安全生产及文明施工不良行为公布制度和档案库。同时,以规章制度为基础,以科技进步为动力,全面提高施工企业安全生产能力和水平。

5.3.4 监理的安全管理

安全事故发生前的管理是主动管理,事故发生后的管理是被动管理。在安全管理中应变被动为主动,通过预防和检查,杜绝安全事故的发生。监理在整个桥梁施工过程中应优先采取"事前预防,事中控制,事后检查"的主动管理方法。监理单位内部首先要建立完善的安全管理体系,制订相应的规章制度并分工明确,责任落实到个人。并按照国家的法令、法规及合同的约定,检查、督促承包单位按照现代安全管理体系的结构特征,建立职业安全卫生管理体系和完善的质量保证体系,设立安全生产领导机构,由专人负责,实现责任到生产班组长一级,并制订完善的安全管理制度。

在安全管理中,人的因素是关键,从管理者到现场施工人员,只有树立强烈的安全意识,才能保证安全管理工作顺利展开。在施工过程中,监理应根据桥梁工程的特点、难点,对每一道工序、每一个施工环节认真研究,找出容易发生安全事故的部位或工序,对可能出现的问题,要求承包单位采取相应的应急措施。此外,落实措施必须分工明确、具体到人。在实施过程中,对进场的原材料、仪器设备进行检验、检查,对中间产品进行抽查。检查特殊工种人员持证情况,严格要求持证上岗,要求承包单位建立完善的质量保证体系,加强人员培训。在"三检"合格的基础上,严格执行工序验收制度,把好质量关,确保工程质量并达到工程安全。同时,还要建立和保持危害辨识、危险评价及必要控制措施的实施程序。为了便于实施有效的管理,发挥各岗位人员的作用,职责和权限必须予以界定并以文件传达。在生产过程中进行定期和不定期的检查,并对检查中出现的安全隐患制订纠正措施并限期进行整改。有了现代安全管理体系后,还应对生产系统本质危险进行分析,在此基础上,做出管理评审,以提高人员的安全素质。对多次违规、违章的人员进行处理,以确保安全管理体系持续有效地运行,实现安全生产。

5.3.5 安全监督

安全生产监督不到位是施工安全事故发生的主要原因,要加大对建筑施工现场的监督管理力度。要积极理顺建筑市场管理体制。各级建设行政主管部门要认真履行法定监管职责，切实采取有效措施，加大监管力度，要依法规范建筑市场，制订严格的法定建设程序，严肃查处挂靠、转包和违法分包以及违反法定建设程序的市场行为，对相关责任单位和责任人要给予严肃处理。同时，监理人员要加强施工现场的巡视，对施工中违反有关安全生产方面的法律和法规，存在不规范的施工安全行为，存在重大安全隐患的施工单位，要责令限期整改或停工整顿。

学习情境小结

1. 桥梁施工的进度管理主要有对施工进度计划编制中的管理、对施工进度计划实施中的管理、施工进度计划实施中的检查与调整等。影响工程施工进度的因素主要来源于工程建设相关单位的影响。

2. 质量管理中质量的含义主要有产品质量、工序质量、工作质量。

3. 工程成本管理是施工企业为降低工程成本而进行的各项管理工作的总称。工程成本管理主要包括成本的计划、控制和分析。

4. 桥梁工程施工合同管理主要包括工程转包和分包的管理、不可抗力、保险和担保的管理、违约责任的管理、施工合同的计价形式和价款确定及解除桥梁施工合同的管理等。

5. 桥梁施工的安全管理是指桥梁工程在实施过程中，组织安全生产的全部管理活动。主要有桥梁施工准备阶段的安全管理、桥梁施工的安全管理。

复习思考题

1. 简述桥梁施工进度管理的内容。
2. 简述影响桥梁施工进度的因素和产生的原因。
3. 如何进行桥梁工程施工进度的调整？
4. 简述桥梁质量管理的含义。
5. 桥梁质量管理的基本要求是什么？
6. 简述桥梁工程成本分类。
7. 桥梁工程成本控制分哪些阶段？
8. 桥梁项目成本分析有几种？主要分析内容是什么？
9. 简述总分包合同签订后，总包单位和分包单位的主要职责。
10. 不可抗力发生后，承包单位与发包单位的主要职责是什么？
11. 桥梁施工合同的计价形式有哪几种？
12. 桥梁施工准备阶段的安全管理工作具体包括哪几个方面？有哪些具体要求？

附录 A 学习情境 1 中部分插图

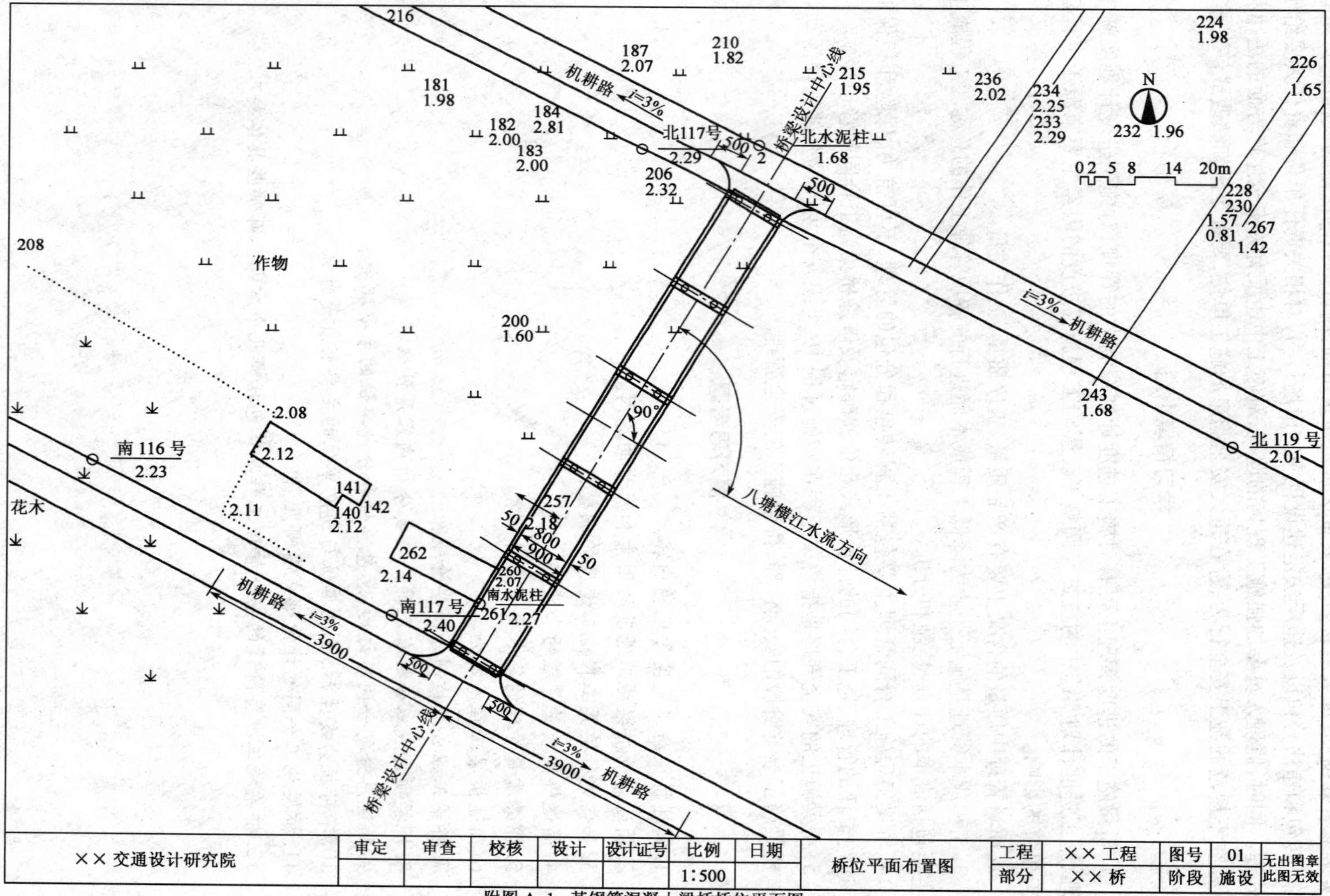

附图 A-1 某钢筋混凝土梁桥桥位平面图

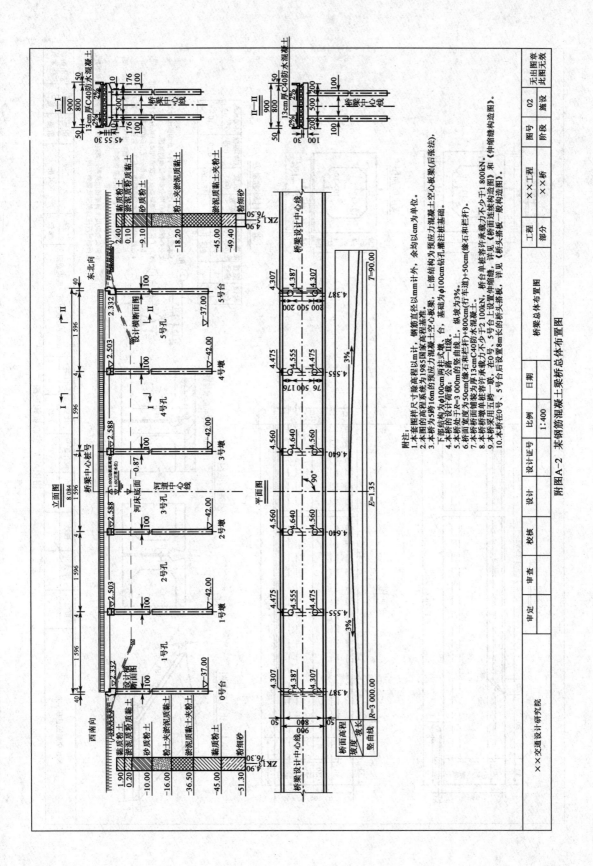

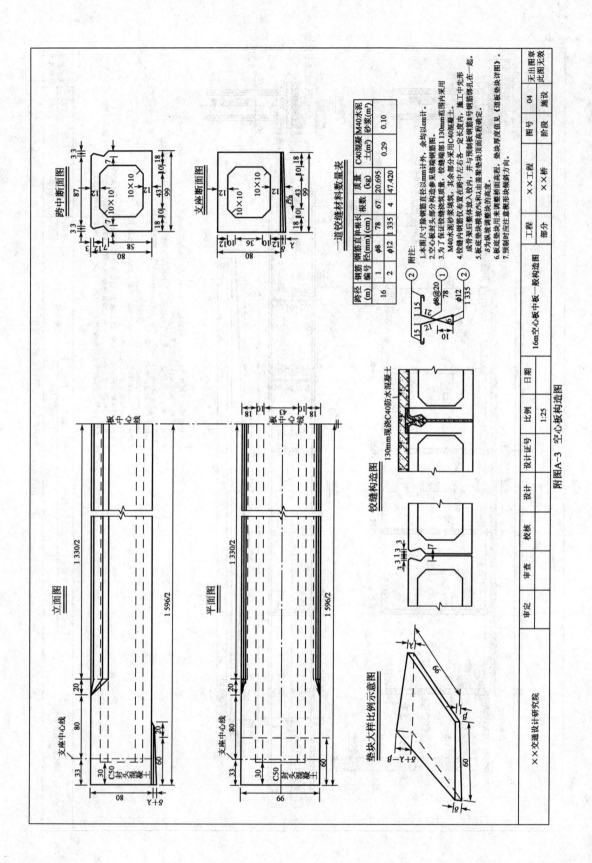

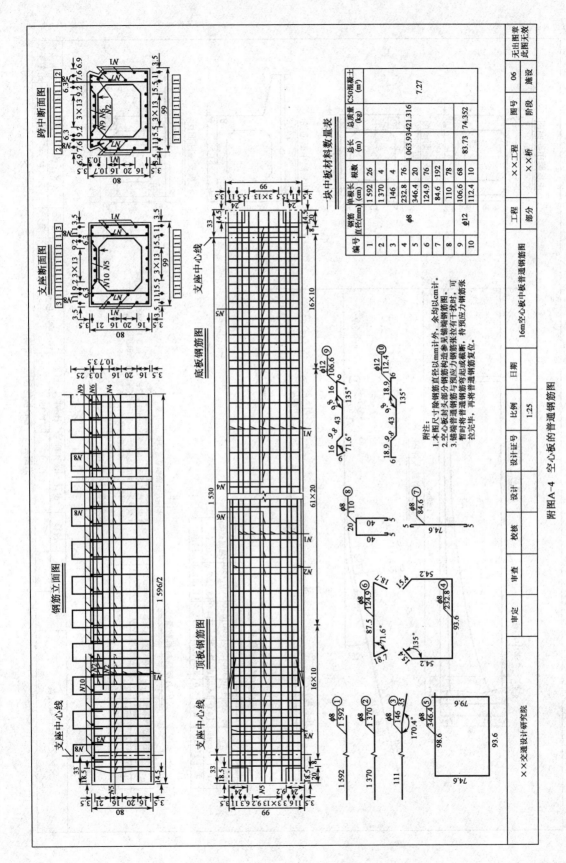

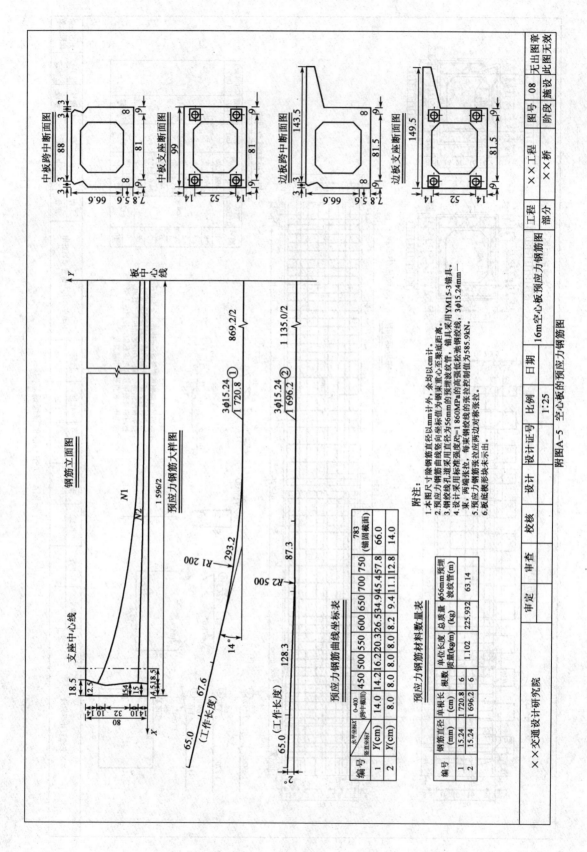

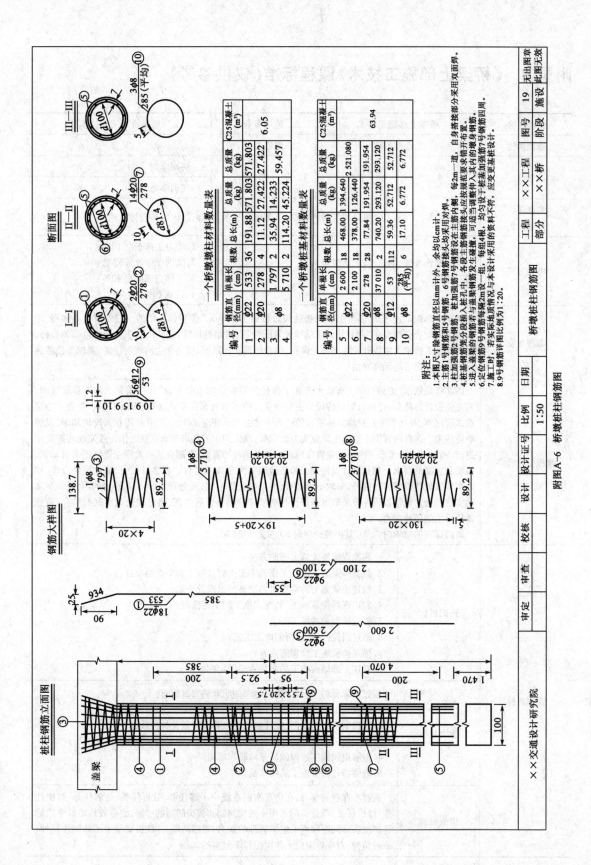

附录 B 《桥梁上部施工技术》课程标准（仅供参考）

课程名称	桥梁上部施工技术		适用专业	道路桥梁工程技术	
课程属性	专业核心课		课程类型	必修	
学分	4	学时	90	讲课学时	50
				实训学时	40
先修课程预备知识	工程力学、工程岩土、道路建筑材料、桥梁下部施工技术、桥涵设计、结构设计原理				
考核方式	技能操作考核、笔试考试、平时表现三部分		计分方式	1. 学习工作态度10%； 2. 实训操作规范程度40%； 3. 工作完成质量40%； 4. 口试10%	
课程性质	桥梁上部施工技术是"基于公路工程建设过程的工学单元"课程体系中的一门专业核心课程，本课程紧密配合道桥专业"项目导向工学单元紧密配合"人才培养模式，是一门以职业能力培养为目标，以桥梁施工技术为主线开发的项目化课程，结合仿真实训系统，提高学生的职业技能，实现与公路建设行业人才需求的无缝对接				
课程设计思路	该课程是依据"道路桥梁工程技术专业工作任务与职业能力分析表"中的桥梁工作项目设置的。其总体设计思路是，打破以知识传授为主要特征的传统学科课程模式，转变为以工作任务为中心组织课程内容，并让学生在完成具体项目的过程中学会完成相应工作任务，并构建相关理论知识，发展职业能力。课程内容突出对学生职业能力的训练，理论知识的选取紧紧围绕工作任务完成的需要来进行，同时又充分考虑了高等职业教育对理论知识学习的需要，并融合了相关职业资格证书对知识、技能和态度的要求。项目设计以桥梁上部结构施工为主线来进行。教学过程中，通过校企合作，校内实训基地建设等多种途径，采取工学结合、半工半读等形式，充分开发学习资源，为学生提供丰富的实践机会。教学效果评价采取过程评价与结果评价相结合的方式，通过理论与实践的结合，重点评价学生的职业能力。 该门课程的总学时为90,其中理论学时50,实践学时40				
课程目标	知识目标	1. 熟悉识读桥梁施工图的方法； 2. 熟悉桥梁施工准备工作的主要内容及施工图审查的项目； 3. 叙述桥梁施工的常用机具设备的组成及功能； 4. 叙述现场浇筑施工、装配式施工的工艺流程； 5. 叙述桥面系的施工工艺； 6. 描述斜拉桥、悬索桥的施工工艺； 7. 描述桥梁施工管理的内容； 8. 叙述上部结构施工的质量检验评定标准			
	能力目标	通过本课程的学习，学生应达到的职业能力目标有： 1. 熟读施工图，拟订施工方案； 2. 能根据桥梁施工图，按计量规则核算工程量及材料数量； 3. 能按施工和管理的要求，合理地组织施工，完成相关的内业资料填写； 4. 能够组织施工过程的质量检验和质量评定； 5. 能够担任桥梁施工的技术员			
	价值目标	通过本课程的学习，在仿真实训系统中了解任务、分析任务、分解任务、解决任务、评价任务，符合实际工作中处理问题和解决问题的思路，能有效地培养学生综合解决实际问题和施工组织管理的能力，思路清晰，并能提高学生团队协作精神、奉献精神，对今后走向工作岗位打下坚实的基础			

续上表

教学情境	知识内容和要求	技能内容和要求	课时分配		
			小计	讲解	实训
课程内容及要求	学习情境1：桥梁施工准备	1.解释桥梁施工图的作用、图示特点及内容； 2.叙述桥梁施工图识读的方法和步骤； 3.叙述桥梁施工准备工作的主要内容及施工图审查的项目	1.能识读桥梁各组成部分及细部构件的施工图； 2.能复核桥梁施工图的各部分尺寸、坐标、高程是否正确；按计量规则核算工程数量	8	4	4
	学习情境2：桥梁施工的常用机具设备	1.解释常备式结构的种类及各组成部分； 2.描述常用主要施工设备的特点及功能，预应力张拉设备施工要点	1.会利用施工机具设备进行混凝土的制备、运输及浇筑； 2.会运用常用施工机具进行桥梁各施工工序的施工	8	6	2
	学习情境3：装配式桥梁施工	1.解释装配式桥梁施工的特点； 2.叙述模板及支架的构造，模板及支架制作、安装的注意事项及其允许偏差； 3.描述钢筋制作及安装的程序； 4.叙述混凝土制作的工艺过程及其要求； 5.叙述先张法及后张法预应力混凝土构件的施工工艺； 6.叙述各种装配式桥梁安装工艺流程	1.能对钢筋制作与安装的质量进行检查； 2.能对混凝土各施工工艺的质量进行检查及控制； 3.能对预应力筋的加工和张拉质量进行检验评定； 4.知道各种装配式桥梁的施工方法、各工艺流程的要求，并能进行质量检验评定	32	18	14
	学习情境4：现场浇筑施工	1.叙述简支梁桥的施工工艺及质量检验评定内容； 2.叙述悬臂体系桥的施工工艺及质量检验评定内容； 3.描述连续体系梁桥的施工工艺及质量检验评定标准； 4.叙述拱桥现场浇筑的施工工艺及质量检验评定标准	1.能组织简支梁桥的施工； 2.能进行悬臂体系桥的施工； 3.能组织连续体系桥的施工； 4.能进行以上四种桥梁的质量检验评定	14	8	6

续上表

	教学情境	知识内容和要求	技能内容和要求	课时分配		
				小计	讲解	实训
课程内容及要求	学习情境5:桥面系施工	1. 叙述桥面防水层和铺装层施工; 2. 叙述桥面伸缩装置施工; 3. 描述栏杆与护栏施工; 4. 叙述相关的质量检验评定内容	1. 能进行桥面防水层和铺装层的施工; 2. 能进行桥面伸缩装置的施工; 3. 能进行栏杆与护栏的施工; 4. 能进行相关的质量检验评定	10	6	4
	学习情境6:其他类型桥梁施工	1. 叙述斜拉桥的组成,斜拉桥各部分施工方法; 2. 叙述悬索桥的组成,悬索桥各部分施工方法及施工要点; 3. 叙述相关的质量检验评定内容	1. 能参与斜拉桥的各部分施工; 2. 能参与悬索桥的各部分施工; 3. 能对各部分进行质量检测	10	4	6
	学习情境7:桥梁上部施工技术管理	1. 叙述桥梁施工的进度管理内容; 2. 叙述桥梁施工的质量管理内容; 3. 叙述桥梁施工的合同管理内容; 4. 叙述桥梁施工的安全管理内容	能对桥梁施工进行相关管理,使工程项目能够顺利进行	8	4	4
课程实施方案	教材编写	1. 教材编写以课程标准为依据,充分体现课程设计思路; 2. 教材的内容以现代桥梁施工内容为载体,按桥梁施工工艺、桥梁各施工工艺的检验评定、桥梁施工管理进行组织,将涉及的工程力学、工程地质与水文、道路建筑材料、桥梁下部结构施工、桥涵设计、结构设计原理、施工机械和工程内业等方面的知识,结合工程项目进行有机的融合; 3. 根据职业能力的培养目标,增加了实践教学内容,将实践教学与理论教学的内容相融合,并有所侧重,以保证它的层次性、先进性、综合性和创新性; 4. 教材内容应反映新技术、新工艺				
	教学建议	1. 教师应依据桥梁工作任务,安排和组织教学活动; 2. 教师应按照每项工作任务的能力目标和知识目标编制教学情境设计书,教学情境设计书应明确教师讲授(或演示)的内容,明确学习者预习的要求,提出该工作任务以及各学习情境训练的时间、内容等; 3. 教师应以学习者为主体设计教学结构,营造民主、和谐的教学氛围,激发学习者参与教学活动,提高学习者学习积极性,增强学习者学习信心与成就感; 4. 应指导学习者完整地完成课程,并将有关知识、技能与职业道德和情感态度有机融合; 5. 充分利用现有的实训条件; 6. 要强调工学结合				

续上表

课程实施方案	教学条件	为完成本课程的教学活动,应具备如下的教学条件: 1. 多媒体教室,完成相关教学内容; 2. 施工工地或实训基地; 3. 资料室,有相关的书籍、标准图和规范; 4. 在教学过程中,培养学生既具有独立思考能力,又具有团队精神,善于组织团队,团结协作,共同完成技术问题,培养学生关注桥梁施工的发展动态,紧跟技术发展前沿,适应科技发展水平,树立创新意识,培养创新精神; 5. 教学过程中教师应积极引导学生提升职业素养,提高职业道德
	教学评价	考试的目的在于教学的诊断、反馈、评定和激励。考试命题的依据是本"课程标准要求"所提出的教学内容和教学要求。 本课程应以考核知识的应用、技能与能力水平为核心,采用课程教学过程中的形成性考核与期末课程结束的总结性、鉴定性考试并重的,由多种考核方式构成、时间与空间按需设定的多次考核综合评定成绩的课程考试模式。 1. 记录学生平时的学习情况; 2. 在评价学生学习的过程时,要关注学生的参与程度,也要重视考察学生的思维过程; 3. 理论考核应以"课程标准"为基础,可采用开卷和闭卷相结合的方法。以学分制为评价管理,建立促进学生综合素质全面发展的评价体系; 4. 实践环节的考核记分是体现学生动手能力的一种标志,同时也是培养协商严谨的科学态度的手段
	课程资源的开发与利用	1. 注重课程资源和现代化教学资源的开发和利用,这些资源有利于创设形象生动的工作情境,激发学生的学习兴趣,促进学生对知识的理解和掌握。同时,建议加强课程资源的开发,建立多媒体课程资源的数据库,努力实现跨学校多媒体资源的共享,以提高课程资源利用效率; 2. 积极开发和利用网络课程资源。网络课程可以实现学生的远程学习和资源有限共享,学习过程具有交互性、共享性、开放性、协作性和自主性。上网资源主要包括:课程标准、工作过程导向的教学过程设计方案、电子课件、考核标准、网上测试、网上辅导、文献资料、文本素材、图片素材、视频素材、动画素材等网上信息资源,使教学从单一媒体向多种媒体转变;教学活动从信息的单向传递向双向交换转变;学生单独学习向合作学习转变; 3. 产学合作开发实验实训课程资源,充分利用本行业典型的生产企业的资源,进行产学合作,建立实习实训基地,实践"工学"交替,满足学生的实习实训,同时为学生的就业创造机会

参 考 文 献

[1] 中华人民共和国行业标准.JTG/T F50—2011 公路桥涵施工技术规范[S].北京:人民交通出版社,2011.
[2] 中华人民共和国行业标准.JTG F80/1—2004 公路工程质量检验评定标准(土建工程)[S].北京:人民交通出版社,2004.
[3] 魏红一.桥梁施工技术[M].北京:高等教育出版社,2001.
[4] 黄绳武.桥梁施工及组织管理(上册)[M].北京:人民交通出版社,2001.
[5] 范立础.桥梁工程(上册)[M].北京:人民交通出版社,2003.
[6] 邵旭东.桥梁工程[M].北京:人民交通出版社,2004.
[7] 郭发忠.桥涵工程[M].北京:人民交通出版社,2009.
[8] 李辅元.桥梁工程[M].北京:人民交通出版社,2006.
[9] 肖建平.桥梁工程施工[M].北京:机械工业出版社,2007.
[10] 孙建国.路桥施工图识读指南[M].北京:人民交通出版社,2003.
[11] 朱学敏.混凝土、钢筋加工机械[M].北京:机械工业出版社,2003.
[12] 交通部第一公路工程总公司.公路施工手册——桥涵(上册)[M].北京:人民交通出版社,2000.
[13] 交通部第一公路工程总公司.公路施工手册——桥涵(下册)[M].北京:人民交通出版社,2000.
[14] 杜荣军.混凝土工程模板与支架技术[M].北京:机械工业出版社,2004.
[15] 卫申蔚.桥梁工程施工技术[M].北京:人民交通出版社,2008.
[16] 魏红一.桥梁施工及组织管理[M].北京:人民交通出版社,2008.
[17] 徐伟.桥梁施工[M].北京:人民交通出版社,2008.
[18] 郑机.图解桥梁施工技术[M].北京:中国铁道出版社,2009.
[19] 周孟波.悬索桥手册[M].北京:人民交通出版社,2003.
[20] 中国公路学会桥梁和结构工程分会.面向创新的中国现代桥梁[M].北京:人民交通出版社,2009.